高等职业教育会展策划与管理专业系列教材

# 节事活动管理实务

## 第2版

主　编　杨　瑞　郑晓星

副主编　沈　菊　陈彬彬　肖倩

参　编　孙天怡　曾涵林　陈曙杰　吴建军

　　　　申　洁　张素霞　王　娜　余楚凤

　　　　刘　斌　喻曼景

机械工业出版社

本书是国家精品在线开放课程"节事活动策划"（https://smzyk.36ve.com/dist/#/courseCenter）指定配套教材，系统介绍了节事活动基本理论、活动策划、可行性分析、品牌策划与实施、市场营销策划、团队管理、进度管理、活动赞助、财务管理、风险管理、现场管理及后续工作管理等关键环节。本书的特色在于使用"三维度6+6教学法"进行课程与教材设计，即以"工作6步骤"为标准程序，通过设计或虚拟工作任务，将"工作6步骤"法贯穿整个教学与学习过程，同时结合丰富的案例和实训项目，强调理论与实践的紧密结合，以培养学生的实际操作能力和问题解决技巧。内容更新紧跟行业趋势，特别强调数字化工具应用、客户体验优化、可持续活动实践及国际化视野。

本书适合作为高职高专院校会展策划与管理专业教学用书，也可供相关行业培训及自学提升专业技能使用。

**图书在版编目（CIP）数据**

节事活动管理实务 / 杨瑞，郑晓星主编. -- 2版. -- 北京：机械工业出版社，2025.2. -- （高等职业教育会展策划与管理专业系列教材）. -- ISBN 978-7-111-77523-2

Ⅰ. C936

中国国家版本馆CIP数据核字第2025E7H430号

机械工业出版社（北京市百万庄大街22号　邮政编码100037）
策划编辑：孔文梅　　　　　责任编辑：孔文梅　张美杰
责任校对：薄萌钰　陈　越　封面设计：王　旭
责任印制：张　博
北京建宏印刷有限公司印刷
2025年2月第2版第1次印刷
184mm×260mm・15.25 印张・363 千字
标准书号：ISBN 978-7-111-77523-2
定价：49.00元

电话服务　　　　　　　　　网络服务
客服电话：010-88361066　　机 工 官 网：www.cmpbook.com
　　　　　010-88379833　　机 工 官 博：weibo.com/cmp1952
　　　　　010-68326294　　金 书 网：www.golden-book.com
封底无防伪标均为盗版　　　机工教育服务网：www.cmpedu.com

进入21世纪以来,随着中国社会经济的飞速发展,综合国力不断增强,会展经济随之迅速成为中国经济的新亮点,在中国经济舞台上扮演着越来越重要的角色,正逐渐步入产业升级的关键历史时期。节事活动作为会展业的重要组成部分,其为各种目的和议程服务的内涵不断扩充,从而引起了"活动"这个新兴行业的产生与发展,尤其是大型活动,正受到越来越多的关注。21世纪,中国承办了2008年北京奥运会、2010年上海世博会、2022年北京冬奥会、2023年杭州亚运会等重大活动,极大地推动了我国活动业的发展,为我们举办大型活动提供了不可多得的宝贵经验。同时,我国也是世界节事资源大国,目前每年举办的节事活动有近2万场。

节事活动业的快速发展需要大量的优秀专业人才做支撑,而目前节事活动教育理论研究的滞后和专业人才的相对匮乏已严重制约活动业的发展速度,因此大力发展节事活动教育刻不容缓。本书主要包括节事活动概述、节事活动策划、节事活动可行性分析、节事活动品牌策划与实施、节事活动市场营销策划、节事活动组织与团队管理、节事活动进度管理、节事活动赞助、节事活动财务管理、节事活动风险管理、节事活动现场管理、节事活动后续工作管理等内容,借鉴其他同类教材的优点,同时也突出自身的特色。在编排上重视专业技能性和实践性,结合当前职业教育中先进的案例分析法、任务驱动法、角色训练法、情境教学法等,借鉴姜大源研究员在职业教育中提倡的"工作过程系统化"和"跨界教育思维"理念,努力使教材具有鲜明的职业教育特色。本书具有以下特点:

(1)校企合作,工学结合,根据节事活动工作岗位能力要求,构建课程标准。邀请节事活动专业专家与本书编写教师一同分析节事活动工作岗位的能力要求,对完成工作任务应具备的职业能力做出详细的描述,同时对工作任务、职业能力按逻辑关系进行排序,制定满足岗位能力要求的课程标准。

(2)按照工作过程系统化要求进行课程开发与设计。按照岗位能力的要求使教学内容模块化,突出教学的应用性、实践性。按岗位重组课程,进行课程体系改革。以培养高技能人才为先导,以培养学生动手能力和创新能力为目的,改革课程体系,构建"基于节事活动岗位功能与工作过程"的课程体系,按照工作过程系统化要求进行课程开发与设计,实施融教、学、做于一体的教学模式。

(3)立足地方,建立校外实训基地,实施"工学结合"与"开放性"的人才培养模式,将"教学方法——平台建设——情景设计——实习模式——能力考核"的工学结合课程设计思路贯穿教学体系全过程,实现教学的"开放性"。

本书是由国内多所高等院校的节事活动专业教师和节事活动专家共同完成的,是重庆市高等教育教学改革研究项目(项目编号103401)、重庆市高等教育质量与教学改革工程项目成果,也是国家精品在线开放课程"节事活动策划"(https://smzyk.36ve.com/

dist/#/courseCenter）指定配套教材。本书由重庆城市管理职业学院杨瑞和福州职业技术学院郑晓星担任主编，重庆城市管理职业学院沈菊、陈彬彬和重庆酉阳职业教育中心肖倩担任副主编。重庆大学刘斌，长沙商贸旅游职业技术学院喻曼景，天津商务职业学院申洁，天津城市职业学院张素霞、王娜，上海外国语大学贤达经济人文学院余楚凤，重庆师范大学孙天怡、曾涵林、陈曙杰，重庆市酉阳职业教育中心吴建军等老师参与了教材编写工作。具体编写分工如下：郑晓星、陈彬彬、喻曼景、申洁编写模块一单元一，张素霞、王娜、刘斌编写模块一单元二，余楚凤、肖倩和吴建军编写模块一单元三，孙天怡、曾涵林、陈曙杰编写模块一单元四，杨瑞编写模块二至模块九、模块十一，沈菊编写模块十、模块十二。

在编写过程中，重庆立嘉展览有限公司陈棋、重庆同阳商务有限公司宋娟、重庆市中环盛世商务会展有限公司高健、重庆南坪国际会展中心纪伟等审阅了全稿，并对本书的编写提出许多宝贵的意见或建议，在此谨致真诚的谢意！

为方便教学，本书配有电子课件等配套教学资源。凡使用本书的教师均可登录机械工业出版社教育服务网 www.cmpedu.com 下载。咨询电话：010-88379375，或加入 QQ 群：726174087。

由于编写人员的经验和水平有限，作为高等职业教育教学用书的一次创新性探索和尝试，本书是在内容和体系结构上还有很多不足之处，恳请广大业内专家和读者不吝赐教。

编　者

# 二维码索引

| 序号 | 名称 | 图形 | 页码 | 序号 | 名称 | 图形 | 页码 |
|---|---|---|---|---|---|---|---|
| 1 | 节事活动策划的原则（1） | | 031 | 11 | 节事活动市场细分 | | 094 |
| 2 | 节事活动策划的原则（2） | | 031 | 12 | 节事活动目标市场选择 | | 094 |
| 3 | 节事活动SWOT分析法 | | 057 | 13 | 项目进度管理概述（上） | | 128 |
| 4 | 节事活动宣传推广的特点 | | 072 | 14 | 项目进度管理概述（中） | | 128 |
| 5 | 节事活动推广——平面广告 | | 074 | 15 | 项目进度管理概述（下） | | 128 |
| 6 | 节事活动推广——新媒体 | | 077 | 16 | 节事活动进度计划 | | 137 |
| 7 | 节事活动的营销策划 | | 088 | 17 | 节事活动现场管理（1） | | 192 |
| 8 | 节事营销3E原则 | | 089 | 18 | 节事活动现场管理（2） | | 192 |
| 9 | 节事营销5P要素（上） | | 089 | 19 | 节事秩序 | | 198 |
| 10 | 节事营销5P要素（下） | | 089 | 20 | 节事现场清理工作 | | 215 |

前言
二维码索引

## 模块一　节事活动概述 .................................. 001
单元一　节事活动的内涵及相关概念 ...... 003
单元二　节事活动的分类 .......................... 007
单元三　节事活动的积极影响分析 .......... 011
单元四　节事活动的发展现状及趋势 ...... 015
实训项目一　节事活动微论文撰写 .......... 022
思考与练习 ................................................. 023

## 模块二　节事活动策划 .................................. 025
单元一　节事活动策划概念及原则 .......... 030
单元二　节事活动策划方法 ...................... 032
单元三　节事活动策划步骤 ...................... 035
单元四　节事活动策划方案写作 .............. 038
实训项目二　节事活动策划方案写作训练 ...... 040
思考与练习 ................................................. 041

## 模块三　节事活动可行性分析 ...................... 043
单元一　节事活动市场调查概述 .............. 044
单元二　节事活动市场信息收集和调查方法 .. 047
单元三　可行性研究概述 .......................... 053
单元四　节事活动可行性研究内容 .......... 054
实训项目三　节事活动项目市场调查实施 ...... 060
实训项目四　节事活动项目可行性分析报告 .. 061
思考与练习 ................................................. 061

## 模块四　节事活动品牌策划与实施 .............. 063
单元一　节事活动品牌概述 ...................... 064
单元二　节事活动品牌塑造 ...................... 069
单元三　节事活动宣传与推广 .................. 072
单元四　节事活动公关策划 ...................... 078
实训项目五　节事活动品牌宣传与推广
　　　　　　改进方案 .............................. 084

思考与练习 ................................................. 085

## 模块五　节事活动市场营销策划 .................. 086
单元一　节事营销概述 .............................. 088
单元二　节事活动市场细分与目标市场选择 ... 093
单元三　节事活动营销计划制订 .............. 095
单元四　节事活动计划的执行和效果评估 ...... 100
实训项目六　节事活动现场营销实训 ...... 102
实训项目七　节事活动营销计划书写作 .. 103
思考与练习 ................................................. 104

## 模块六　节事活动组织与团队管理 .............. 106
单元一　节事活动组织管理 ...................... 107
单元二　节事活动项目团队管理 .............. 113
单元三　节事活动项目人力资源管理 ...... 120
实训项目八　节事活动项目员工模拟
　　　　　　招聘实训 .............................. 124
思考与练习 ................................................. 125

## 模块七　节事活动进度管理 .......................... 127
单元一　节事活动进度管理概述 .............. 128
单元二　节事活动进度计划编制 .............. 135
单元三　节事活动进度控制 ...................... 139
实训项目九　节事活动项目工作进度
　　　　　　计划表的制定 ...................... 142
思考与练习 ................................................. 143

## 模块八　节事活动赞助 .................................. 145
单元一　节事赞助概述 .............................. 146
单元二　节事赞助方案 .............................. 152
单元三　节事赞助实施 .............................. 156
实训项目十　节事赞助的实施训练 .......... 161
思考与练习 ................................................. 162

## 模块九　节事活动财务管理 ……………… 164
　　单元一　节事活动财务管理概述 …………… 165
　　单元二　节事活动财务预算管理 …………… 169
　　单元三　节事活动利润管理 ………………… 172
　　实训项目十一　节事活动项目财务
　　　　　　　　　预算实训 ………………… 176
　　思考与练习 …………………………………… 177

## 模块十　节事活动风险管理 ……………… 179
　　单元一　节事活动风险管理概述 …………… 180
　　单元二　节事活动风险识别和分析 ………… 182
　　单元三　节事活动风险的应对措施
　　　　　　和监控 …………………………… 186
　　实训项目十二　节事活动项目风险管理
　　　　　　　　　方案实训 ………………… 189
　　思考与练习 …………………………………… 190

## 模块十一　节事活动现场管理 …………… 192
　　单元一　现场人员管理 ……………………… 193
　　单元二　现场活动管理 ……………………… 200
　　单元三　现场后勤管理 ……………………… 208
　　单元四　结束管理与现场清理 ……………… 214
　　实训项目十三　节事活动现场志愿者
　　　　　　　　　服务实训 ………………… 216
　　思考与练习 …………………………………… 217

## 模块十二　节事活动后续工作管理 ……… 220
　　单元一　节事活动后续工作 ………………… 221
　　单元二　节事活动评估工作 ………………… 223
　　单元三　节事活动工作总结 ………………… 228
　　实训项目十四　节事活动参展商评估实训 …… 232
　　思考与练习 …………………………………… 232

## 参考文献 …………………………………… 234

# 模块一　节事活动概述

## 📋 知识目标

掌握节事活动的相关概念及内涵；熟悉节事活动的主要分类标准及其分类；掌握不同类型节事活动的特征；了解国际节事活动的发展趋势；了解国际著名节事活动的主要内容；了解我国当代各阶段的主要节事活动。

## 🎯 技能目标

具备区分不同类型节事活动的辨别能力；能通过对典型节事案例的分析，了解节事活动国家的发展概况；能区分我国目前节事活动的主要类型；掌握我国节事活动存在的问题及发展趋势。

## 📖 素养目标

培养家国情怀，增强文化自信；培养团队协作及分析问题的能力。

### 案例导入

**与世界干杯，第33届青岛国际啤酒节成功举办**

2023年，第33届青岛啤酒节以"开放"为主题，以啤酒为媒，与世界干杯，充分体现了中国风采、展现了城市特色，国际化程度、社会影响力、经济拉动力、游客满意度再创新高，城市知名度、美誉度和影响力进一步提升，集中展现了西海岸开放包容、充满活力的国家级新区风貌。

据了解，为期24天的啤酒节共接待游客617万人次；消费啤酒2 700吨；汇集40多个国家和地区、2 000余款品牌啤酒、2 827款精酿啤酒参加中国国际啤酒挑战赛，参赛啤酒数量创历史新高；379个商家参与啤酒盛会；630余名演艺人员倾情演绎，共呈现1 110余场文化演艺活动；10项体育赛事、1 650场次比赛吸引6 000余名运动员热情参与；近600名记者参与报道，一城带千店，啤酒节已经成为拉动消费的强引擎。一组组亮眼的数字，破译了青岛国际啤酒节的超级流量密码。

1. 开幕闭幕，啤酒之旅精彩连连

7月14日晚上，第33届啤酒节开幕式在大型歌舞《干杯吧朋友》中拉开序幕。音乐组曲《风情西海岸》、舞蹈《狂欢啤酒节》点燃全场，在"哈舅""哈舅妈"的带领下，现场观众一起进入狂欢时刻，感受青岛西海岸新区蓬勃向上的发展面貌和奋斗姿态；著名歌唱家、跨界音乐人带来了歌曲《共圆中国梦》《花开中国》和《将进酒》，优美动听的歌声令人陶醉其中；乌兹别克斯坦艺术家们演唱的歌曲《节日》，俄罗斯舞团表演的《康康舞曲》，热烈欢快且异域风情十足。本届啤酒节恰逢青岛啤酒120周年华诞，特邀青岛籍演员倾情演唱原创主题歌曲《共创美好未来》，更是充分展现了青岛独特的城市魅力风采。本届啤酒节开幕式舞台上首次使用了交响乐团、电音乐团及铜管乐团的混编乐队，让开幕式更具国际范儿。

8月6日晚上8点，第33届青岛国际啤酒节在青岛西海岸新区金沙滩啤酒城圆满闭幕。闭幕式在互动光影节目《鼓舞飞扬》中拉开序幕，如梦如幻的光影秀伴随着阵阵鼓声为观众送上了一场别开生面的视觉体验。随后，器乐演奏《万马奔腾》、歌舞《拥抱西海岸》更是展现了本届啤酒节全域联动、全民参与，呈现出一派生机翻涌、万马竞奔的火热景象。在酒王争霸表演环节，获奖嘉宾为大家带来一场来自酒王们的精彩对决。著名藏族女歌手带来的歌曲《呼伦贝尔大草原》，更是将现场氛围推向高潮。

### 2. 啤酒为媒，创新搭建城市会客厅

青岛国际啤酒节不仅是一个繁荣消费的舞台，更是一个讲好城市故事的文化窗口。青岛西海岸新区以啤酒为媒介，通过在金沙滩啤酒城举办各类主题活动，搭建起涵盖产业、人才、营商环境、乡村振兴等全方位、多层次的窗口平台。啤酒节期间，"乡聚西海岸·城市新鲜计划"主题推介嘉年华活动中，众多优质农产品企业携带特色产品亮相啤酒节，成为新区农产品公用品牌的一次集中展示；国际啤酒节联盟合作机制2023青岛会议暨世界知名啤酒节办节经验分享会中，中外嘉宾围绕"啤酒节庆与城市开放"主题探讨交流、分享经验；"贵景黔味"贵州名特优产品旗舰店落地啤酒城，来自贵州的有机农产品、鲜果制品、酱香白酒等多种名特优产品琳琅满目，吸引了无数市民游客前去打卡"进货"……24天时间里，海洋之夜、人才之夜、城市更新之夜、民营企业家之夜、营商环境专题推介、秋晚春晚直通车优秀节目展演等活动轮番上场。

青岛国际啤酒节正发挥着更大的平台效应和品牌效能，成为青岛西海岸新区连接世界的文化桥梁、讲好"新区故事"和"中国故事"的城市会客厅。

### 3. 全域联动，节城共融愈加紧密

啤酒节期间，青岛西海岸新区全域联动、全民参与，同步推出了多个独具特色的主题活动：中德生态园"德国啤酒节"着力打造集娱乐、休闲、美食、购物于一体的综合性夜间消费场景；第五届"琅琊嗨海季"将历史与时尚相融合，打造新区经略海洋、发展海洋经济的文旅新地标……积米崖"渔人码头海鲜节"、泊里镇首届"啤酒美食嘉年华"、海青镇"海小青音乐啤酒季"等众多活动在新区遍地开花，让广大市民游客感受"醉美西海岸"的同时，深切体会到新区的本土风情。

线下同步举办"购物啤酒节""西有好物万市大集"等系列主题活动，各大商超通过联合促销、惠民购物、名品展销、特惠特卖等促销活动，全城联动共促消费，实现了"一节带万店，一城带万户"；策划推出"啤酒之城畅爽游""清凉之夏度假游"等5条夏季特色主题旅游线路，以金沙滩啤酒城、青岛东方影都及沿海一线等为重点，整合串联沿海沙滩、生态景区、特色博物馆和美术馆等特色优质资源，为游客带来缤纷多彩的夏季旅游新玩法。通过啤酒节拉动起商超、文旅、住宿、餐饮等一系列消费，形成显著的溢出效应。

【思考】
1. 第33届青岛国际啤酒节成功举办的原因主要有哪些？
2. 第33届青岛国际啤酒节对青岛的发展会产生哪些推动作用？

## 单元一 节事活动的内涵及相关概念

### 一、节事活动的定义

节事活动的理论包括一系列相关的概念并形成了一套相对独立且完整的理论体系。比较权威的定义源自美国乔治·华盛顿大学节事活动管理专业创始人及首任主任乔·戈德布拉特博士,他在其专著《现代节事活动管理的最佳实践》(The Best Practice of Modern Event Management)中,将节事活动定义为"为满足特殊需要,用仪式和典礼进行欢乐的特殊时刻"。在我国,目前无论是理论界还是业界对节事活动尚未有一个统一、清晰的界定。由于节事活动内涵丰富,我国一些学者对此从不同角度进行研究,比较有代表性的定义有以下几种:

(1)节事是节日和特殊事件。"在事件及事件旅游的研究中,常常把节日(Festival)和特殊事件(Special Event)合在一起作为一个整体进行探讨,英文简称为 FSE(Festival & Special Event),中文译为'节日和特殊事件',简称'节事'。""从字面上看,节庆是'节日庆典'的简称,其形式包括各种传统节日以及经过策划创新而人为'制造'出来的各种节日。为了和节事(FSE)区分开来,把各种节日界定为'狭义的节庆',把各种节事界定为'广义的节庆'。"(戴光全,2005)

(2)节事是有主题的公众庆典活动。"节事活动是指城市举办的一系列活动或事件,包括节日、庆典、地方特色产品展览、交易会、博览会、会议,以及各种文化、体育等具有特色的活动或非日常发生的特殊事件。"(吴必虎,2001)

(3)节事活动是一种特殊的旅游形式。"节事活动专指以各种节日(Festival)和盛事(Special Event,Mega-event)的庆祝和举办为核心吸引力的一种特殊旅游形式。"(邹统钎,2001)

我国学术界目前虽然对节事活动的概念还有不同的认识,但这些定义都有如下共同点:

(1)节事有狭义和广义之分。狭义的节事即节庆,指的是各种节日和庆典,尤其是指在固定或不固定的日期内,以特定主题活动方式,约定俗成、世代相传的节庆活动等,但不包括各种交易会、展览会、博览会、体育等方面的特殊事件。广义的节事不仅是指节庆,而是指精心策划和举办的某个特定的仪式、演讲、表演或庆典,包括节日、庆典、重大的市民活动、独特的文化演出、重要的体育比赛、社团活动、贸易促销和产品推介等具有特色的活动或非日常性发生的特殊事件。

(2)节事活动,尤其是大型节事活动与旅游关系密切。在现代旅游和地区经济发展进程中,节事活动和旅游结合形成的节事旅游(Event Tourism)已经成为一种专项旅游产品。世界各国纷纷将节事活动作为发展旅游业和振兴旅游经济的重要方式。节事活动使举办活动的城市或旅游地区旅游资源的综合利用率提高,具有强大的产业联动效应。节事活动能汇聚更大的客源流、信息流、技术流、商品流和人才流,对一个城市或地区的国民经济和社会进步产生难以估量的影响和催化作用。

综上所述,可将节事活动概括为"经过精心策划,能对人们产生吸引力,有可能被开发成娱乐、休闲、旅游等参与性消费形式的各类庆典和活动的总称"。所以，大到举世瞩目的奥运会，小到亲友的聚会，都属于节事活动的研究范畴。本书的重点是探讨广义的节事活动，包括节庆（Festival）、特殊事件（Special Event）和各类活动（Event），如体育赛事、会议、舞会、狂欢节、颁奖典礼、纪念仪式等，而且这些常见的活动可能不属于"人们日常生活体验或日常选择范围之外"这一定义。

## 二、基本概念

### 1. 事件（Event）

加拿大卡尔加利大学商学院的唐纳德·盖茨（Donald Getz）教授是节事管理和节事旅游研究的重要人物之一。按照唐纳德·盖茨的说法，事件是短时发生的、一系列活动项目的总和；同时，事件也是其发生时间内环境、设施、管理和人员的独特组合。因此，事件也往往被翻译为"活动"。西方对事件的研究中较多的是特殊事件（Special Event）、标志性事件（Hallmark Event）和重大事件（Mega-event）。

> **案例 1-1　戛纳国际电影节**
>
> 节日由来——1939年，为了对抗当时受意大利法西斯政权控制的威尼斯国际电影节，法国决定创办自己的国际电影节。随着第二次世界大战的爆发，电影节的筹备工作被迫中断。大战结束后，法国于1946年9月20日在法国南部旅游胜地戛纳举办了首届电影节。
>
> 活动名称——戛纳国际电影节
>
> 活动举办时间——每年5月中旬举办，为期12天左右，通常于星期三开幕、隔周星期天闭幕
>
> 活动举办地点——法国戛纳
>
> 活动简介——戛纳电影节的活动分为六个单元："正式竞赛""导演双周""一种注视""影评人周""法国电影新貌""会外市场展"。戛纳国际电影节的宗旨在于推动电影节发展，振兴世界电影行业，为世界电影人提供国际舞台。戛纳国际电影节在保有其核心价值的基础上，也一直在进步与发展，致力于发现电影行业新人，为电影节创造一个交流与创作的平台。活动的奖项设置分为主竞赛单元奖项和其他单元奖项，主竞赛单元奖项分为最佳影片金棕榈奖、评审团大奖、最佳导演奖、最佳剧本奖（又名最佳编剧奖）、评审团奖、最佳女演员奖、最佳男演员奖、特别提名奖、荣誉金棕榈奖，其他单元奖项包括金摄影机奖、酷儿棕榈奖、金马车奖、最佳纪录片金眼睛奖、特别大奖、技术大奖、国际影评人费比西奖、国际影评人周大奖、天主教人道奖等。

### 2. 特殊事件（Special Event）

特殊事件有两个方面的含义：①与事件的赞助者或主办者的例行事务（Routine）不同，特殊事件是发生在赞助主体或举办主体日常进行的项目（Program）或活动（Activity）之外的事件，具有一次性或者非经常性的特点；②与消费者或顾客的世俗事务（Mundane Affairs）不同，特殊事件是发生在人们日常生活体验或日常选择范围之外的事件，它为事件的参与顾客提供了休闲、社交或文化体验的机会。"特殊事件经过事先策划，往往能够激发

起人们强烈的庆贺期待。"

### 3. 标志性事件（Hallmark Event）

标志性事件是一种重复举办的事件（Recurring Event）。对于举办地来说，标志性事件在传统、吸引力（Attractiveness）、形象（Image）及名声（Publicity）等方面有着重要意义。标志性事件能够为举办事件的场所（the Host Venue）、社区（Community）和目的地（Destination）赢得市场竞争优势。随着时间的推移，标志性事件将与目的地融为一体。例如，加拿大安大略省的斯特拉特福德莎士比亚戏剧节已经成为该地的旅游主题。美国路易斯安那州新奥尔良的马蒂·格拉斯狂欢节（Mardi Gras）也凭借其独特表现，在市场竞争中获得了优势。此外，标志性事件是出于长远或短期目的，一次性或重复举办的、延续时间较短、主要目的在于加强外界对于旅游目的地的认同、增强其吸引力并提高经济收入的活动。标志性事件要获得成功，主要依赖其独特性、地位、公众兴趣并适时引起人们的注意。

资料：狂欢节通常为基督教四旬斋前饮宴和狂欢的节日，原由主节一直延长到四旬节前一天，如今则只限四旬节前几天。该节日盛行于欧美地区。许多国家都有一个传统的狂欢节日，化装舞会、彩车游行、假面具和宴会是狂欢节的几大特色。它起源于非基督徒的节日庆典，如希腊酒神节、古罗马农神节和牧神节以及凯尔特人的宗教仪式等，一般在2、3月举行。

#### 案例1-2　巴西狂欢节

节日由来——相传里约热内卢狂欢节始于19世纪中叶。最初，狂欢节的规模不大，仅限于贵族举行的一些室内化装舞会，人们戴上从巴黎购买的面具，尽情地欢乐。1852年，葡萄牙人阿泽维多指挥的乐队走上了街头。随着节奏明快的乐曲，整个城市欢腾起来了。里约热内卢狂欢节最早并没有固定的场所，全市各主要大街上都是桑巴舞表演的舞台。

活动名称——巴西狂欢节

活动举办时间——每年2月中旬或下旬举办，为期3天

活动举办地点——巴西里约热内卢

活动简介——巴西狂欢节被称为世界上最大的狂欢节之一，有"地球上最伟大的表演"之称，于每年2月的中旬或下旬举行，为期3天。在巴西狂欢节上，每个人都不追求表现自我，而是乐于成全他人。有的男性希望展现出女性的特征，而一些平时内向的女子则大跳狂热的舞蹈，极力模仿他人敏捷和有力的动作。狂欢节中常常出现"易装癖"，这是历史的产物。巴西狂欢节对女性化的狂热程度在世界上可以说是独一无二的。在巴西各地的狂欢节中，里约热内卢狂欢节是世界上最著名、最令人神往的盛会之一。

2023年2月17日晚，巴西里约热内卢桑巴大道彩旗飘飘、锣鼓喧天，伴随着能让人肾上腺激素快速飙升的音乐，一队队桑巴舞者陆续登场，全球瞩目的巴西里约狂欢节开始了。在巴西狂欢节上，桑巴女郎们忘情热舞，狂欢者不分昼夜地尽情狂欢。

### 4. 重大事件（Mega-event）

唐纳德·盖茨通过列举具体的规模和影响，给出了重大事件的描述性定义。他认为重大事件的容量应超过100万观众，成本至少为5亿美元，并且其声誉应是一个"必看的"

节事。从规模和重要性来看，重大事件是指能够使事件主办方和主办地产生较高的旅游效益和媒体覆盖率、赢得良好名声或产生一定经济影响的事件。在实际运作中，重大事件一般称为"大型活动"，如世界杯足球赛、奥运会等。

### 三、节事活动的特点

**1. 鲜明的地方性**

节事活动的产生往往依托于当地特色或文化民俗，以地方性作为吸引源，由此引发的节事活动带有鲜明的地方特色，这是节事活动容易赢得深度旅游者青睐的根本原因。

**2. 浓厚的文化性**

在漫长的历史文化过程中，节事活动举办地通过文化的创造、交流和融合，逐渐形成具有地方特色的节事传统。这种独特的地方文化是节事活动举办地具有旅游目的地吸引力的源泉。

**3. 活动的集中性**

节事活动大多集中在某一特定的时间段内，一般有固定的时间期限，活动安排十分紧凑，这使得节事活动参与者所参与的活动带有明显的集中性特点，倘若节事活动富有魅力，参与者的停留时间通常会更长一些。

**4. 效益的综合性**

一次大型节事活动的举办，既能带来直接的经济效益，又能带来间接的、隐形的其他方面的效益，会给举办地的发展带来多方面的推动，对区域旅游发展及当地经济、社会、文化发展产生巨大而广泛的影响。

**5. 活动的体验性**

节事活动是一种参与性很强、大众性的文化、旅游、体育、商贸和休闲活动，建立在大众参与和体验基础之上。

#### 案例 1-3　中国（曲阜）国际孔子文化节

2023年是孔子诞辰2574周年。9月26日至28日，济宁市举办了2023年中国（曲阜）国际孔子文化节。文化节期间，济宁市组织举办开幕式暨孔子教育奖颁奖典礼、癸卯年公祭孔子大典、《尼山雅乐》演出，策划开展美术书法篆刻作品邀请展、沿黄九省（区）青少年中华优秀传统文化经典诵读大赛展演、国际青年文化交流演出和中华文化创意产品交易会、"中外青少年交流基地暨中华优秀传统文化国际研学基地"开营仪式等系列活动，全面展现中华优秀传统文化魅力。

**1. 起源**

孔子文化节始于1984年的"孔子诞辰故里游"活动，1989年经山东省委、省政府和中央有关部门批准，更名为"中国（曲阜）国际孔子文化节"。2014年8月，经全国清理和规范庆典研讨会论坛活动工作领导小组审议，并报请党中央、国务院审批，中国（曲阜）国际孔子文化节成为山东省保留的两大节庆活动之一，被国家旅游局确定为"中国旅游节庆精选活动"。孔子文化节在海内外产生广泛影响，被国际节庆协会评为"中国最具国际影响力的十大节庆活动"。

#### 2. 发展

近年来，从建设尼山世界儒学中心、孔子研究院、孟子研究院、孔子博物馆等儒学研究传播机构，打造世界儒学研究高地，到连续多年举办中国（曲阜）国际孔子文化节、尼山世界文明论坛，搭建文明交流互鉴的重要载体、重要平台，增强文化济宁的国际影响力，济宁市通过文化"两创"让优秀传统文化更加鲜活、更加立体，看得见、摸得着，让中华文化走向更加广阔的世界舞台。

论坛举办期间，同步设置线上、线下分会场，组织开展主旨演讲、分组对话、高端对话、高端访谈、驻华使节访谈等活动，颁发孔子教育奖，组织祭孔大典，实施全球"云祭孔"等，进一步加强文明交流，深化文明合作，推动文明互鉴。系列活动全方位展现中华传统文化的时代价值和深厚内涵，让世界更好地了解中国、了解中国文化。

#### 3. 融合

中国研学旅游国际营销大会、全民教育国际研讨会、山东儒商大会嘉宾东方圣城行……经过多年的创新与发展，孔子文化节在文化、教育等领域越来越有所作为。2006年，孔子文化节成功举办首届联合国教科文组织"孔子教育奖"颁奖盛典，该奖项用于奖励国际上在继续教育领域取得突出贡献的政府组织、非政府组织和个人，是联合国首次以中国人名字命名的国际最高奖项，进一步丰富了孔子文化节的国际内涵，使孔子文化节成为极具感召力和影响力的国际节会。

中国（曲阜）国际孔子文化节以促进世界文明对话交流、合作互鉴、融合发展，推动构建人类命运共同体为目的，注重学术性、国际性与开放性相结合，建设世界文明交流互鉴高地，成为向世界介绍中国智慧、中国道路、中国方案的传播平台。

## 单元二 节事活动的分类

### 一、按内容分类

节事活动按照内容可分为自然景观型、历史文化型、民俗风情型、物产餐饮型、博览节事活动型、运动休闲型、娱乐游憩型、综合型等8类（见表1-1）。

表1-1 按内容分类的节事活动

| 节事活动类型 | 主要特征 | 典型节事活动 |
| --- | --- | --- |
| 自然景观型 | 以当地自然地理景观（独特气象、地质地貌、植被、特殊地理风貌、典型地理标志地、地理位置）为依托，综合展示城市旅游资源、风土人情、社会风貌等的节事活动 | 哈尔滨国际冰雪节、张家界国际森林节 |
| 历史文化型 | 依托当地文化和历史传承的景观、独特的地域文化、宗教活动等开展的节事活动 | 杭州运河文化节、天水伏羲文化节、曲阜国际孔子文化节 |

(续)

| 节事活动类型 | 主 要 特 征 | 典型节事活动 |
| --- | --- | --- |
| 民俗风情型 | 以各民族独特的民俗风情和生活方式为主题（民族艺术、风情习俗、康体运动等）的节事活动 | 南宁国际民歌艺术节、潍坊国际风筝节、傣族泼水节 |
| 物产餐饮型 | 以地方特产和特色商品及本地餐饮文化为主题，辅以其他相关的参观、表演等而开展的节事活动 | 大连国际服装节、菏泽国际牡丹节、青岛国际啤酒节 |
| 博览节事活动型 | 依托城市优越的经济地理条件，以展览会、交易会为形式，辅以其他相关的参观、研讨和表演等而开展的节事活动 | 昆明世界园艺博览会、杭州西湖博览会、中国国内旅游交易会 |
| 运动休闲型 | 以各种大型的体育赛事、竞技活动为形式，辅以其他相关的参观、表演等而开展的节事活动 | 奥运会、亚运会、全运会、银川国际摩托旅游节 |
| 娱乐游憩型 | 以现代娱乐文化和休闲游憩活动为形式，辅以其他相关的参观、表演等而开展的节事活动 | 上海环球嘉年华、山海关欢乐海洋节、广东欢乐节 |
| 综合型 | 多种主题组合，一般节期较长，内容综合，规模较大，投入较多，效益较好 | 北京国际旅游文化节、昆明国际旅游节 |

## 二、按形式分类

节事活动按照活动形式可分为单一性节事活动和综合性节事活动。

（1）单一性节事活动。单一性节事活动是指活动内容和形式比较单一、专业性很强的节事活动，如瑞士伯尔尼的洋葱节、法国香槟节、上海徐家汇广场啤酒节、新加坡的食品节等。

（2）综合性节事活动。综合性节事活动是指活动内容和形式广泛、具有较大包容性的节事活动，如杭州的西湖博览会、上海的旅游节等。

## 三、按地域范围分类

节事活动按照地域范围可分为国际性节事活动、全国性节事活动和地方性节事活动（见表1-2）。

表 1-2 按地域范围分类的节事活动

| 节事活动类型 | 主 要 特 征 | 典型节事活动 |
| --- | --- | --- |
| 国际性节事活动 | 规模庞大、在全球媒体中引起反响的节事活动 | 奥林匹克运动会、F1方程式大赛、世界杯足球赛 |
| 全国性节事活动 | 范围波及一定的地理和行政区域，主要在一定的区域内引起反响的节事活动 | 国庆节、春节、厦门中国国际广告节、大连国际服装节 |
| 地方性节事活动 | 与一个乡镇、城市或地区的精神面貌或风气有关，并获得广泛认同的节事活动 | 中国长江三峡国际旅游节、屈原故里端午文化节、青岛啤酒节 |

## 四、按组织者分类

节事活动按照组织者可分为政府型节事活动、民间型节事活动和企业型节事活动。

（1）政府型节事活动。政府型节事活动是由政府出面组织的公益性节事活动。例如，

模块一　节事活动概述

由中央政府组织的春节或中秋节的联谊活动、劳动节和国庆节的联欢活动以及诞辰纪念日等；由地方政府组织的贸易洽谈会、旅游节、艺术节、体育活动等。

（2）民间型节事活动。民间型节事活动是由民间团体组织的节事活动，如一些具有民族特色的各类节事，像中国彝族的火把节、傣族的泼水节，法国尼斯的狂欢节，意大利威尼斯的狂欢节等。

（3）企业型节事活动。企业型节事活动是由企业组织的商业节事活动，一般为商业性活动，如投资洽谈会、产品推广活动、打造形象的赞助活动，具体如大连服装节、北京国际汽车展、潍坊国际风筝节等。

## 五、按主题分类

节事活动按照主题可分为宗教性、贸易性、民俗性、文化性、商业性、体育性、政治性和自然景观等几大类型的节事活动（见表1-3）。

表1-3　按主题分类的节事活动

| 节事活动类型 | 主题 | 典型节事活动 |
| --- | --- | --- |
| 宗教性节事活动 | 以宗教纪念日和各种宗教组织举办的资助和捐款活动为主题 | 伊斯兰教古尔邦节、藏传佛教晒大佛、基督教复活节 |
| 贸易性节事活动 | 以举办地最有代表性的风物特产为主题 | 青岛啤酒节、洛阳牡丹节 |
| 民俗性节事活动 | 以举办地独特的民族风情为主题 | 傣族的泼水节、彝族的火把节、吴桥的杂技节 |
| 文化性节事活动 | 以地方文化内涵为主题 | 巴西嘉年华、上海国际文化艺术节 |
| 商业性节事活动 | 以举办地举行的商业贸易节事为主题 | 世博会、广交会、大连国际服装节 |
| 体育性节事活动 | 以体育赛事为主题 | 国际马拉松赛事、世界杯足球赛、奥运会 |
| 政治性节事活动 | 以政治事件为主题 | 两国建交周年庆典、联合国大会、APEC会议 |
| 自然景观节事活动 | 以举办地的著名景观为主题 | 华山国际旅游登山节、桂林山水节、重庆三峡国际文化节 |

## 六、按属性分类

节事活动按照属性可分为传统节事活动、现代节事活动和其他节事活动3类。

（1）传统节事活动。在古代，传统节事活动以弘扬民族文化为主，中国有端午节、重阳节、春节、元宵节等，国外有圣诞节、复活节、狂欢节等。在近代，世界各地又涌现出一批受欢迎的节日节事活动，如各国的国庆节、国际劳动节、儿童节、妇女节，以及纽约的玫瑰花节和奥尔良的圣女贞德节等。

（2）现代节事活动。世界上有许许多多的节事活动，有的与生活有关，有的与生产有关。与生产有关的现代节事活动有中国广州的花会、中国深圳的荔枝节、菲律宾的捕鱼节和水牛节、阿尔及利亚的番茄节、摩洛哥的献羊节、意大利丰迪市的黄瓜节、美国新墨西哥州哈奇城的辣椒节以及西班牙的鸡节等。与生活紧密相连的现代节事活动有潍坊风筝节、上海旅游节、大连国际服装节、上海服装节、青岛啤酒节、蒙古族的那达慕大会、浦东国际烟花节等。

（3）其他节事活动。除了传统节事活动和现代节事活动以外，还有一些会议、展览和体育活动等，特别是体育活动越来越受到广大人民的喜爱，如每 4 年举办一次的奥运会和世界杯足球赛，各大洲举行的洲际运动会，以及各种专业体育运动委员会组织的世界锦标赛和大奖赛等。举办体育活动可以提高主办国家和城市的知名度和美誉度，并通过旅游和各种商业活动为主办国家和城市创造更多的财富。对那些自然旅游资源缺乏的国家或地区来说，举办体育运动会还可以创造更多的人文景观，从而吸引更多的游客。

## 七、按影响分类

从节事活动的投资额、参与活动（包括观众）的人数、活动产生的媒体曝光度、社会声誉影响面、举办时间间隔性等影响层面考察，节事活动的分类见表 1-4。

表 1-4 按影响分类的节事活动

| 节事活动类型 | 主要特征 | 典型节事活动 |
| --- | --- | --- |
| 重大节事活动 | 声誉、规模影响大，能为东道主带来巨大效益的节事活动 | 奥运会、世博会、世界杯 |
| 特别节事活动 | 精心策划和举办的某个特定的仪式、演讲、表演或庆典活动 | 国庆节、重大市民活动、独特的文化演出 |
| 标志节事活动 | 一次性或在有限的时间内可重复的节事活动 | 西班牙奔牛节、英国爱丁堡艺术节、巴西里约热内卢狂欢节 |
| 社区节事活动 | 主要指乡镇和地方社区举办的各类节事活动 | 乡镇举办的葡萄节、越野赛长跑 |

## 八、按类型分类

节事活动按照类型可分为自然节日、社会节日、民族节日、历史节日、政治节日、国际节日、休闲节日、文化与经济节日等节事类型（见表 1-5）。

表 1-5 按类型分类的节事活动

| 节事活动类型 | 主要特点 |
| --- | --- |
| 自然节日 | 节事内容多与农业或者崇拜自然有关，如清明节 |
| 社会节日 | 多与"人本"精神有关，如五一国际劳动节、国际儿童节、国际劳动妇女节、国际消费者权益日和教师节等 |
| 民族节日 | 一般是一个国家多元化的象征，如中国 56 个民族几乎都有自己独立的节日文化 |
| 历史节日 | 为纪念历史上某个特殊日子而举行的活动，如建党节、五四青年节以及抗日战争胜利纪念日 |
| 政治节日 | 强调公民的国家意识，具有强烈的震撼力，如国庆节、"八一"建军节 |
| 国际节日 | 多反映社会的开放度和跨文化交流，具有外来强势文化的渗透意义，如西方的圣诞节、情人节 |
| 休闲节日 | 它是现代文明进步的标志，如我国政府推出的长假举措 |
| 文化与经济节日 | 带有强烈的商业色彩和明显的区域特征 |

依据不同的目的和不同的分类标准，节事活动可以被分为不同的类型。单纯的分类活动并没有太大的意义，分类的目的在于进行结构对比研究。在实际工作和研究中，可以根据

需要，设定不同的分类标准，搜集样本，进行分类并对结果进行解释。

## 单元三 节事活动的积极影响分析

节事活动的发展能够给举办地带来经济、文化、旅游、社会等多方面的影响，这些影响有些是积极的，有些是消极的。以下主要对节事活动在经济、文化、旅游、社会等方面的积极影响加以阐述。

### 一、提升目的地旅游业，缩小旅游淡旺季的差别

#### 1. 提升目的地旅游业

节事活动作为旅游吸引物往往具有很强的参与性和娱乐性，力求为游客营造一种不同于日常生活的环境和氛围，从而带给游客多类别、多层次、多方面的旅游体验。重大节事活动最明显的影响和效应是短期内可以吸引大量的游客。据统计，2024年巴黎奥运会期间，184天累计接待海内外游客突破7 000万人次，100多位外国领导人莅临园区，创下逾百万人次的最大单日客流，门票共收入73亿元人民币。世博会作为一个极具魅力的旅游吸引体，吸引国内外的旅游者纷至沓来，其中有超过70%的游客在观摩世博会前做延伸旅游或周边旅游。据初步测算，2010年上海世博会带来超过800亿元的直接旅游收入，对长江三角洲地区旅游及相关产业拉动作用尤为明显。2025年大阪世博会也将为大阪及周边地区的旅游经营者创造组合新产品的良好机遇。

#### 2. 缩小旅游淡旺季的差别

旅游资源、旅游活动具有季节性是一个不争的事实。在城市旅游业发展中，存在"旺季"和"淡季"之分。旺季时游人如织；淡季时游客则寥寥无几。通过对本地旅游资源、民俗风情等因素的优化整合，推出别出心裁的节事活动，不仅让游客对旅游目的地印象深刻，也推动了当地旅游业的发展，从而缩小淡旺季的差别。例如，2024年元旦，哈尔滨通过举办冰雪观光、滑雪、乡村度假等具有浓郁地方特色和民族文化元素的活动，掀起了"冬游哈尔滨"的潮流，特别是哈尔滨冰雪大世界开园后，哈尔滨旅游热度一直保持在全年相对高位，春节期间哈尔滨旅游预订订单同比增长超14倍，超全国增速两倍，这既利用了当地的旅游资源，又可以缩小旅游市场的淡旺季差别。

### 二、带动相关产业发展，提高和完善举办地基础设施建设

#### 1. 带动相关产业发展

任何一次节事活动都是有主题的，配合这一主题的企业或者整个产业都可以在节事活动中获得经济利益。余杭是中国竹子之乡，杭州竹笋节使余杭竹产业从毛竹利用仅限于农家竹器、农具、建筑脚手架等初级产品，向凉席、提花窗帘、竹地板、沙滩椅、竹笛、竹雕刻等精加工日用品、工艺品转变，从单家独户的家庭手工作坊的经营模式向产业化、规模化、

品牌化生产发展。区财政每年投入资金，通过科技推广、（基地）园区建设和推进竹业产业化经营、提高竹农组织化程度等措施，大力培育竹林资源，扩大竹业加工，发展产品贸易和竹业文化旅游，走出了一条"山上建基地、山下搞加工、山外拓市场、山中兴旅游"的产业经济发展道路，竹业综合效益显著。

> **案例 1-4** 河南开封：以菊为媒助力产业锦上添花
>
> "真漂亮，随手一拍就是大片！"金秋时节，走进位于河南开封的中国翰园碑林景区，数万盆菊花竞相开放，争奇斗艳。游人穿梭其间、赏花拍照，或是换上宋服、体验沉浸式游园，别有一番乐趣。
>
> 中国开封第41届菊花文化节期间，320万盆菊花将开封市装点成为"菊的海洋"。开封种菊历史悠久，据开封市菊花文化产业发展协会原副会长兼秘书长介绍，唐代时期，菊花已在开封广泛种植和观赏。北宋时期，开封开启了举办菊花花会的先河，并总结出养菊技术的成套经验。以深厚的历史文化底蕴为基础，八朝古都开封以菊为媒，将菊花产业不断做大做强。
>
> 种菊大户李兴亮2023年承包了35亩土地，菊花上市前期，他每天都"泡"在田间地头照看这些心爱的"宝贝"。"早年我以种地为生，每亩地一年收入1 000元左右，种花只是一项爱好。"他说，2017年他进入开封前方园艺有限公司，专门从事菊花种植工作。
>
> 六年过去了，如今每亩地一年可以收入1万元。李兴亮靠着种菊花买了新车、盖了新房，每年收入20多万元。不仅如此，在种植高峰期，他还带领二三十个本村村民给菊花修剪枝叶，每人每天可以赚80元。"把爱好变成了事业，我现在是越种越想种，感觉有使不完的力气。"李兴亮笑着说。
>
> 像李兴亮这样的种植户在开封还有很多。开封前方园艺有限公司350余亩的菊花种植土地，共承包给了11个种菊大户。这里用工覆盖周边十几个村庄，每年9月用工高峰期，可吸纳500余人就业，每年销售菊花500余个品种、120万盆。
>
> "粗略统计，开封的菊花已占全国份额的80%。许多菊花展上都能看到开封菊花的影子。"开封前方园艺有限公司行政总经理介绍，开封的菊花不止在开封绽放，而是早已远销全国。
>
> 依托菊花种植优势，近年来开封菊花茶产业发展可圈可点。
>
> "除菊花茶以外，我们还制作了多种口味的菊花月饼和糕点，非常受年轻人欢迎。"张峥说，当前以菊文化为代表的年轻态生活理念被越来越多的人接受和喜爱。随着人们对健康的重视，菊花茶的市场前景十分广阔。
>
> "宁可枝头抱香死，何曾吹落北风中。"菊花被誉为"花中四君子"之一，其傲霜抗寒、高洁优雅的品格被历代名人雅士推崇。在开封，将菊花元素融入传统制瓷工艺的菊花瓷产业正在发展壮大。
>
> 河南省工艺美术大师朱芳魁从业已有30余年。走进他的工艺美术馆，一件件菊花瓷盘引人注目，瓷盘上的菊花花瓣生动流畅、色彩艳丽。每当菊花在开封的大街小巷盛开时，总会让游人流连忘返，这让他萌生了让客人带走"永不凋谢的菊花"的想法。

> "菊花瓷是将菊花元素与北宋官瓷有机结合，经过捏塑、施釉、烧制等制作流程，创造出的具有开封文化特色的工艺美术作品。"朱芳魁说，菊花瓷制作工艺复杂，培养一个成熟的制瓷工人需要两三年的时间。除了传统的线下销售渠道，网络直播销售逐渐成为主流。
>
> 小菊花在开封闯出了大名堂，成为带动当地产业发展、乡村振兴的重要引擎。据开封市有关部门介绍，开封已成为我国重要的菊花生产基地，全市菊花面积达2万多亩，年产值超6亿元。
>
> （资料来源：唐健辉，袁月明，https://baijiahao.baidu.com/s?id=1780261173008229270&wfr=spider&for=pc，有删改）

### 2. 提高和完善举办地基础设施建设

良好的基础设施是节事活动发展有力的依托和必不可少的条件，通过举办节事活动，可以使举办地的基础设施如交通运输、市容环境、酒店宾馆、体育运动场所等得到改善，从而进一步提高和完善举办地的节事活动接待能力。在节事活动举办之前，主办方会对节事活动举办地的道路、房屋、宾馆、车站、景观灯、绿化浇灌、供应设施进行集中整治，拆除违章建筑、维修景点、疏通道路、美化环境等，使举办地更加清洁、美观、靓丽。节事活动举办期间还会加大管理力度，建立健全规章制度，完善服务功能。通过筹办2022年第19届杭州亚运会，杭州基础设施建设不断推进——地铁里程达516公里，萧山机场新航站楼拔地而起，杭州西站建成投运，不同类型的道路相互交织，内外路网环环相扣。钱江世纪城、杭州之门、望潮中心、亚运"三馆三村"等描绘城市天际线，突破城市新高度。

## 三、聚集游客，进一步提升目的地的知名度

例如，20世纪90年代以来，陕西西安市先后举办的"长安国际书法年会""西安兵马俑石榴节""西安古文化艺术节""西安城墙国际马拉松友谊赛""西安世界园艺博览会"等独具地方特色的大型节事活动，极大地提高了西安市的知名度，到西安旅游的人数以年平均25%以上的速度递增，尤其是高消费人群、国外游客数量也在攀升中，使西安市旅游业的地位不断提高，成为中国重要的旅游城市。成功的节庆活动的主题能够成为城市形象的代名词，如在我国一提到风筝节，就会想到山东潍坊；一提到啤酒节，就会想到青岛。再如丰县的苹果节，丰县县委、县政府先后和中央电视台《乡村大世界》栏目、《艺苑风景线》栏目进行3次合作，联手打造丰县"红富士苹果节"，最大限度地争取国内媒体对苹果节信息的关注与报道，提高了丰县"红富士苹果节"在全国的知名度。现在丰县、丰县大沙河苹果在全国有了相当的知名度。

大型节事活动促进目的地旅游人次和旅游收入的迅速增长。奥运会总共举办了33届，每一届对举办国的影响都非常大。进入20世纪90年代，奥运会对举办国的影响尤为突出，许多国家因成功举办奥运会，极大地提高了国际形象，由此带来可观的外汇经济效益。在巴塞罗那、亚特兰大、悉尼、雅典、北京、伦敦、里约热内卢奥运会期间，各东道国分别接待了入境游客30万人次、29万人次、50万人次、50万人次、38万人次、59万人次、117万人次，仅2020年东京奥运会受新冠病毒影响，不接待海外观众损失超1 500亿日元。入境国际游

客在住宿、交通、通信、餐饮、观看比赛，以及购买吉祥物、纪念品等旅游相关消费方面，其水平都超出平时的一倍或数倍，集中消费程度高，举办国外汇收入增量巨大。巴塞罗那奥运会旅游外汇收入达到 30 多亿美元，悉尼奥运会旅游外汇收入达到 42.7 亿美元，北京奥运会旅游外汇收入高达 48 亿美元。奥运旅游业毫无例外地成为举办国的重要外汇收入来源之一。

## 四、挖掘地方文化，推动举办地精神文明建设

### 1. 挖掘地方文化

文化是节事活动的灵魂，没有文化的节事活动就没有生命力。因此，在节事活动的举办过程中，组织者会千方百计地挖掘地方历史、民俗、餐饮、物产等各类文化，使许多原来不受重视的地方文化得以传承发展，有利于我国文化多元化发展。很多区域文化虽然不能作为节事活动的主要内容，但是在节事活动中频频亮相，从而增加民众对此类文化的感知。例如，河南开封是七朝古都之一，每年开封菊花花会都吸引大量游客参观龙亭、铁塔、大相国寺、包公祠等名胜古迹。除此之外，开封的杂技、舞狮、盘鼓、高跷、旱船、唢呐等丰富多彩的民间艺术表演在国内外也都有很高的赞誉。所以，开封菊花花会也会以这些民间艺术表演来宣传开封悠久的历史文化，使传统民俗文化发扬光大，同时也极大丰富了花会期间群众文化活动，增添了浓厚的喜庆气氛。

> **案例 1-5** 加拿大郁金香节
>
> 时间：每年的 5 月 4 日至 22 日
>
> 世界上最大的郁金香节不在荷兰而是在加拿大渥太华，这多少让人感到有些意外。加拿大与荷兰国花的这份渊源要追溯到 1946 年。当时，为了表彰世界大战期间渥太华在解放荷兰的战争中所发挥的重要作用，朱莉安娜公主向渥太华赠送了 10 万只郁金香球。这些百合科的美丽花朵激发了渥太华人民对于郁金香的爱。而今天，郁金香则是和平、自由以及友谊的象征。1953 年，加拿大首届郁金香节展出了几万株郁金香花。在不到 10 年的时间里，这一数量已经增长到 200 多万株，展出的郁金香包括了不同的品种、大小和颜色。每年 5 月，500 多万株郁金香盛放，花海吸引超过 60 万名游客前来观赏。这使得渥太华成为北美洲的"郁金香之都"，也可以说是世界的"郁金香之都"。

### 2. 推进举办地精神文明建设

在我国绚丽多姿的各类节庆活动中，随着社会进步、经济发展和文化建设不断推进，传统节庆、国事节庆和新兴节庆的种类更为繁多，数量急剧增加，成为满足人民群众精神文化需求、推进精神文明建设的重要方式。"从三月三赶歌圩的传统习俗起调，在优美旋律中激情飞扬，《大地飞歌》唱红了大江南北，绿城南宁蜚声于四海邻邦。南宁国际民歌艺术节，一只带着梦想展翅的鹏鸟，一个乘着歌声飞翔的节日！"这一段如诗如歌的评语，写在由中华文化促进会等举办的"节庆中华奖"获奖证书上，犹如今日中国众多节庆活动传承和发展的生动缩影。这个"乘着歌声飞翔的节日"，不过是中华民族在几千年文明创造和文化传承的漫长岁月中形成的成千上万个节庆活动中的一个，它源自有着悠久岁月和历史积淀的三

月三赶歌圩传统习俗，同时又适应了当代中国的快速发展以及人民群众对精神生活的需求。国庆节、五一国际劳动节、国际劳动妇女节、五四青年节等节庆也对弘扬爱国精神、增强民族凝聚力发挥着重要作用。

## 单元四　节事活动的发展现状及趋势

### 一、国际节事活动的发展概况

远古时期，人类由于对自然的认识处于原始阶段，会选特定的"日子"对人类自身之外的事物（如自然、祖先和无法解释的现象）进行原始崇拜。他们聚集在一个场所，按照一整套的仪式或程序演示一定的动作以表达其愿望。同时由于这是一个重要的活动，他们会身着平时不穿的衣服，使用平时很少使用的器具，享用平时不舍得食用的食物等。这个时候的人类会忘掉平日生产的劳累和生活的艰辛，或庄严，或欢乐地消费和享用比平时更多的食物、用品等。在人类漫长的岁月里，逐渐形成了诸多丰富多彩、形式各异的节日风俗，这些节日风俗都是伴随着历史的发展而形成的，反映了各个民族生息、发展、进步的过程。其表现形式主要有各种庆典、民俗节日、宗教节日、体育比赛、团体聚会等。直至今日，节事活动发展成为枝繁叶茂的庞大体系，从社区娱乐活动到国际级的大型艺术交流，表现形式多种多样。

**1. 国际节事活动的特点**

（1）公众参与性强。国外很多节事活动的设计特别重视参与性，为旅游者提供丰富多样的节事活动，带来不同于日常生活的旅游体验。国际上有一些狂欢娱乐性质的节事旅游活动享誉全球，例如巴西狂欢节、威尼斯狂欢节、西班牙西红柿节、法国尼斯狂欢节等都是全民参与的节日，活动与环境共同形成的特殊氛围特别吸引游客。以西班牙西红柿节为例，每年"参战"和"观战"的人数达4万人之多，已成为当地重要的旅游资源。另外，西班牙奔牛节不光是与牛同跑，还包括民间表演及一些乡间运动比赛，如伐木比赛、举大石头比赛等。有的还特别考虑到孩子们，专门为他们准备了表演和活动，充分考虑到了全民参与性。即便是文化艺术类节事，也不只是表演展示，同样注重设计一些公众参与的活动。2023年爱丁堡国际艺术节开幕式吸引了40万观众，来自世界各地4万多名表演者参与了3 100多场演出。如今，爱丁堡国际艺术节已成为苏格兰地区重要的旅游资源和经济支柱。

（2）节事旅游具有鲜明特色。国外很多城市从地方文化中着手开发节事旅游活动，使节事活动极具民间特色。例如，日本各地开发了极具民间特色的民俗节事活动，如札幌的雪祭、青森的"睡魔"节等，尤其是京都的"时代"节，将京都成为首都后1 000多年来的风俗习惯按各个不同时代的风貌列队展现。比利时一向以民间节日丰富多彩而著称于世界，号称"千节之国"，如"和飞龙战斗节""巨人节""火腿节""虾节""啤酒节""肉馅饼节""狂欢节"等，简直数不胜数。而同样是狂欢节，巴西狂欢节和德国狂欢节也各具特色，巴西狂欢节最精彩、最热烈的场面是桑巴舞比赛，而德国狂欢节的高潮出现在"玫瑰星期一"，人们举行化妆大游行、大型狂欢集会和舞会。

（3）市场认知度较高。由于具有鲜明的特色，国外很多的节事活动有着悠久的历史，在国际上认知度很高，形成了品牌基础上的文化冲击力和特色震撼力。例如，西班牙奔牛节举办期已长达4个世纪，节间活动发展到500多项，成为广为人知的西班牙节事活动。另外一些极具特色的地方性节事活动也做得很精致，在当地认知度很高，对当地及周边地区也很有吸引力。例如温哥华沙滩游吟节每年6月初至9月底在凡尼尔公园帐篷剧院举行，上演四部莎士比亚经典剧作。大海精致的美感、绵延的山脉和碧蓝的天空构成了伟大的古典戏剧作品的背景，使舞台和自然融为一体。

（4）节事活动市场运作程度高。在西方社会，很多节事活动仍然是立足于社区的民间自发组织的活动，完全市场化运作。此外，一些经过策划的特殊事件，如城市标志性事件，在产生之初就具有强烈的地区营销导向。因为这样的运作方式是在市场机制比较健全的条件之下，大家认为有必要来做的，所以大家共同来做，而不需要更多的行政干预。换句话说，是为了满足市场需求才设计了节事旅游产品。爱丁堡边缘艺术节可以追溯到1947年第一届爱丁堡国际艺术节，当时全欧最负盛名的音乐家，如阿图尔·施纳贝尔（Artur Schnabel）、约瑟夫·西盖蒂（Joseph Szigeti）、皮埃尔·富尼埃（Pierre Fournier）及维也纳爱乐交响乐团，齐聚爱丁堡，共同打造了一场极为成功的音乐节。然而，当时其他小型表演团体来到这座城市之后，却被拒于表演大堂之外，于是有8家剧院愤而另组一个艺术节，即爱丁堡边缘艺术节（Edinburgh Festival Fringe）。经过数十年的发展，该组织从一个被视为锦上添花的角色，跃身成为节事要角。

（5）节事旅游相关研究多。节事旅游行业在欧美发达国家拥有很广泛的基础。从节事服务、节事整合营销到节事相关技术的开发及节事活动的运作管理；从节事行业协会组织到节事传媒、节事教育培训机构，整个行业已经具备健全的基础，形成较完整的节事产业链。另外，随着节事旅游的发展，国外对节事旅游的研究形成了一股热潮。研究范围广泛，有从社会、经济、心理等角度的研究；也有从行业各个层面的研究，如行业效应、市场营销、旅游者行为等方面的研究；还有从管理层面着手的研究，探讨节事活动的组织、风险规避等问题。这些研究对节事活动的实践操作提供了理论支持和科学指导。

**2. 国际节事活动的发展趋势**

（1）节事活动与城市发展相连。城市营销理念力求将城市视为一个企业，将具体城市的各种资源，以现代市场营销手段，向目标受众或目标客户宣传或兜售。所以，节事活动不仅塑造了城市形象、提升了城市知名度，也使节事活动发展日益成为城市整体发展战略的重要部分。它以拉动城市经济、带动城市更新改造、弘扬传统文化和体现精神内涵，而受到各个城市政府的高度重视，很多城市纷纷制定节事活动发展规划。伴随着这种趋势，通过竞标申办的方式争夺节事活动举办权逐步流行。

（2）商业赞助成为举办节事活动的重要融资途径。在现代社会，随着广告等传统手段竞争的日趋激烈，人们日益意识到节事活动作为"软媒体"具有的广泛影响和传播效应。因此，企业会赞助节事活动，借此来树立企业形象、提高产品知名度、打开产品销路等，这也是知名企业家热衷成为奥运会和世博会的赞助商的根本原因。企业热衷赞助节事活动，使得节事活动赞助变得越来越普遍，有助于节事活动的良性循环发展。

（3）节事活动将更加品牌化和专业化。节事活动品牌在旅游业中扮演十分重要的角色，它本身就是一张城市名片。美国的玫瑰花节、西班牙的奔牛节、意大利的狂欢节、马来西亚的国际风筝节都对本国节事活动和旅游业的发展起到了非常重要的作用。随着节事活动的发展，出现了专门的节事活动管理部门，专职管理部门已成为节事活动和旅游业发展最快的一个机构。

## 二、我国节事活动的发展概况

### 1. 我国节事活动发展历程

作为历史悠久的文明古国，我国本土起源的传统节事活动同样源远流长。但是作为一种当代的文化产业现象，我国节事活动的起步发展基本上可以追溯到20世纪80年代，大致经历3个发展阶段，并呈现出不同的阶段性特征。

（1）20世纪80年代初期和中期。我国节事活动的兴起可以追溯到20世纪80年代，一些运作相对比较成功的节事活动现在依然影响很大，如洛阳牡丹节（1983年）、潍坊风筝节（1984年）、哈尔滨冰雪节（1985年）等。仔细分析这些节事活动会发现，这一阶段的节事活动侧重于当地群众的庆祝和娱乐功能，与老百姓的文化娱乐密切相关，是作为一种大众文化现象而存在的。比如，洛阳牡丹节举办的目的是"活跃人民生活，提供文化娱乐机会"，哈尔滨冰雪节则强调"鼓舞群众精神，提供文化娱乐机会"的功能。

（2）20世纪80年代后期与90年代。20世纪80年代末期，城市改革的推动和沿海工业的大发展，以工业化产品为主题的节事活动在沿海地区集中兴起。这一阶段的节事活动反映了当时我国沿海地区工业获得长足发展的现实，"文化搭台，经贸唱戏"，节事活动的主题已然渐渐地向商贸活动和城市形象的宣传转移，而商贸活动也渐渐地与节事活动、旅游等方面深刻地结合起来，朝着综合性方向发展，而且不断发展创新。通过节事旅游活动来争夺经济发展资源，为地方经济发展服务也是这一阶段节事活动大力开展的主要原因。因此，这一时期我国节事活动发展非常迅速。据粗略统计，1991年新产生的旅游节30多个，为1987年的3倍。同一主题节事活动也发展迅速，一时间全国风筝节就有10个之多。根据1991年的《中国旅游年鉴》记载，当年全国著名节事旅游活动88个，其中哈尔滨的冰雪节、广州的年宵花市等最为著名。1992年，全国推出了近100项节事活动，如昆明的中国艺术节，广州、上海、南京、杭州、成都、济南、厦门等地举办的各具特色的美食节，北京、上海、广州举办的中国旅游购物节，广州举办的中国旅游艺术节等。1995年中国"民俗风情游"主题活动也极大地推动了全国节事旅游的发展。

（3）21世纪初至今。进入21世纪，我国经济实力获得了巨大提升，节事活动向大规模、国际化的方向发展，集中表现是北京成功主办第29届奥运会和2010年上海世界博览会。这一阶段代表性的节事活动还包括2001年世界大学生运动会、2001年在上海举行的APEC年会、2004年中国网球公开赛、2005年上海F1方程式赛车、2010年广州亚运会等。这些节事活动一方面反映了我国一些国际化大都市的发展水平，提升了北京、上海等国际化都市在国际上的形象，产生了无与伦比的影响力；另一方面也集中展现了改革开放以来我国经济发展的巨大成就，同时也在世界上提升了我国的国际形象，展示了我国举办大型节事活动的能力和信心。据统计，2023年全国节事活动已经达到4万多个，并且也形成一批知名节事活动，如大连国际服装节、青岛啤酒节、南宁国际民歌节、上海国际艺术节等。而更多的节事活动也开始在我国二线城市举行，如重庆火锅节，说明了我国进入了一个有计划、有组织地主动开发节事活动的新阶段。

但是2020年1月，受新冠疫情影响，全国节事活动按下了暂停键，包括春节期间的庙会等传统群体性的活动。众多节事活动停办数字和停办主题的背后，是疫情给各行各业各区域带来的深层次影响和问题。跨境、跨行业、跨领域、跨区域都深受影响，人流、资金流、物流全面停摆，全面受到冲击。节事活动对各行各业营销宣传、市场拓展、广告效应、旅游活动的带动全面弱化，其生产性的服务作用发挥受限。节事活动的延办和取消，降低了旅游目的地的吸引力和游客到访率，影响到旅游人次、旅游消费。这次疫情让我们看到节事活动的脆弱性，应对风险的能力还不强，短板明显，作用还未充分发挥。疫情后，我们应苦练内功，坚守做大做强做好节事旅游特色产业和业态的初心，充分发挥生产性和生活性现代服务业的作用。

**2. 我国节事活动存在的主要问题及建议**

（1）我国节事活动存在的主要问题。

1）空间分布极化严重。节事活动主要集中分布在华东、华中、西南、东北地区，相比之下，西北、华北、华南地区节事活动较少。目前，原本节事活动数量较多的省份新增数量排名依然靠前。虽然陕西、海南、河北和宁夏有数量上的增长，但是仍不敌本身节事活动就多的省份，这就使得区域间的分布极化较严重。

2）同质化现象明显。节事活动主题及内容具有特色是对游客产生吸引力的根本所在。而相当一部分节事活动存在主题、内容雷同，特色不鲜明的情况。例如，以"音乐节"为名的节事活动达数百场，其中大部分音乐节的主要举办形式是邀请有影响力或者热门的艺人进行2～3天的演出，如南京咪豆音乐节、青岛麦田音乐节等。同质化情况还出现在相邻地域内，如辽宁省内举办的以梨花为主题的节事活动有若干个，其中大营子乡第十届梨花节主要活动内容是赏花和农产品销售；抚顺县第五届梨花赏花推广季活动主要内容是赏花、旅游线路推介及营销活动等，两个节事活动主题类似，内容相似，举办时间也基本相同。这不仅会造成区域之间的恶性竞争，还会使游客产生审美疲劳和消费疲软。

3）文化挖掘不深入。节事活动具有经济和文化双重功能，既有明显的经济牵动效应，又能实现文化传承和文化营造。虽然目前节事活动呈现遍地开花的趋势，且越来越热闹，但是其中一些活动却不能常年举办，根本原因就是节事活动落入"节事搭台，经贸唱戏"的俗套，只注重吸引多少游客、产生多少经济效益，过度追求短时间内的经济功能，而忽视文化的深度挖掘。例如，有些节事活动中出租大量摊位，吸引商家参与展销活动，但这些商家所销售的产品与活动主题毫无关系，活动看起来热闹，但只能够在短期内产生经济效益，缺乏深厚的文化内涵，不能形成可持续发展的长效机制。另有一些节事活动在举办过程中，安排的活动与主题相关性不大，如某梨花节组织快闪、茶体验、旗袍秀、太极武术、速登表演、汉服表演、农产品展示等多项活动，但与其"梨花"主题关系不大。

4）旅游要素整合度不高。部分节事活动存在"重活动轻旅游""重形式轻内容"的问题，只是举行开幕式、展销会等单一的活动，缺乏对旅游要素的整合，未充分显现对当地旅游经济的带动和促进作用。例如，某省会城市的红叶节只组织了开幕式、书画会以及几个展览活动。

（2）我国城市节事活动开发与管理发展的建议。

1）整合节事活动，彰显个性与特色，实现品牌化发展。在资源整合的基础上，创造个性化、特色化的节事活动，打造本地区具有竞争力的节事品牌。节事活动的个性、特色与品牌需要依附一定的客观载体。这些载体可以是某地独特的人文或自然景观，也可以是某地的特色物产。比如，洛阳牡丹节、青岛啤酒节、大连国际服装节，都是国内一些成功的节事活动，具有鲜明的民族特色，切合当地实际情况和风俗习惯，有较强的娱乐观赏性，已经成为国内知名的节事品牌。

2）构建政府引导、企业承办、市场运作的节事活动模式。我国节事活动尤其是国际性大型节事活动的举办需要靠政府充分调动社会各方面的力量共同参与，协助办好节事活动。企业承办主要体现在节事活动的主题策划、节事活动内容的精心设计、节事活动的全面服务等方面。整个节事活动的操作过程则应交给市场来运作。比如，节事活动的赞助商、冠名权、广告宣传等方面，都可以采用公开招标、公平竞争的方式，激励更多的企事业单位参与到节事活动中。

### 案例 1-6　办节事要处理好政府引导与民间商业化的关系

　　打造节事活动，要认真处理好"数量与度"的问题，不能贪大求多，要追求"精和质量"，在"精和质量"第一的前提下，应充分鼓励和引导企业参与核心环节，吸引社会资金融入节事活动中。政府要把主要精力放到"传承和发展"的层面考虑问题，不但要从文化的角度去研究节事活动，还需要从经济的角度去研究，即文化与市场相结合、文化与经济效益相结合、文化与消费相结合，只有体现了民族性、时代性、国际性、群众性、艺术性，才能保持节事活动的生命力，并使生命力得以张扬。政府要培育、筛选、引导节事活动的产品链条，在提高和丰富节事活动文化含量、组织好群众喜闻乐见的风俗活动的同时，要以文化贸易推动经济发展，在强化文化宣传教育手段功能的基础上，提炼出节事活动特殊的商品属性，提升市场竞争力，使节事活动既有政府主导的文化交流，又有社会各种力量参与的文化活动和经贸活动，在活动中鼓励民间资本投入文化产业，使民族文化资源与社会资金、技术等生产要素紧紧关联，让政府、企业、市场、本土文化持有者、外来文化消费者从不同的利益角度关注参与节事活动，使文化产品和文化艺术在不同层次、不同领域得到理解、尊重、欣赏、认同和发展。

3）加强节事活动促销与城市目的地营销。节事活动持续时间一般较短，产品性质特殊，临时调整难度大，因此对促销的要求较高，除一般惯用的促销手段外，还可以采取互联网促销，聘请专业性中介公司推进市场化和专业化运作等手段。与此同时，要充分发挥节事活动在地方品牌化中所具有的"作为促进城市发展的动力，强化地方意识；作为城市形象的塑造者，提升城市声誉；作为城市旅游吸引物，构成旅游产品体系的有机组成部分；作为提升旅游吸引物和城市目的地地位的催化剂，拉动地方基础建设"的作用（盖茨·D，1997），将节事活动作为城市特殊的营销战略或城市目的地营销计划的组成部分，融入城市营销或营销城市的活动中去。

4）加强宏观调控，因地制宜，促进节事活动的合理化时空分布。由于我国节事活动的举办往往是依托于当地最具比较优势的资源和物产，在空间分布上表现出东部多、西部少的不均衡特点，因此在节事活动的举办中必须强调宏观调控和指导，强调因地制宜，从而促进节事活动在时空分布和类型上更趋合理和完善，形成良性的整合态势。比如，东部地区应充分利用经济文化及旅游业高度发达的优势，努力提升节事活动品质，促进其升级和转型，形成一些有重要影响的标志性节事；西部地区则应充分认识当地的资源现状，了解市场需求，将丰富多彩的自然资源、浓郁的民俗风情充分利用，大力发展以资源型为主导的节事活动，培育出地域特色鲜明、民族特色突出的重大或标志性节事活动，建立地方城市节事品牌。

我国节事活动需要引入市场化运作模式，结合地域特色、资源优势，体现民族习俗文化，通过政府协调节事活动的开展，打造一个又一个具有民族性、地域性、国家性的品牌节事活动。

**3．我国节事活动的发展趋势**

（1）数字融合常态化。日益成熟的数字技术为节事活动发展开拓了新的机会、新的场景和新的空间，线上模式成为线下活动的重要补充，为其发展提供了新的增长点。例如，虽然重庆大足石刻国际旅游文化节及宝顶香会在2020年暂停举办，但是在2021年举办了大足智凤故里云上旅游文化节，人们在家中不仅可以云游大足石刻，还可以参加丰富的直播互动。原本在线下举行的节事活动在"云端"形成了一道亮丽的风景线，一些省市取得很好的效果。2020年云南大理三月街民族节具体活动均在线上举行，并更名为"数字三月街民族节"，短短7天平台总浏览量1 070万人次，152万人参与，订单5.1万份。2021年举办的"数字三月街民族节"在上年的基础上进一步扩大，邀请520户商家参与线上商品展销活动，上线商品3 900余种，总浏览量3 276万人次，总交易额744万元，进一步提升了三月街的品牌度和知名度。2021年开封大宋中国年采取线上线下相结合的方式，与人们共庆新春。线上举行戏曲春晚、小程序抢春联、云上直播民俗活动等；线下文化馆、各大景区等开展一系列民俗文化活动。可以清晰地看到，未来节事活动发展呈现数字化的趋势。有些概念虽然暂时离节事活动很遥远，但是对于节事活动日后的发展来说是一个新的方向。2021年元宇宙第一股游戏公司Roblox上市，2021年也因此被称为"元宇宙"元年。虽然元宇宙对技术要求颇高，短期内很难实现，其节事需求与其他需求相比还处于边缘位置，但也不能因其遥远而视而不见，这也是节事今后发展的趋势和方向。

（2）打造特色品牌。今后节事活动的发展重点不再是追求数量，而是注重质量，办出特色，提升品质，形成品牌。品牌化的节事活动一定是历史悠久的，这就要求主办方要把眼光放长远，不能只追求眼前的经济利益。

一是体现本土文化特色和创意特色。总的来看，举办地必须找到自身辨识度高、具有差异化的文化特色和创意特色。例如，宁海县举办的徐霞客开游节。徐霞客400多年前从宁海县出发，开始长达34年遍布大半个中国的伟大游历，并撰写《徐霞客游记》，5月19日是《徐霞客游记》的开篇日。从2002年开始，宁海县在每年的5月19日都会举办一场大型徐霞客开游节活动来纪念徐霞客。2011年，经国务院批准，5月19日正式确定为"中国旅游日"。这样独具特色的"中国节"有很高的辨识度，不仅能够丰富游客的精神和文化生活，而且能让游客增强文化自信，激发时代精神。节事活动不断发展，但在取得喜人成绩的同时，也出现了竞相效仿、规模性简单复制节目内容的情况，如容易复制的音乐节在各个省市层出不穷。节事活动如果只是简单的商业模式复制很难成功，因为文化内核是无法复制的。举办地只有为游客提供蕴含丰富本土文化特色和创意特色的节事活动，才能够形成差异化优势。

二是节事活动内容不断丰富。对于当前的游客来说，相较于以往参加节事活动的"看"的体验，如看开幕式、看展览、看各类文艺表演，更愿意追求趣味活动与文化相结合的体验方式。例如，琅岐第四届红蟳节以"蟳好味、蟳好礼、蟳好玩、蟳好爱"四大主题活动展开。"蟳好味"，即游客可以体验红蟳养殖捕捞过程，选购红蟳后还可以拿到田园音乐餐吧和船坞海鲜排档加工，除此以外，还可以品尝多种红蟳美食。"蟳好礼"，主办方联合平台鲜活仓推出线上直播带货，游客可以线上参加活动，同时推出各类红蟳礼盒，方便游客选购。"蟳好玩"，为游客推出一日游、半日游、夜游自驾线路，同时推出琅岐民俗文化演艺、红蟳集市、欢乐抽红蟳等活动。"蟳好爱"，举办爱情文化旅游节，游客可以参加两场游览活动。

三是顺应市场需要。目前节事活动数量较多，且每年新增数量可观，其生存空间正不断受到挤压和冲击，举办方只有在对游客的需求和行为不断了解和认知的基础上，才能实现自身的最佳发展。尤其是随着Y世代（1980～1995年出生的人）、网生代的游客占比越来越大，他们追求参与体验、注重品质、乐于尝新，举办地要探索如何与他们的需求同频共振。

除此之外，加大举办地基础设施建设投入，为发展节事活动提供可靠保障，拓宽媒体传播渠道，加强节事活动的宣传工作等也是打造节事活动品牌不容忽视的内容。只有这样，才能实现"一节一品"，即将节事活动打造成独一无二的品牌节事。

（3）实现产业化发展。节事活动是举办地为发展当地旅游事业而举办的各类庆典；而节事旅游则是以节事活动为主要旅游吸引物，通过整合旅游要素而形成的产业。节事活动本身要在与旅游要素的契合度很高的情况下才能实现产业化发展。相当一部分节事活动仅局限于餐饮、购物、游览等，缺乏对旅游要素的整合，特别是"住"的要素。主办方可以将"吃住行游购娱"等旅游要素注入节事活动，将无形的特色文化转化为有形的游客体验。

近年来，各领域融合现象愈加明显，2021年花筑民宿携手大董烤鸭在"花筑·北京仙居禅庭民宿"开启了一场以"寻味·北京的秋天"为主题的视频直播，进行优秀品牌间的跨界携手、多维联动发展的探索，受到业内关注。今后节事活动可增加与主题相关的精品民宿、当地特色住宿、露营等内容。夜间经济是经济新的增长点，2019年被业内称为"夜间经济元年"。政府部门可加强相关业态培育，增加供给。

另外，节事活动要在整合"吃住行游购娱"传统旅游要素的基础上向新业态迈进。打造文化品牌，已成为节事活动的"新蓝海"。2021年取材自河南博物院文物的"唐宫小姐姐"火起来，《唐宫夜宴》《洛神水赋》等作品陆续"出圈"，河南以文化元素吸引了众多游客。2021年国庆期间河南全省接待旅客6 675.07万人次，排名全国第二，旅游收入达322.32亿元人民币。随后，由河南博物院文创办推出的"唐宫小姐姐"手办又狠狠火了一把。这款系列手办一组7种样式，还有一个隐藏款，每一款都十分生动可爱。

多领域积极打造特色品牌、大规模开发文创产品的现象屡见不鲜，如以独特卡通人物为主题打造自有品牌的主题公园，以上海迪斯尼乐园、北京环球影城为代表；博物馆文创，以故宫博物院、陕西历史博物馆为代表。节事活动在这方面起步较晚，但也有了初步的探索。第十二届江苏乡村旅游节组织百件乡村特色文创产品展，在全省每个区市选择8件乡村旅游特色文创产品的基础上，最后选出100件乡村旅游特色文创产品，在乡村旅游高质量发展推进会主会场集中展示；嘉定旅游节推出"印象嘉定"系列文创产品等。围绕节事活动主题，融入多元素的设计理念，创作出符合现代审美的文创产品。

### 案例 1-7 世界杯足球赛的经济价值

世界杯足球赛是世界上最大规模的单项体育赛事。作为全球最受欢迎的体育项目之一——足球的盛会，世界杯足球赛具有让世人折服的精彩激烈的比赛，而它创造出的巨大财富更令世人瞩目，每一届世界杯都会有很多商家收获颇丰。通过承办世界杯，举办国不仅可以获得直接经济收益，而且还能促进本国经济的发展。一届成功的世界杯往往会给举办国GDP带来0.1%～0.5%的增长。1998年法国世界杯，法国队历史性地夺冠之后，法国GDP在一年内增长了4%；2002年韩日世界杯，韩国获得直接收益达40亿美元，为GDP增长贡献0.74%；2006年德国世界杯，德国直接收益达47亿美元，为GDP增长贡献0.2%；2010年南非世界杯，促使南非当年的经济增长50亿美元，为GDP增长贡献近0.5%；2014年巴西世界杯为巴西创造了高达150亿美元的经济效益；2018年俄罗斯世界杯获得直接收益达150亿美元，为GDP增长贡献1%；2022年卡塔尔世界杯获得直接收益达60亿美元，为GDP增长贡献1%。

（4）我国节事活动向市场化和专业化方向发展。市场化是国外成功节事的基本运作模式，由大型专门的服务或策划公司承办，政府行为只起着协调、支持的作用。我国应建立与国际活动业相适应的管理体制，根据目标市场打造节事活动品牌，广泛协作联合，注重宣传促销，尽快引进、培养专业管理人才，实施专业化管理，使我国节事活动与国际规范相一致。

## 实训项目一　节事活动微论文撰写

| 工作任务 | 请同学们了解国际节事活动的发展趋势和著名节事活动，小组合作分析我国节事活动存在的问题及发展趋势，撰写节事活动微论文并在班级分享 | |
|---|---|---|
| 实训提示 | 组织分工：教师将学生每3～5人分为一组，每组选出1人担任组长<br>任务研究：小组成员分析新冠疫情后我国节事活动存在问题及发展趋势并在小组内进行讨论<br>注意事项：每组按模板撰写微论文并在班级交流（模板：1. 我国节事活动发展情况；2. 我国节事活动存在的问题；3. 我国节事活动发展对策；4. 我国未来节事活动发展趋势。） | |
| 实训建议 | | |
| 三维度 | 方法能力 | 总结梳理能力、分析辨别能力 |
| | 专业能力 | 节事活动概括能力、写作能力 |
| | 社会能力 | 团队协作沟通能力，查找和分析节事活动存在问题的能力 |

（续）

| | 实训建议 | |
|---|---|---|
| 工作6要素 | 工作环境 | 实训室或多媒体教室 |
| | 工作对象 | 我国节事活动存在的问题及未来发展趋势 |
| | 工作内容 | 分析我国节事活动目前存在的问题，提出发展节事活动的对策与建议，预估未来发展趋势 |
| | 工作手段 | 桌面调研、创意策划、小组讨论、方案写作 |
| | 工作组织 | 节事活动管理工作小组 |
| | 工作结果 | 节事活动微论文 |
| 工作6步骤 | 第一步：信息 | 通过查阅图书资料、互联网等方式，收集节事活动相关资料 |
| | 第二步：决策 | 以组长为团队核心，形成有效的团队工作计划、实施步骤与决策方法 |
| | 第三步：计划 | 明确节事活动微论文模板与步骤 |
| | 第四步：实施 | 团队策划、微论文写作 |
| | 第五步：检查 | 在调查结束后，每组选派1名学生进行小组工作过程与分析介绍 |
| | 第六步：评估 | 教师根据微论文撰写方法，组织全体学生对各组节事活动微论文完成度及小组间的配合度进行打分 |

# 思考与练习

## 一、不定项选择题

1. 广义的节事活动包括（　　）。
   A．节庆　　　　　　　　　　　　B．特殊事件
   C．各类活动　　　　　　　　　　D．节日庆典
2. 按主题分类，节事活动可分为（　　）。
   A．宗教性　　　B．文化性　　　C．商业性　　　D．体育性
   E．政治性
3. 按地域范围分类，属于全球性的节事活动有（　　）。
   A．奥运会　　　　　　　　　　　B．世界杯
   C．世博会　　　　　　　　　　　D．国内旅游交易会
4. 我国节事活动将向（　　）趋势发展。
   A．专业化　　　B．市场化　　　C．多元化　　　D．产业化

## 二、填空题

1. 节事活动按照内容可以分为_____、_____、_____、_____、_____、运动休闲型、娱乐游憩型、综合型等8类。
2. 节事活动按照地域范围可以分为_____、_____和地方性节事活动。

3. 大连国际服装节按节事活动属性分类属于_____活动。
4. 节事活动按照活动形式可以分为_____和_____。
5. 节事活动按照组织者可以分为_____、_____和_____。
6. 节事活动按照属性可以分为_____、_____和其他节事活动 3 类。
7. 我国节事活动空间分布不均衡，呈现_____的局面。

### 三、简答题

1. 简述节事活动的定义。
2. 简述节事活动的功能。
3. 简述国际节事活动的特点。
4. 简述国际节事活动的发展趋势。

### 四、论述题

论述我国节事活动目前存在的问题及其原因，并提出解决对策。

### 五、讨论题

请同学们了解节事活动积极影响的内涵，小组合作分析讨论家乡某个节事活动的积极影响，并在班级分享。

# 模块二　节事活动策划

### 知识目标
掌握节事活动策划的含义及必要性；理解节事活动策划七大原则及其内在联系；掌握节事活动策划的主要方法；理解不同策划阶段所采用的对应方法；理解节事活动策划的基本程序。

### 技能目标
能够实际运用节事活动策划七大原则；能应用节事活动策划的主要方法；能够运用节事活动策划的实施步骤；能够抓住节事活动每个程序的策划重点。

### 素养目标
增强创新意识，提高团队协作能力和组织策划能力。

## 案例导入

### 中国开封第 41 届菊花文化节总体方案

#### 一、指导思想

以习近平新时代中国特色社会主义思想为指导，深入贯彻党的二十大精神，以"宋韵开封·菊香中国"为主题，以节俭、务实、精彩、安全为原则，秉承新发展理念，突出国际性、文化性、群众性、市场性，坚持内容为王，注重群众参与，围绕"优化颠覆性创意、注重沉浸式体验、侧重年轻化消费、加强移动端传播"下功夫，让菊花真正"贴近生活、走进市民、融入城市"，充分发挥菊花在弘扬传统文化、美化生态环境、展现地方特色、助力乡村振兴等方面的功能与优势，坚持人与自然和谐共生，重点突出全民共建共享，依托优势资源发展特色产业，着力办成一届群众满意、特色彰显、出圈出彩、潜力巨大的菊花文化节，着力打造宜居、韧性、智慧城市，着力提升市民群众的幸福感、获得感、荣誉感，为加快建设"国际文化旅游名城"和"世界历史文化名都"做出贡献，奋力谱写中原更加出彩的开封绚丽篇章，勇做新时代中原高质量发展开路先锋。

#### 二、举办时间

2023 年 10 月 18 日—11 月 18 日

#### 三、举办地点

河南省开封市

### 四、主承办单位

主办单位：住房和城乡建设部、河南省人民政府

承办单位：河南省住房和城乡建设厅、中国风景园林学会、开封市人民政府

### 五、重点工作

（一）菊花文化节备案工作由市会展服务中心负责，相关单位配合。按照国家对节会备案的相关要求，做好中国开封第41届菊花文化节备案工作。

（二）新型冠状病毒感染常态化防控及医疗保障工作由市卫健委负责。制定详细的防控工作方案和应急处置预案，备齐急救物资和设备，抓好常态化防控和活动现场的医疗急救保障，确保参会人员健康安全。

（三）菊花布展及城市氛围布置工作

全市计划布展菊花320万盆，其中主（分）会场200万盆，社会大环境120万盆。菊花布展及城市氛围布置要进一步提升标准和档次，融入黄河文化和宋文化，丰富群众生活，营造节日氛围，体现地域特色、文化特色、菊花特色，将开封打造成为全国秋季赏菊目的地。城市入市口、大广场、地标建筑等重点区域菊花布展和城市氛围布置，以及菊花文化节主（分）会场主要景点布展，按照"谁主管、谁负责"的原则，着眼于节会的延展效应和长期效果，要充分利用新材料、新手法、新技术，9月30日前完成布展，并分批次完成更换和养护，力争达成菊花文化节永不落幕。市政府督查局、市会展服务中心要按照时间节点进行督导检查。

#### 1. 菊花布展

社会大环境菊花布展由市城管局、城乡一体化示范区统筹审核把关，菊花布展按照归口管理由各责任单位、各区负责。辖区内城市入市口布展以及相关单位、沿街商铺菊花布展的落实，由各区统筹，督导各责任单位落实。金耀门、大梁门、安远门、曹门、大南门等城门，火车站、郑民高速入市口、杨正门桥等入市口，宋都皇城旅游度假区及老城区主干道沿线，以及新郑机场、省住建厅等重点区域布展由市城管局负责。郑开大道、金明大道等新城区主干道沿线，以及开元门、市民广场、开封北站、宋城站、连霍高速入市口、金明广场等重点区域布展由城乡一体化示范区负责。主（分）会场菊花布展由各景区负责实施，要进行差异化布展，突出各景区承载的文化内涵，并在醒目位置制作导示牌，突出热烈喜庆的氛围。

#### 2. 城市氛围布置

由市城管局审核把关，灯杆道旗、公益宣传栏、城门墙体、大广告、标志性建筑、电子屏、公交站亭等载体的氛围布置，按照归口管理由各责任单位、各区负责，重点围绕主要活动举办地、城市出入口、交通要道等做好氛围营造。

（四）招商工作由市商务局负责。要聚焦主导产业精准招商，强化产业招商、专业招商，引进一批有实力、有业绩、有品牌、真干真投资的企业进驻开封，助力我市产业转型升级，提质增效，促进我市经济社会高质量发展。

（五）宣传工作。由市委宣传部牵头，统筹市委网信办、新闻媒体，积极协调中央、省级新闻媒体及各级各类网站和新媒体，指导市县媒体，创新宣传手段，采取多种形式，运用

多种载体,将传统媒体与新媒体平台有机结合,创新谋划,打造爆点,讲好开封故事、讲好黄河故事,吸引更多的游客来开封旅游,吸引更多的企业来开封投资,吸引更多的人才来开封发展。同时,要加强网络舆情监测研判,正确引导,守好底线,发现负面舆情及时预警交办有关部门处置。

(六)文化旅游推广及旅游环境综合整治工作由市文广旅局负责。开展文旅形象宣传推广,树立全域旅游新理念,助推文旅文创产业链条进一步延伸,带动全市旅游、餐饮、酒店等综合收入提升。开展多种形式的文化惠民活动和旅游推介活动,进一步提高开封旅游的知名度和影响力。加大旅游市场监管力度,着力开展旅游环境综合整治,营造安全有序的旅游环境。做好菊花文化节旅游数据统计,真实反映节会综合效益。

(七)活动策划创意工作由市会展服务中心做好统筹,把好活动质量关。坚持内容新颖、亮点聚焦、效益突显,着力突出内容为王,着力提升群众参与,着力打造宣传爆点,优化颠覆性创意,注重沉浸式体验,侧重年轻化消费,加强移动端传播,让菊花"贴近生活、走进市民、融入城市",将中国开封菊花文化节做出特色,做大影响,做成品牌,进一步提高城市的知名度和美誉度。

(八)菊花产业推进工作由市会展服务中心及有关单位负责。要深入贯彻新发展理念,聚焦产业惠农富民,引导开封菊花产业服务乡村振兴。要深入挖掘和利用开封菊花优势资源,激扬文化创造活力,牢固树立"开封菊花"优势品牌;要加大科研投入,拓宽菊花产业链条,注重菊花的品质、多元、健康,打造一批开封特色菊花产品。

## 六、其他工作

(一)嘉宾邀请、服务接待工作按照"厉行勤俭节约、反对铺张浪费""谁邀请、谁接待"的原则,严格控制接待标准,从简安排活动,热情周到、有礼有节地做好节会期间接待工作。

(二)安全保卫交通工作由市公安局负责。按照"统一指挥,精心组织,周密部署,落实责任,加强督察,确保安全"的要求,制定详细的安保交通消防工作方案和突发事件处置预案。要强化情报信息收集,加大打击力度,加强安全检查,严密社会防控,高标准完成各项任务,确保我市节会期间治安稳定、交通顺畅,各项活动安全顺利进行。

(三)市场监管工作由市市场监督管理局负责。一是制定详细的食品安全监管工作方案,深入开展专项检查整治,确保重大节会餐饮食品安全。二是强化执法监督,规范和维护市场秩序。对节会期间食品、药品的质量、物价进行监督检查,规范夜市经营秩序以及商户经营行为,营造诚实守信、公平竞争的市场环境。

(四)市容环境、城市文明、城市公交工作由市城管局、交通运输局及各区政府负责。提升重大节会期间城市管理精细化水平,不断改善城市环境质量,对全市夜市以及市区主次干道两侧墙体进行专项整治;引导市民讲文明、树立新风尚;公交车、出租车车体广告、站台广告,均要体现与节会有关的内容;引导市民文明骑行和规范停放共享单车;规范出租车、网约车运营秩序;规范景区周边的收费停车场管理。

(五)志愿服务工作由团市委负责。围绕开封市情、开封旅游文化,征集高素质志愿者参与到各项活动中,使之成为重大节会活动中一道靓丽的风景线。

## 七、主要活动

（一）文化活动

### 1. 开幕式

时间：10月18日

地点：开封市

责任单位：市委宣传部、市会展服务中心、清明上河园

### 2. "宋韵开封·菊香中国"全媒体大型主题采访活动

时间：10月18日—10月22日

地点：开封市

责任单位：市委宣传部

### 3. "大美开封·我爱菊城"文化惠民系列活动

时间：10月18日—11月18日

地点：开封市

责任单位：市文广旅局

### 4. 收藏文化系列活动

时间：10月18日—11月18日

地点：开封市

责任单位：市文广旅局

### 5. 两宋文化交流系列活动

时间：10月20日—10月22日

地点：开封市

责任单位：市委宣传部、河南大学中原发展研究院、河南大学历史文化学院、河南大学党委宣传部

（二）花事活动

### 1. 2023年全国花艺环境设计师优秀作品展

时间：10月18日—11月18日

地点：开封市

责任单位：市会展服务中心

### 2. 全国"菊境·微花园"设计优秀作品展

时间：10月18日—11月18日

地点：菊花文化节主（分）会场

责任单位：市城管局

### 3. 开封·南京精品菊花联展

时间：10月18日—11月18日

地点：龙亭公园

责任单位：市文投集团

### 4. "中国菊艺大师"菊花精品邀请展

时间：10月18日—11月18日

地点：大宋武侠城

责任单位：市文投集团

### 5. 2023"千菊进万家"活动

时间：10月18日—11月18日

地点：天波杨府

责任单位：市文投集团

### 6. 第十二届国际菊花展

时间：10月18日—11月18日

地点：清明上河园

责任单位：清明上河园

### 7. 第十二届中国菊花插花艺术展

时间：10月18日—11月18日

地点：中国翰园

责任单位：中国翰园

（三）经贸活动

**招商推介暨重大项目签约成果展**

时间：10月18日

地点：开元名都大酒店

责任单位：市商务局

## 八、工作要求

（一）树立大局意识，积极开展工作。各责任单位要树立大局意识，以求真务实的工作作风和勤奋严谨的工作态度，超前思考、提前部署、注重落实，不折不扣地完成各项任务，确保各项工作高质量完成。

（二）办出特色节会，强力推介开封。要把开封厚重的历史积淀、独特的人文景观和深厚的文化内涵融入节会之中，推进产学研有机结合，统筹做好开封菊花文化、产业、科技，使菊花产业、文化旅游和城市建设相辅相成，以文化为魂，以产业为体，以科技为力，让菊花产业助推乡村振兴，让节会经济助推城市发展。同时，积极引入市场机制，鼓励和支持国内外企业以冠名、承办、协办、商业赞助等各种方式参与节会活动，进一步提高综合效益。

（三）明确落实责任，做好效能督导。为确保各项工作任务落实，市委督查局、市政府督查局和市会展服务中心要按照时间节点，对工作筹备情况进行督促检查，对行动不力、工作落实不到位的单位，要进行效能问责，情节严重的要追究单位主要负责人的责任。节会期间，各单位要及时向市委督查局、市政府督查局和市会展服务中心报送工作情况及活动情况总结。节会结束后，市政府将对表现突出的单位和个人进行考核评价、表扬奖励。

【思考】你认为该策划方案哪些地方需要修改？收集开封节事活动的相关资料，以开封作为一个旅游目的地，策划系列节事活动。

# 单元一 节事活动策划概念及原则

## 一、节事活动策划的定义及必要性

### 1. 节事活动策划的定义

节事活动策划是指以一定的资源条件和市场为基础，对节事活动的主题、内容、举办形式进行事先分析，并做出谋划和决策的一个理性的思维过程。简而言之，节事活动策划就是对节事活动整体战略与策略的运筹规划。节事活动策划不是具体业务，而是将节事活动目标具体化并形成决策的过程。

### 2. 节事活动策划的必要性

节事活动策划的必要性是由节事产品开发所依赖的资源特性决定的。

（1）节事活动资源具有潜在的特性。节事活动往往是一个地方的地方精神和文脉的最具象、最集中的体现，是一种依据文化资源而定的特殊产品，而这种文化资源在平时是处于潜在状态的，必须经过节事活动策划开发，才能够由潜在状态转变为可以销售给节事活动利益相关者的产品状态。

（2）创新和独特是节事活动的灵魂。只有在类似的社会、经济条件下，通过敏锐的分析和大胆的创意，才能够提炼出节事活动的独特卖点和新颖的组织运作模式。

（3）节事是一种社会文化的仪式化表达。在现代商业社会，节事活动可能带来大量的经济、环境、社会效益，若策划运作不当，也可能引起较大的不良效应，需要因势利导扩大正面效应，消除负面效应。

（4）节事活动的筹办、策划、举办和运作是一个系统工程，前期需要经过周期的准备过程，以保证节事活动利益相关者的预期利益得到很好的满足，同时保证节事活动举办的顺畅和安全。

## 二、节事活动策划原则

节事活动策划原则是指能够反映节事活动策划过程的客观规律和要求，也是在节事活动策划中需要遵循的指导原则和行动准则。无论是策划目标的确立、策划问题的评估，还是策划方案的设计和实施，都必须依据节事活动策划原则的指导。节事活动策划原则一般包括整体性原则、个性化原则、参与性原则、可行性原则、确定性和规范性原则、市场化原则、效益性原则七大基本原则。

### 1. 整体性原则

坚持整体性原则，就是要把节事活动策划作为一个系统来考虑，在整体与部分之间的相互依赖、相互制约的关系中进行整体分析；强调整体性原则，就是强调策划节事活动的系统性、全局性、效益性，对整体中的各个部分的策略做统筹安排，确定最优目标，以实现决策目标。整体性原则的着眼点不是当前，而是未来。具有远见的节事活动策划者，绝不会只顾眼前而不顾及长远。有些事情尽管从眼前看是有利的，但从长远看却是有害的，如为了眼前利益而牺牲长远利益，这就叫作缺乏谋"势"的眼光。正如"杀鸡取蛋"一样，得到鸡肚子里现有的蛋，却以鸡长远下蛋机会的失去为代价。立足眼前，放眼未来，照顾眼前与长远的关系，是实现整体性原则的关键。2023年布宜诺斯艾利斯世界博览会的开幕式看似一个相对简单的策划，但事实上没有任何一个策划是孤立的，尤其对于这样一个包括演出、展览、游戏、活动等系列内容的庆典活动，策划时不但要考虑活动的艺术效果，还要考虑市场效果，如企业形象的提升、观众参与的兴趣和人数、招商融资赞助的战略规划等问题，这样才可能获得成功。

节事活动策划的原则(1)

节事活动策划的原则(2)

### 2. 个性化原则

个性化是节事活动策划诸因素中最有魅力的部分。因此，要求活动策划本身体现个性和独特性。节事活动策划的个性化特征体现在其不可复制性。这一特性确保了节事活动项目与同类或可比活动之间存在显著差异，从而能够引起广泛关注，对活动参与者产生强烈的吸引力，进而推动节事活动项目的成功举办。例如，泰国滨河边的水灯节、曼谷的兰娜赛舟、清迈的雨伞节以及泰国各地的泼水节，这些活动主题各不相同且颇具地方特色，使得整个泰国节事活动期间热闹非凡，吸引很多国内外游客参加，取得很大的成功。

### 3. 参与性原则

节事活动应当强调参与性，其策划与设计需充分考量参与者的需求与兴趣。活动应具备互动性，旨在鼓励参与者积极参与其中，从而增强活动的趣味性与吸引力。例如，西塘国际旅游文化节期间，不仅吸引了众多游客，连西塘周边的老百姓也都汇聚于此。西园里有猜灯谜、江南丝竹、品茶、掷圈、夹弹子等活动；河面上可以放许愿灯，有移动丝竹表演；古镇内有古道探幽等参与性的活动，让游客们感受不一样的中秋节。

### 4. 可行性原则

遵循可行性原则一是为了避免节事活动投资失误，二是为了选出最佳节事活动策划方案，以实现投资收益的最大化。一个无法有效实施的节事活动策划是毫无价值的。可行性原则要求：①考虑策划实施的可能性。这要求对社会效益、经济效益、人力、物力、财力、科学技术水平等主客观条件进行可行性论证，以保证策划得到实施。②从成本—收益角度考虑策划的实施代价问题。有些策划尽管可行，但由于投入过多或代价太大，最终结果可能是得不偿失的。③对政策实施过程中可能出现的问题以及应对措施加以考虑。因此，策划考虑更多的便是其可行性。

### 5. 确定性和规范性原则

节事活动虽然是一种动态的吸引物，但又必须在动态中寻求某种确定性和规范性，它们是招徕游客的先决条件，也是著名节事活动获得巨大效益的成功秘诀。例如，西班牙奔牛节共有 500 多项活动，在长达 4 个世纪的历程中，每年 7 月 8 日至 14 日，这些活动分布在潘普洛纳市固定的时间和空间，从早 8 时至深夜 24 时，以时分的精确性年复一年，百年不变。市政府为此印制大量的日程表和节目单，将节事活动安排见诸各类媒体，公布于众，达到"有组织的无政府状态"，这种严谨、周密的管理和确定性是塑造节事活动的关键，也是节事活动产品化的基本条件。

#### 6. 市场化原则

在市场经济条件下，市场化原则是节事活动策划的第一原则。节事活动策划不仅要考虑文化上的传承性，主题突出，内容丰富；更要注重经济上的可行性，使得节事活动各利益相关者的利益预期在节事活动中都有很好的表达和满足。要做到这一点，对于节事活动来说就要从运作方式入手，进行彻底的改革。也就是要从节事活动策划之初就引入市场化原则，立足市场的需要，对以往的节事活动内容到节事活动举办流程进行改造。市场化原则包含 3 层含义：①目标客户市场化，观众和参与者要有一定的市场规模；②资金筹措多元化，不再单独依靠政府资金支持；③运作主体企业化，具体活动交由专门的企业来承办。通过市场化原则从策划环节介入，节事活动举办就会从主题定位、赞助招商到效果评估形成一套外部评价标准。目前，我国许多重大的节事活动已经改变原来政府操办的模式，北京奥运会、上海世博会都已经成立专门公司，按市场化原则进行运作。

#### 7. 效益性原则

效益是每个人、每个团体、每个阶层乃至整个国家所追求的目标，它是整个人类社会前进的动力，所以人类的一切策划活动实质上就是寻求特定的效益。以往政府对节事活动大包大揽的举办方式存在效率低下、铺张浪费的弊病，与目前我国提倡建设节约型社会相违背。因此，在节事活动的策划设计中，要牢牢把握高效率原则，提高节事活动的举办效率，从设计上堵住浪费的黑洞。

#### ○ 学生活动 2-1

活动主题：认识节事活动策划。
活动目的：掌握节事活动策划的原则。
活动形式：小组讨论。
活动内容：以"中国香都——宁陵梨花节策划"为例，谈谈节事活动策划的原则。

## 单元二　节事活动策划方法

在知识经济时代，虽然技术发展日新月异，但技术上的创新只有通过理念创新、体制创新才能够被挖掘出来。不断创新是节事活动常办常新的关键，是节事活动吸引力和魅力所在。节事活动旨在满足人的个性化体验，要能够提供独特享受，这就要求能超越常规、打破行业界限，实现技术创新、体制创新、内容创新、理念创新。具体来说，可以通过以下方法达到创新目的。

## 一、运筹学方法

"运筹"即运算筹划、以策略取胜。节事活动策划时,要借助运筹学方法提高节事活动的质量与效率。在节事活动策划中使用运筹学,就是要使用定量、定性的科学方法,在内外环境的约束条件下,为了达到策划目的,合理配置整个活动中的人力、物力、财力等资源。同时,统筹兼顾各环节之间关系,以便使策划方案有效实施,达到效益最优化,实现节事活动的可持续发展,确保其长效性。

## 二、思维闪电策划法

思维闪电策划法是指在特定环境或氛围下,以个人或群体知识、经验、判断为基点,通过亲身的感受和直观的体验而闪现出智慧的一种方法,即一种创造性的思路。事实上,思维闪电就是通常所说的灵感,它可以全面地揭示事物或问题的本质,并让人有一种突然间的假设性的觉察和敏感。在节事活动策划中,大量创新成果均是在灵感的火花中诞生的。而灵感实际上是因思想集中、情绪高涨而突发表现出来的一种创意。因此,思维闪电策划法也可被称为创意策划法。这种方法比较适合节事活动主题思想创新。掌握创意策划技术,需要运用各种思维方法对创意的基本要素进行分类、罗列、排除和归纳,以开展创造性的思维活动,最终确立一种创意。思维闪电策划法主要包括KJ法、纸牌法、侧面思考法、游戏创意策划法和直觉创意策划法。

## 三、排除策划法

排除策划法是由阿诺思·特维斯基提出的,意思是将众多的备选条件、备选方案按一定顺序排列起来,通过寻找各个条件、方案存在的缺点将其排除在序列外,达到选择最优方案的目的。这是一种如何在决策方案之间做出选择的方法。使用此方法应注意如下几个问题。

### 1. 将各个备选条件、方案按照一定的层次、顺序排列

为了满足不同层次策划目标的方案和条件,需要在相应的层次条件上进行比较和排除,不能越级、越层比较。

### 2. 确定科学的排除标准

缺点与优点总是相对的,在一定条件下是缺点,在其他条件下可能是优点。因此,要在合理地分析各个节事活动策划方案所要求的各方面条件以及会产生的所有后果的基础上,用科学的标准将不合适的方案排除出去。

### 3. 排除的目的是更好地创新

凡是被排除出去的方案,必然有这样或那样的缺点。排除不是最终目的,而是为了避免问题,防患于未然。通过对各个条件、方案的缺点和不足进行审视,策划者在节事活动策划过程中能够避免相关问题的产生,并通过解决这些问题来发展和完善节事活动方案,使方案实现创新。

## 四、群体策划法

群体策划法就是客观、科学地扩大策划参与人员的范围，群策群力，设计最优的策划方案，目前主要有以下两种方法。

### 1. 规定程序调查法

规定程序调查法又称德尔菲法，是 20 世纪 50 年代末由兰德公司奥拉夫·赫尔曼和诺曼·达尔基共同提出的以德尔菲为代号的调查及策划方法，用于对有关国防的未来发展进行战略策划。其具体操作方法是先由调查组织者制订调查表，按规定程序进行咨询调查，经过多轮反复的调查和意见收集，再征求专家意见，反复进行分析和判断，最终在专家意见逐渐趋于一致的基础上，得出最终结论。

### 2. 头脑风暴法

头脑风暴法又称智力激励法，是一种专家会议形式，目的是进行决策预测和策划方案设计。这种专家会议在一种非常融洽和轻松的气氛中展开，人们畅所欲言地发表自己的看法。头脑风暴法的心理基础是一种集体自由联想而获得创造性设想的方法，它可以创造知识互补、思维共振、相互激发、开拓思路的条件，因此可收到思考流畅、思考领域扩大的效果。这种方法适用于研讨节事活动战略性决策问题，可以从中产生新思想、新观念、新方法、新成果。但这种方法受与会者主观素质条件限制，整理分析要花相当长的时间，甚至会延误决策，这也是头脑风暴法的局限性。

## 五、系统分析策划法

系统分析策划法是将一个项目看作一个由若干个子系统相互联系的有机整体，通过揭示不影响各个子系统运动的各项要素及其相互关系，提出最优方案的方法。其具体步骤如下：

### 1. 确定策划目标

从系统整体的要求出发，提出需要解决的中心问题，确定策划活动必须达到的目标与希望达到的目标。确定目标一般应满足 4 个条件，即目标的唯一性、具体性、标准性和综合性。综合处理目标的办法有两种：①精简目标。精简目标包括两个方面：一是对各项目标进行全面分析，对相互对立、无法协调的目标进行权衡后，去除那些实际上根本无法达到的目标；二是从具有从属关系的目标中去除其子目标。②合并目标。合并目标包括合并意义相近的目标以及将若干个子目标组成一个综合目标。

### 2. 拟订合理方案

根据既定的策划目标，拟订可以实现目标的各种方案。在拟订策划方案时，一般应遵循两个基本原则。

（1）提供两个以上备选方案，防止越权和代替策划。例如，有些项目策划公司在一般情况下会向项目委托人提供多达 5 个策划选择方案，并将每一种选择在政治、经济、社会、公共关系等方面可能产生的后果及利弊一并反映给用户，为用户提供科学、客观、公正而全面的策划建议。

（2）在多方案情况下，坚持各方案间的相互排斥原则。在实际策划过程中，一般只要确保同时拟订的两个或以上方案彼此之间相互排斥即可。

**3. 评价各种方案**

通过模型分析、功能模拟分析等方法，对提出的各种备选方案进行比较和评估，以区分各种方案的优缺点。在对诸多方案进行分析评价时，应掌握策划方案的价值标准、满意程度和最优标准。策划方案的价值标准是指一个方案的作用、意义和收效。确定价值标准同确定策划目标一样，完全取决于策划的需要，受客观条件的限制，但又具有一定主观选择性。评价方案常用的策划方法有经验判断方法、数量化方法和模拟方法。

（1）经验判断方法。如淘汰法、排队法、归类法等，适用于策划目标多、方案多、变量多、标准不一的情况。

（2）数量化方法。用数学方法、运筹学方法等对可供选择的多个方案进行定量分析和测算，提出数据结果，供策划者加以权衡和选择。

（3）模拟方法。通过设立模型来揭示原型的性质、特点和功能，通过结构或功能的模拟，寻找最佳方案或对已经产生的方案加以修订或调整。

**4. 系统选择，策划优选**

通过综合分析、比较和计算，从诸多备选方案中选出最优方案。根据系统局部效益与整体效益相结合、多级优化和满意性等原则，策划人员应该向策划委托部门提出书面策划报告。策划人员将根据报告中提出的若干方案或建议权衡利弊，决定最终方案，同时由委托部门开始组织实施。

**5. 跟踪实施，调整方案**

这是系统分析策划的最后一个步骤。由于策划从性质上说是预测性活动，方案在具体实施时不可避免地会遇到在策划时所无法预见的问题，所以策划委托部门一般还要求策划人员协助，继续跟踪方案的执行情况，以便及时发现问题，修改或补充原方案，使方案的实施结果能始终朝着策划目标前进，最终实现策划目标。

## 单元三　节事活动策划步骤

### 一、节事活动策划的思维过程

形成节事活动概念的主要思维过程包括"5W"，这5个"W"分别代表了5个相互关联的问题，即：

Why——为什么举办这次节事活动？
Who——谁是节事活动的利益相关者？
When——节事活动什么时候举行？
Where——节事活动在哪里举办？
What——节事活动主要内容是什么？

对这 5 个问题的回答，实际上已经涵盖节事策划程序中概念形成和主体内容构建的诸多环节，具体来说：

Why——需要说明节事活动的目的、意义、宗旨和方向。

Who——需要说明节事活动的参与者、赞助商、组织者、发起者、承办者、媒体、公众和管理部门等。

When——需要说明节事活动具体在什么季节、什么时间举办；要考虑节事活动的季节性因素；要考虑节事活动与传统节假日、双休日的时间协调及交通拥挤情况。

Where——需要说明节事活动所处地区的气候条件，是风景区还是闹市区，是海滨还是山区，是小城镇还是大城市；需要考虑到节事活动相关旅游活动安排等。

What——需要声明节事主题活动分为哪几个部分，每个部分的关键环节是什么，每个部分的亮点是什么。

## 二、节事活动策划的实施步骤

策划是一个整体性的系统工程，它是以明确目标为起点，以掌握信息为基础，以创意为核心开展的意象思维活动与实践活动。节事活动策划过程一般包括 6 个环节：成立策划小组、相关市场调查和分析、主题创意和开发设计、制定媒体策略、节事活动预算、制定策划方案。

### 1. 成立策划小组

节事活动策划工作需要集合各方面的人士进行集体策划，因此首先要成立一个节事活动策划小组，具体负责节事活动策划各项事宜。一般而言，节事活动策划小组人员组成见表 2-1。

表 2-1 节事活动策划小组人员组成表

| 人　员 | 事　务 |
| --- | --- |
| 策划主管 | 负责协调、沟通各策划人员的工作，并全权负责策划方案的制定和修订 |
| 策划人员 | 负责编拟节事活动项目计划 |
| 方案撰写人员 | 负责撰写各类节事活动方案，包括节事活动常用文书、节事活动社交文书、节事活动推介文书、节事活动合同等 |
| 美术设计人员 | 负责各类各种类型视觉形象设计，如广告设计，此负责人要求能熟练运用 Photoshop、ImageReady、Illustrator、CorelDRAW 等软件 |
| 市场调查人员 | 负责进行市场调查并编写市场调查报告 |
| 公关及媒体联络人员 | 进行节事活动形象宣传和媒体宣传推广 |

### 2. 相关市场调查和分析

市场调查是以科学的方法，有系统、有计划、有组织地收集、调查、记录、整理、分析有关产品或劳务市场等信息，客观地测定与评价，发现各种事实，用以协助解决有关营销的问题，并作为各种营销决策的依据。

节事活动市场调查是节事活动策划的基础。从传播学角度来看，市场调查是节事活动策划者为了解市场信息，把握市场动态，进而确定节事活动目标和主题，编写节事活动策划方案，检查节事活动效果等所必需的调研工作。只有在系统地收集有关市场与相关背景资料，并加以科学概括分析基础上确立的节事活动计划，才能卓有成效地实现其总体目标。

以一次节事活动为例，主办者需要将市场调研的重点放在以下4个方面：
（1）市场前景分析（如政策可行性、市场规模及类型等）。
（2）同类节事活动的时间、节期、规模、主题等竞争能力分析。
（3）本次节事活动的优势条件分析。
（4）潜在客户需求调查。

总之，在瞬息万变的市场中，如果没有科学的市场调研和预测做先导，节事活动的策划、运作就很难达到预期的目的。

### 3. 主题创意和开发设计

创意是策划的核心，是创造性的意念。运用头脑风暴法、思维闪电策划法等方法，当相继产生一连串的节事活动创意时，将所有的创意分别单列出来，依据地域环境、投资环境、文化特色、目标市场等对方案进行充分、全面的讨论。在对节事活动分析和整理的基础上，遴选出合理而有价值的策划方案，并对其进行设计，选定节事活动主题。更重要的是要对节事活动内涵深入挖掘、拓展、包装，使主题具体化。也就是说，节事活动内容要常办常新，才能不断吸引消费者，给人耳目一新之感，让人感到其乐融融、流连忘返；节事活动的招商要有新思路、新突破，才能财源滚滚，实现良性循环；节事活动要有新境界，才能做到高起点、高标准、大手笔地举办。2024年成都世界园艺博览会以"公园城市，美好人居"为主题，秉承"绿色低碳、节约持续、共享包容"的理念。园区规划提取芙蓉花绽放的线条形态，尊重现状场地肌理，遵循天府人居哲学与川蜀造园意境，花开三轴，形成"一带一环三轴四组团"的空间结构。其中，一带为绎溪河生态带，一环为世园数智环，三轴为未来天府轴、东方人居轴、世界之都轴，四组团为未来组团、中华组团、国际组团、童梦组团。成都以园艺为媒介，向世界人民传递绿色发展和诗意栖居的美好生活场景，把"人文西安、园林成都、森林成都"展示于世人面前。

### 4. 制定媒体策略

现代社会是一个信息社会，人与人之间、企业与企业之间都需要交流，而信息交流的主要载体便是各种各样的媒体。实施有效的媒体策略对节事活动组织者至关重要，节事活动组织者根据有限的广告预算以及举办节事活动的需要和条件，选择合适的媒体进行宣传。在选择媒体的类型时，需要综合考虑传播目标和定位的准确性、传播内容和形式的多样化、传播渠道和平台的优化与创新，以及互动传播方式的完美结合。

### 5. 节事活动预算

良好的财务管理和预算控制是筹办节事活动最重要的因素之一。如果安排得当，不仅将起到增加收益、提高效益的作用，而且能使管理者了解收入的来源及比例、分析主要的投入项目、确定主要的收入来源。预算是协助实现财务目标的一个工具。可以把预算看作一张特殊的地图，它能引导公司达到所追寻的目标。为了达到这个目标，节事活动在制定预算时必须做到有计划、有步骤，并不断更新信息。一般说来，一份节事活动预算至少应涵盖历史数据、行政管理费、收益、固定费用、详细开列的项目以及调整控制等内容。

### 6. 制定策划方案

在进行市场相关信息调查并产生创意之后，策划者一般可以形成概念性的策划方案，并在此基础上制定总方案、各项具体活动以及具体工作的实施方案。策划方案是策划工作运行的蓝本，决定着策划工作实施的每一个环节，因此编制的策划方案一定要科学且可行。节事活动策划方案包括市场调查、选定主题、选定日期、选择地点、预算费用、估计规模等内容。在制定节事活动策划方案时，应提高节事活动的可操作性，减少原则性规定，对实施办法进行科学合理的优先级安排，并精心制定时间表等。

## 单元四 节事活动策划方案写作

### 一、策划方案的写作内容

节事活动策划即对节事活动进行策略规划。为了确保节事活动的成功举办，必须对节事活动的整体性和未来性策略进行规划，涵盖从构思、分析、归纳、判断，直至拟订策略、方案实施以及事后追踪与评估的整个过程。

节事活动策划与计划不同，它有为达到目的而精心设计的各种构想与创意，这些构想和创意是新颖的，与目标保持一致的方向，有实现的可能。将策划过程用文字完整地记录下来，便形成了节事活动方案。

广义的节事活动策划方案涵盖经市场调查而产生的可行性研究报告、项目意向书、项目建议书、广告策划方案、宣传手册等，包括围绕某次节事活动的节前、节中和节后所有的策划方案。

节事活动策划方案种类很多，写法也很灵活，没有固定的写作模式。因此，这里只论述节事活动策划方案的基本结构和基本要求，具体如下：

#### 1. 标题

节事活动策划方案的标题通常由3部分组成，即基本部分（如策划书或策划方案）、限定部分和行业标识。例如，"重庆市首届国际火锅文化节策划方案"，如果按上述3个内容对号入座，则基本部分是"策划方案"，限定部分是"重庆市""首届"和"国际"，行业标识是"火锅文化节"。

#### 2. 文头

文头包括下列内容：策划方案的名称、策划者信息、策划方案完成日期以及策划方案的核心目标。策划方案的名称与标题保持一致；关于策划者信息，除了列明策划者的名字之外，隶属的单位、职位均应写明；策划方案完成日期也包括修改日期；策划方案的核心目标写得越明确具体越好。

#### 3. 正文

策划方案的正文由前言和文本两个部分组成。

（1）前言。前言包括策划的缘起、背景资料、关键问题点和节事活动的创意等。另外，也可以加上序文、目录和宗旨。序文应对策划方案所讲的主要内容加以整理，以简明扼要的方式加以呈现，让人一目了然。目录务必要能让人了解策划的全貌。宗旨主要是对策划的必要性、社会性、可能性等问题的具体解说。

（2）文本。这部分内容包括基本事项、策划设计、宣传与推广、参加对象和观众组织、组织机构、任务分工、进度安排、经费预算、资金来源、总体协调事项、效果评估等。策划方案文本的内容是方案最重要的部分，因策划类型的不同而有所变化。然而，无论策划类型如何，策划方案都应做到总揽全局、目标清楚、思路清晰、分工明确、综合协调，力求内容具体、可操作性强等。

策划方案文本的具体如下：

1）市场背景。分析市场背景是策划节事活动非常重要的任务，也是节事活动迈出的第一步。只有通过周密的调研和分析，才能明确市场机会、市场需求、市场威胁及自身的优劣势，从而为节事活动定位提供决策依据。

2）目标和指导思想。节事活动目标是节事活动组织者的期望，也是节事活动相关利益者的共同期盼；节事活动的指导思想是节事活动方针和原则的集中体现。这两项内容的表述要清晰、明确、概括。

3）主题。提出富有创意的节事活动主题和节事活动传播口号，并详细地阐释节事活动主题的内涵。

4）实施计划。人员分工计划、招展计划、招商计划和宣传推广计划构成了节事活动的具体实施策略，这4个计划在具体实施时会互相影响。

5）策划进度表。将策划活动整个过程拟成时间表，标示清楚每个阶段应该完成的工作，直到节事活动成功举办。节事活动进度计划安排得好，各项工作就能有条不紊地进行。

6）经费预算。节事活动的各项费用根据实际情况进行具体、周密的计算后，以清晰、明了的形式列出。同时，明确筹集经费的渠道和方式。

7）现场规划及执行流程。现场勘探——拍照——绘制规划图——制定节事活动总规划图——现场布置——资源配置。

8）总体协调事项。内外环境的变化不可避免地会给方案的执行带来一些不确定性因素。因此，策划方案中应明确当环境变化时是否有应变措施，评估损失的概率，量化可能造成的损失，并详细列出相应的应急措施等。

9）效果评估。评估节事活动是否达到既定目标，确认活动主题与目标受众之间的一致性，并评估节事活动对他们是否有足够的吸引力。

## 二、策划方案的写作要领

### 1. 言简意赅

为了在有限的篇幅内把需要介绍的内容全部说清楚，一定要注意在写作过程中言简意赅，避免内容过于冗长。

### 2. 用词准确

要突出节事活动主题及特色，以增强其吸引力，避免使用平淡无奇的语言，尤其是节事活动的创新之处要讲清楚。

### 3. 实事求是

在介绍节事活动时,切忌言过其实,应多列举事实,如重要的赞助商、历届的口碑与效果等。

### 4. 重点突出

节事活动的策划程序要写清楚并突出重点。

### 5. 注意包装

这主要体现在两个方面:①在策划方案的结构与层次上,要做到清晰明了、重点突出,让读者能抓住节事活动的亮点,并形成清晰的思路;②在装订制作上,应确保装订整齐、制作精美,给人以赏心悦目的感觉。

○ **学生活动 2-2**

活动主题:节事活动策划方案写作认知。

活动目的:了解节事活动策划的基本流程和内容,能够撰写节事活动策划方案。

活动形式:小组活动。

活动内容:为你的家乡或所在城市策划一个中小型节事活动并撰写节事活动策划方案。要能够反映家乡或城市特色,活动参与性强、趣味性强,具有可行性。

## 实训项目二 节事活动策划方案写作训练

| 工作任务 | | 你所在的企业要在本地策划一个美食节,请根据节事活动策划方案的写作格式和规范,撰写一份节事活动策划方案 |
|---|---|---|
| 实训提示 | | 组织分工:教师将学生每 3~5 人分成一组,每组选出 1 人担任组长<br>任务研究:美食节应是全民喜欢的活动,各小组可拓展思维进行创意策划<br>注意事项:教师主要审核学生美食节事活动策划方案结构的完整性 |
| 实训建议 | | |
| 三维度 | 方法能力 | 创意策划能力、分析辨别能力 |
| | 专业能力 | 节事活动项目策划能力、策划方案写作能力 |
| | 社会能力 | 团队创意策划能力,美食市场调查与工作计划制订能力 |
| 工作6要素 | 工作环境 | 实训室或多媒体教室 |
| | 工作对象 | 节事活动项目创意策划、节事活动策划方案 |
| | 工作内容 | 制定节事活动策划方案 |
| | 工作手段 | 桌面调研、创意策划、小组讨论、方案写作 |
| | 工作组织 | 节事活动项目策划工作小组 |
| | 工作结果 | 节事活动策划方案 |

（续）

| | | 实训建议 |
|---|---|---|
| 工作6步骤 | 第一步：信息 | 美食节市场信息，美食节活动项目策划信息，举办地信息 |
| | 第二步：决策 | 以组长为团队核心，形成有效的团队工作计划、实施步骤与决策方法 |
| | 第三步：计划 | 明确美食节事活动策划工作方案与步骤 |
| | 第四步：实施 | 团队策划、方案写作 |
| | 第五步：检查 | 在调查结束后，每组选派1名学生进行小组工作过程与创意策划介绍 |
| | 第六步：评估 | 教师根据节事活动策划方法，组织全体学生对各组美食节事活动策划方案进行可行性评估与指导 |

## 思考与练习

### 一、不定项选择题

1. 日本2025年大阪世界博览会主题是（　　）。
   A．构建未来社会，想象明日生活　　B．数位聚合下的创意产业
   C．未来的能源　　D．沟通思想，创造未来
2. 节事活动策划方案的标题通常由（　　）3部分组成。
   A．基本部分　　B．限定部分　　C．行业标识　　D．策划对象
3. 策划方案的写作要领包括（　　）。
   A．言简意赅　　B．用词准确　　C．实事求是　　D．重点突出
   E．注意包装

### 二、填空题

1. 节事活动策划是指以一定的资源条件和市场为基础，对节事活动的主题、内容、举办形式进行事先分析，并做出_____的一个理性的思维过程。简而言之，就是对节事活动整体战略与策略的_____。
2. 我国节事活动策划原则一般包括_____、_____、_____、_____、市场化原则、确定性和规范性原则、效益性原则等七大基本原则。
3. 节事活动的策划方法主要分为5类，即_____、_____、_____、群体策划法及系统分析策划法。
4. 节事活动策划方案的正文由_____和_____两个部分组成。
5. _____是节事活动的灵魂。
6. _____是节事活动策划的第一原则。

### 三、判断题

1. 实用性是策划最根本的特点。　　　　　　　　　　　　　　　　（　　）
2. 策划目标是策划所要达到的预期结果和策划者将要完成的任务。　（　　）

3．策划的环境对策划影响微乎其微。 （    ）
4．确立个性化原则是节事活动的魅力所在。 （    ）
5．在市场经济条件下，市场化原则是节事活动策划的第一原则。 （    ）
6．节事活动策划方案的目标写得越明确具体越好。 （    ）
7．头脑风暴法又称智力激励法，是一种专家会议形式，目的是进行决策预测和策划方案设计。 （    ）

### 四、名词解释

节事活动策划　　思维闪电策划法　　头脑风暴法　　整体性原则　　个性化原则

### 五、简答题

1．简述节事活动策划的原则。
2．简述策划方案的写作要领。
3．简述节事活动策划的必要性。

### 六、论述题

根据你所在城市的形象定位，说说你认为该城市应该设计开发哪一类节事活动以及具体活动应如何开展。

# 模块三　节事活动可行性分析

## 知识目标

掌握节事活动市场调查的内涵、范围、对象；掌握节事活动市场调查的类型和步骤；掌握节事活动市场信息的收集和调查方法；掌握节事活动可行性研究的内涵及作用；掌握节事活动可行性研究的内容。

## 技能目标

能准确地对节事活动进行市场调查、预测及分析；能编写节事活动项目可行性研究报告。

## 素养目标

培养求真务实的态度，提高协调沟通、协同合作的能力。

## 案例导入

### 宁波国际服装节逆势谋变

2024年宁波时尚节聚焦展览主体活动，建设"一展两翼"现代联展体系。一展为"时尚宁波展"，聚焦聚力产业链接，全方位展现时尚宁波的产业骄傲、引领力量。两翼分别为"CMTE服装暨面辅料展"和"宁波服装节直销展"。其中，CMTE聚焦聚力买家采购，设置服装贴牌、面辅料、服装定制、职业装四大门类，服务中小企业，为买家开发优质供应商、获取优质资源，为生产商、品牌商拓展销售渠道、扩大品牌影响力、探索市场新机遇，搭建采购、订货、加盟、品牌推广和业内信息交流的一站式会展服务平台，2.8万 $m^2$ 的专业展，共吸引了181家企业、200余个品牌参展。其中，包括了来自美国、德国、英国等8个国家以及来自上海、广州、杭州等13个城市的品牌参展。"宁波服装节直销展"则助力企业现场销售和库存交易，配套市级消费券，打造年度时尚消费金字招牌。

其实，宁波服装节创办于1997年，从诞生之初，就与宁波市的服装产业发展同频共振，为产业发展做出了重要的贡献，见证了一代代宁波服装人、红帮人、时尚人踔厉奋斗、接力前行。但宁波服装节2005年遇到前所未有的发展瓶颈，广东服博会与广州服装节宣布合并，其后又一同加入另一个非服装类展览会；温州一个连续举办了几届的服装交易会也偃旗息鼓……各地服装博览会的一连串异动，让2005年10月即将举办的宁波国际服装节成为业界关注的焦点。服装节庆竞争的白热化必然导致资源分流，一大部分运作主体、机制、体制不符合国际节庆活动发展规律和市场经济发展需要的服装业将难以为继。作为国内规模第二大的宁波国际服装节，如何在风声鹤唳中前行？宁波国际服装节组委会依据市场调查提出节庆从"热闹型"到"专业型"转变的可行性分析，目标是打造面向未来的国际性专业交易会。

从场馆的安排上看，历届服交会对企业展位面积上不封顶，甚至一家企业包下上千平方米展位。这样一来，使展会更像一个展示大牌企业形象的舞台，还容易使企业产生攀比心理，而一些中小企业则望而却步。2005年服装节限制单个展商的展出面积，明确规定每个品牌的展位面积不得超过450m²，给众多参展群体一个公平的竞技环境，并减轻服装大企业参展成本压力。

从节庆规模来看，2005年服交会与2004年持平，共设展位2 200个，展出面积45 000m²，严格控制规模是为了保证节庆洽谈双方的比例，确保展商有充足的买家洽谈。展会由五大展区和一个服装设计师作品动态发布区组成，展品包括男装、女装、休闲装、童装、针织、梭织、羽绒服、家纺、内衣、面料、辅料、服饰配件、媒体资讯、服装CAD等，与上届相比，展品种类更加丰富，几乎涵盖服装服饰相关的所有产品。

节庆时间调整是2005届服装节的又一个务实之举。之前，组委会专门就节庆时间向展商和企业发放了调查问卷，90%以上企业希望避开广交会。所以，2005年服交会在"广交会"间隙的10月21日至23日举行，不但可以避免与广交会"撞车"，更重要的是，通过有效组织，可以把部分广交会上的国内外买家请到宁波来谈生意。以往宁波服装节都是4天或5天，其中1～2天向市民开放，2005年服交会缩短为国际通行的3天，且拒绝零售。这就使得服交会真正成为一个谈生意、下订单的场所。

【思考】收集2024年宁波服装时尚节相关资料，分析2024年宁波时尚节如何进行市场定位？其定位是什么？

## 单元一 节事活动市场调查概述

### 一、节事活动市场调查内涵

节事活动市场调查是以科学的方法，有系统、有计划、有组织地收集、调研、记录、整理、分析有关节事活动产品、服务及市场等信息，客观地测定及评价、发现各种事实，用以协助解决有关节事活动经营决策问题，并作为各项经营决策的依据。

### 二、节事活动市场调查对象和范围

调查研究是可行性分析的重要基础，节事活动市场调查的对象和范围有：

（1）节事活动项目所处的宏观环境，包括经济环境、政治安全环境、社会各界对节事活动项目的关注程度。

（2）市场环境，包括市场规模、市场发展前景、市场进入壁垒。

（3）竞争环境，包括同类城市、同类展览会及举办者。

（4）节事活动举办地条件分析，包括经济发展水平和产业体系、基础设施和社会服务体系、自然环境和人文环境、节事活动中心的规模和服务水平。

(5) 自身环境，包括项目管理团队、财务限制以及以往举办同类节事活动的情况。

## 三、节事活动市场调查类型

节事活动市场调查从不同的角度可以划分为不同的类型，每种市场调查类型都有其独特的功能和特征。

（1）按照调查对象所包括的范围分类，可分为全面调查和非全面调查。全面调查是对调查对象中的所有节事活动单位进行调查，其主要目的是要取得有关总体的、比较全面系统的总量资料。非全面调查是对调查对象中的一部分单位进行调查，但所调查的单位应具有较充分的代表性。非全面调查主要包括典型调查、重点调查和抽样调查等。

（2）按照调查的组织形式分类，可分为报表制度和专门调查。报表制度是统计部门收集市场统计资料的主要形式。它是按照国家统一规定的报表形式，定期、自下而上地填报统计资料的一种统计调查制度。专门调查是为了某一特定目的而专门组织的一种市场资料的调查形式，主要包括普查、重点调查、抽样调查和典型调查。

（3）按照调查登记时间和连续性分类，可分为经常性调查和一次性调查。经常性调查是指随着事物在时间上的发展变化而连续不断地进行登记，其主要目的在于获得关于事物全部发展变化过程及其结果的信息资料。一次性调查是指对那些短期内变动不大的研究对象，为了某一特定目的而组织的定期或不定期的调查，其目的在于收集某事物（现象）在某一特定时间的水平和状态资料。它包括定期调查、不定期调查、阶段性调查和追踪调查。定期调查是指每隔一定时期进行一次且时间间隔大致相等的调查；不定期调查是根据实际需要而组织进行的不定时调查；阶段性调查是指不以时间长度为转移，而以事物发展阶段为依据的调查；追踪调查是指在不同时期对同一调查对象进行的定点调查。

## 四、节事活动市场调查步骤

### 1. 确定调查的目的

（1）明确调查所针对的对象。不同的对象对调查的要求有所不同，政府部门关注宏观数据，生产企业关注具体情况，调查也应该因对象而异。

（2）分析调查所要解决的问题。应该准确把握数据的真正作用，明确开展调查要解决的问题，区分哪些问题是通过节事活动调查可以解决的，哪些不能或不用通过节事活动调查解决，否则大量的财力、人力和时间就将被浪费。同时，由于节事活动时间的限制，必须认真对待那些在节事活动过程中难以完成的任务。

确定了调查的目的，就应形成调查目标，目标应尽可能具体和切实可行，这样可以避免许多不必要的麻烦。与委托方复核过调查目标之后，就可以形成初步的假设。假设是在给定信息的基础上做出的合理初步陈述。调查假设的提出为生成调查设计奠定了基础。

### 2. 生成调查设计

调查设计是指实现调查目标或调查假设需要实施的计划。调查人员需要建立一个回答具体调查问题的框架结构。当然，客观上不存在最好的调查设计，不同的调查设计都各有优缺点，必须权衡调查成本和信息质量。通常情况下，调查所获得的信息越准确、错误越少，成本就越高，但是鉴于节事活动调查的特殊性质，调查设计者应以有效性原则为基本准则。

### 3. 选择基本的调查方法

调查人员可以根据调查项目的目标选择描述性、因果性或预测性的调查设计，随后确定搜集数据的手段。调查方法一般有3种，即观察法、询问法、试验法。

### 4. 抽样过程

不同的调查手段对样本的要求也有所不同，在节事活动调查中，抽样与调查手段的对应关系与一般调查研究一样，应根据具体情况灵活运用。

### 5. 搜集数据

大多数数据是由市场调查公司、现场服务公司从节事活动现场搜集得到的。同时，节事活动的主办方能够轻松掌握并获取大量免费公开信息。

### 6. 加工分析数据

加工分析的目的是解释所收集的大量数据并提出结论，数据的分析需要运用一定的专业技巧和手段。专业分析人员不仅可以对数据进行简单的频次分析，同时能够使用复杂的多变量技术进行交互、聚类、因子等分析，从而使搜集到的数据能够解释更多的信息。

节事活动市场信息加工，是指将收集到的节事活动市场信息按照一定的程序和方法，进行分类、计算、分析、判断、编写，使之成为真实、标准的信息资料，以便使用、传递和储存。节事活动市场信息加工一般包括分类、比较、计算、研究、判断和编写等环节。

（1）分类。分类就是将杂乱无章的初始信息按一定的要求（如问题、时间、目的等）分门别类。

（2）比较。比较是从各种信息资料的比较中分析市场活动的变化趋势及其特征，并与经营管理的需求进行比较，判断是否符合要求。如果不符合，就再补充收集初始信息。

（3）计算。计算就是按照一定的方法对数据状态的信息进行加工运算，并从中得出所需要的新数据。

（4）研究。研究是在比较、计算的基础上进行的。通过研究可以从纷繁的信息资料中形成新的概念，得出新的结论，形成富有指导作用的信息。

（5）判断。判断是对节事活动市场信息的准确性、可信度进行鉴别，剔除不可信、不真实的部分，同时对信息的含量、价值、时效进行判断，以便提供使用。

（6）编写。编写是将加工过的信息资料编写成新的信息资料，这是信息加工的基本产出。

节事活动市场信息加工的上述基本环节是彼此联系、不可分割的，而且是相互交叉的。这些不同环节组成信息加工的有机过程。市场信息收集是策划举办节事活动的基础工作，市场信息收集的过程是一个系统、有目的的市场调查过程。它主要通过各种市场调查手段，有目的、系统地收集、记录和整理有关市场的信息和资料，客观地反映市场态势，为全面认识市场，进行市场分析和预测，以及为办节机构进行科学决策提供依据。

### 7. 报告撰写

节事活动调查的报告形式因提交对象的不同而有所不同，一般市场调查报告都要求简明、清晰，如果提交给政府部门用于宏观分析，报告就应详尽一些。

**8. 跟踪**

跟踪调研成果的应用情况，不仅可以督促和帮助委托方，还能有效地提高调查服务水平。

## 单元二　节事活动市场信息收集和调查方法

### 一、市场信息收集

搜集市场信息是立项策划举办节事活动的基础工作。市场信息搜集是一个系统、有目的的市场调查过程，主要通过各种市场调查手段，有目的、系统地搜集、记录和整理有关的市场信息和资料，客观地反映市场态势，为全面认识市场、进行市场分析和预测，以及为节事活动举办机构进行科学决策提供依据。没有掌握有关市场信息的节事活动策划是盲目的策划。对于策划举办节事活动而言，市场信息搜集主要涉及4个方面，即市场、产业、相关节事活动以及法律方面的信息。

**1. 信息的种类**

（1）市场信息。目前，我国大部分的节事活动都是市场化的商业性节事活动，由政府全程包办的节事活动已经越来越少了。举办市场化的商业性节事活动，需要对市场进行全面的了解，要能对各种市场信息进行全面的认识和深入的分析，并能在其基础上做出科学的应对决策。如果市场信息不完整，凭此做出的决策就会出现偏差，有的甚至会使节事活动全盘皆输。

从策划举办节事活动的角度出发，需要搜集的市场信息主要有：

1）市场规模。某一产业市场规模的大小，对在该产业内举办的节事活动规模会产生直接的影响。如果市场规模过小，举办该产业主题节事活动就会失去市场基础，节事活动就很难举办成功。了解市场规模不仅要了解现在的市场规模，还要预测将来市场规模的增减趋势，因为市场规模的增减直接影响节事活动规模的变化。若市场规模缩减过快，那么节事活动规模也将会在较短的时间内缩减；当市场规模缩减到一定程度时，节事活动也就失去继续存在的基础。

2）市场竞争态势。市场竞争态势对企业的参与意愿会产生重要的影响。市场竞争态势是指产业内部企业之间的竞争关系以及政府对该产业的控制力和影响力。若产业具有垄断性，不管这种垄断性是来自产业本身还是来自政策，产业内企业通过参加节事活动来营销自己产品的积极性就较小，在该产业内举办节事活动的难度较大；而在市场竞争较为自由的产业中，产业内企业通过参加节事活动这种方式来营销自己产品的积极性往往会较大，在该产业内举办节事活动就较容易成功。

3）经销商数量和分布状况。除生产企业外，各种经销商也是节事活动重要的潜在客户。他们既可能是参加节事活动的参展者，也可能是参观节事活动的专业观众。因此，既要事先准确掌握某一节事活动中经销商的数量，也要掌握零售商的数量。对于经销商的分布状况，不仅要掌握其在全国的分布状况，也要掌握其在各省市的具体分布状况。对于国际性节事活动，除要掌握国内的经销商数量和分布状况外，还要尽量多地去掌握该产业在全世界范围内较重要经销商的数量和分布状况。

4）行业协会状况。产业内是否存在行业协会和行业协会在产业内的号召力如何，对节事活动的成功举办具有较为重要的影响。一般地，如果产业内存在行业协会，则意味着该产业内有一些较统一的行业规范和行业管理，产业内的企业行为和市场行为便会受到某些条例的约束；否则，市场会较为无序。另外，如果行业协会在产业内有较大的号召力，则行业协会对某一节事活动的评价或看法，会对企业的参与意愿和参与行为产生较大的影响；反之，其对企业的参与意愿和参与行为的影响就会微不足道。

5）市场发展趋势。市场发展趋势直接影响节事活动的未来发展前景。了解某一产业的市场发展趋势，就是在了解该市场现状的基础上，对该产业市场的未来发展趋势做出科学预测，以此了解在该产业里举办节事活动的发展前景，并为节事活动的未来发展做出预测和规划。对于策划举办节事活动而言，需要了解的市场发展趋势包括多个方面，如市场容量的增减趋势、市场集中度的发展趋势、产业市场营销方式的变化趋势、市场竞争的发展趋势、市场分布状况的变化趋势等。

6）相关产业状况。这里的"相关产业状况"是指与本产业有产品使用关系的有关产业的状况。所谓"有产品使用关系"，是指该产业是本产业产品的中间用户或最终用户，或者该产业是本产业生产设备和中间产品的提供者。了解这些相关产业的状况，主要是为节事活动以后邀请和组织买家与观众做准备。所以，了解这些相关产业的状况，必须弄清楚这些相关产业的企业数量和分布状况，了解它们对本产业产品的需求状况，掌握它们购买本产业产品的渠道和方式等。

（2）产业信息。产业发展状况和产业性质是影响节事活动能否成功举办的重要因素之一。搜集相关产业的有关信息主要是为了从产业的角度分析产业对举办节事活动可能产生的影响，以及产业给节事活动提供的可能发展空间等，为制定切实可行的节事活动举办策略奠定坚实的基础。

从立项策划举办节事活动的需要出发，一般来说，需要搜集和掌握的产业信息主要有以下四个方面：

1）产业性质。一般来说，产业的发展会经过投入、成长、成熟和衰退4个阶段。处于投入期的产业刚刚起步，企业数量有限，市场不大，举办节事活动往往较难获利；处于成长期的产业，由于市场扩张较快，企业数量不断增多，市场对该产业的产品和该产业对相关设备的投资需求较大，企业营利性好，较适合举办节事活动；处于成熟期的产业，由于市场竞争激烈，企业数量较多，很多企业在为自己的产品寻找销路，也比较适合举办节事活动；处于衰退期的产业，由于企业数量在不断减少，企业营利性较差，市场容量收缩，较难举办节事活动。

2）产业规模。产业规模主要是指该产业的生产总值、销售总额、进出口总额和从业人员数量等，这些信息是策划举办节事活动时需要参考的重要数据。例如，了解产业的生产总值和销售总额可以为预测节事活动的规模提供依据，了解产业从业人员数量可以为预测节事活动的到会专业观众数量提供参考。由于产业规模会对节事活动规模产生直接影响，产业规模的增减会影响节事活动规模的增减，所以在搜集产业规模的相关数据时，不仅要搜集现在的产业规模数据,还要对产业规模在未来的增减趋势做出预测,以便为节事活动制定长期发展策略提供参考。

3)产业分布状况。了解产业的分布状况十分重要,因为它与节事活动的招展和宣传推广策略的制定密切相关,是今后制定节事活动招展招商和宣传推广策略的基础。不仅要了解该产业的产品主要在哪些地方生产,每个生产地在该产业产品生产中所占比例大约是多少;也要了解该产业的产品主要是在哪些地方销售,每个销售地在该产业产品销售中所占比例大约是多少;还要了解每个地方生产和销售的产品的种类、特色以及档次等情况。只有了解了这些信息,今后制定招展招商和节事活动宣传推广策略才会有可靠的依据。

4)厂商数量。一般而言,适合举办节事活动的产业多是以"看样成交"为主的行业,以及对产品的外观设计和款式比较看重的行业。如果产品主要是看说明或图样成交,则该产业举办节事活动的空间就较小。另外,产业的产品销售渠道模式及其成熟度对举办节事活动的影响也比较大。例如,如果某产业产品的批发渠道比较发达,大型批发市场较多,那么在该产业内举办节事活动就会面临很大的困难;如果某产业的销售渠道比较成熟,各企业的销售渠道已经自成体系,那么节事活动的招展也会比较困难。

(3)相关节事活动的信息。俗话说:"知己知彼,百战不殆。"我们在策划举办节事活动时,最理想的状况是,在计划举办节事活动的产业里目前还不存在节事活动,这种情况下,策划举办新节事活动就要容易得多。但是,在目前市场状态下,已经基本不存在没有节事活动的产业。因此,在策划举办节事活动时,一定要对该行业内的现有节事活动的情况有所了解。了解这些信息,一方面可为我们决定是否在该产业内举办节事活动提供决策依据;另一方面,我们一旦决定在该产业内举办节事活动也可为制定竞争策略提供参考。

从理论上讲,对相关节事活动的有关信息当然是了解得越多越好,但在现实中,由于存在竞争关系,一般很难全面搜集到相关节事活动的全部信息。一般来说,在策划举办节事活动时,至少应该搜集到相关节事活动的下述信息。

1)同类节事活动的数量和分布情况。要尽量了解国内和全世界范围内与我们即将举办的节事活动的主题相同的节事活动数量,了解这些节事活动的地域分布情况。一般来说,相同主题节事活动的数量越多,对在该产业策划举办新节事活动越不利;相同主题节事活动的分布离计划举办节事活动的地域越远,对策划举办新节事活动越有利。

2)同类节事活动之间的竞争态势。不管多个节事活动的定位如何,相同主题的节事活动之间总会存在这样或那样的竞争关系。了解同类节事活动之间的基本竞争关系,对是否策划立项举办新节事活动和为新节事活动制定竞争策略有着十分重要的意义。

3)重点节事活动的基本情况。除要了解相同主题的所有节事活动的数量和分布情况以外,对该主题的一些重点节事活动的基本情况有必要做进一步了解。所谓"重点节事活动",是指那些规模和影响都较大、行业口碑较好,或者是与我们即将举办的新节事活动有直接的竞争关系的节事活动。对于这些节事活动,对其组展机构、办展时间、办展频率、办展地点、节事活动规模、参与企业数量及分布、观众数量和来源、展品范围、节事活动定位等情况要有比较详细的了解。

(4)有关法律法规。不管是产业还是市场,它们都不同程度地受到国家有关法律法规的影响和约束。如果在搜集产业信息和市场信息时,对有关的法律法规不加以了解,搜集到的产业信息和市场信息就是不完整的信息,而不完整的信息对节事活动策划和营销决策是有害的。

1) 产业发展规划。产业发展规划是指国家和地方政府对某产业发展所做的长远和宏观规划。这种规划在某种程度上决定着该产业在今后较长时期内的发展状况和发展趋势。一般来说,在新兴产业和政府规划为重点发展的产业里举办节事活动,其发展前景比较看好。另外,产业发展规划和政府的产业政策密切相关,它不仅从宏观上影响着节事活动,也从具体操作方式上影响着节事活动。

2) 产业政策。这里所说的产业政策,是指政府对产业产品的销售、使用和生产等方面的规定,如国家对酒类销售方面的"专卖"规定等。这些规定对节事活动举办、企业参展意愿和参展行为等都会产生直接或间接影响。

3) 海关有关规定。海关有关规定主要是指针对某一产业的货物进出口政策、货物报关程序和关税征收标准等,这些规定对海外企业参加节事活动产生重大影响。货物进出口政策直接影响海外企业的参展意愿。例如,如果某国禁止或限制某类产品的进出口,那么海外企业不管是参展还是参观节事活动的意愿都将非常低。

4) 市场准入规定。一是对举办节事活动的企业或机构的资格的审定;二是国家对外资进入该产业的政策规定。前者对企业能否举办节事活动将产生直接的影响,后者不仅影响到海外企业的参与意愿和参与行为,也同样影响到国内企业。

5) 知识产权的保护。很多参展企业会在节事活动上或在节事活动前发布新产品,推出新设计,如何保护这些新产品和新设计的知识产权,是节事活动主办者所必须考虑的问题。如果节事活动上大量出现侵犯知识产权的展品,不仅会使参展企业陷于纠纷,也会影响节事活动的声誉,对节事活动的发展较为不利。

6) 其他规定。由于举办节事活动会涉及多种行业,因此政府对交通、消防、安全等其他有关行业的规定,也会对节事活动产生这样或那样的影响。在策划举办节事活动之前,对这些规定也要有所了解。

**2. 获取信息的方法**

前面介绍了立项策划举办节事活动所需要搜集的信息内容。在试图获取上述各种信息时要尽量使获取的信息客观准确、全面系统且富有时效性。要达到这个目的,可以通过以下各种办法来获取上述各种信息。

(1) 收集现成的资料。尽管现成的资料基本都是二手资料,但它们却是进行决策所必不可少的参考。现成资料可由办展机构市场部的有关人员搜集,也可以委托其他人搜集。能够提供现成资料的渠道很多,如政府部门公布的政策、法令和统计数据,各种信息中心和上级主管部门提供的资料,专业杂志、报纸以及书籍提供的资料,公共图书馆里大量的资料,外国驻华机构提供的资料,国际商会和各国商会的出版物和贸易数据,国际组织刊发的资料等。搜集上述资料时,注意要先尽量利用办展机构已有的现成资料,然后再按先近期后远期、从一般到具体、从表象到实质的原则去搜集。

(2) 委托专门的市场调查机构帮助搜集。目前,市场上有许多专门从事市场调查和市场信息搜集的机构,它们有专门的市场调查程序和调查人员,有较科学的调查方法和资料整理分析手段,得出的调查结论也较为客观。从事市场调查的机构一般包括专业市场调查公司、广告公司、咨询服务公司等。在委托这些公司帮助搜集信息时，要向它们明确需要搜集的信息的地域范围、时间跨度和产业范围等。

（3）市场抽样调查。市场抽样调查也是获取各种信息的一种重要办法。这种方法可以在一定程度上排除主观因素干扰，对调查结果进行较为准确的推断和估计，并能计算和控制抽样误差。抽样调查的方法有两种：随机抽样调查和非随机抽样调查。前者是采取随机原则从调查对象总体单位中直接抽取一部分单位组成样本进行调查的一种调查方法，它包括纯随机抽样调查、分层随机抽样调查、整群随机抽样调查和等距随机抽样调查等四种形式；后者是根据调查者主观设定的某个标准来抽取样本单位的一种调查方法，它包括任意抽样、判断抽样和配额抽样等三种形式。

（4）通过网络搜集。通过网络搜集资料是一种非常便捷的信息搜集手段。网络具有信息时效性强、覆盖面广、方便快捷的特点，但通过网络获取的信息的准确性有待提高。在使用网络搜集信息时，要注意运用专业知识进行多方面分析和比较，去伪存真，力求信息准确可靠。

通过以上方法搜集到各种信息以后，就可以从时间、空间和产业3个角度对信息进行整理和分析。通过整理和分析，得出真实、及时、系统和实用的资料。根据这些资料，就可以进行节事活动展览主题的甄选和确定工作了。

## 二、节事活动调查方法

### 1. 观察法

观察法主要是观察人们的行为。明确地讲，观察法可以被定义为不通过提问或交流而系统地记录人、物体或事件的行为模式的过程。当事件发生时，运用观察技巧的调查员客观见证并记录信息，或者根据以前的记录编辑整理证据。节事活动主题明确，参展商与参观者已经明确细分，绝大多数节事活动对专业参观者和普通参观者又进行区别，因此在客观上符合使用观察法的条件。节事活动调研所使用的观察法大致分为以下两类。

（1）非参与观察法。这是指将受访者视为局外人，从旁进行观察，而不参与其活动。调查员可以分布在节事活动的不同位置，根据之前统一的要求进行现场观察，并在印制好的记录单上予以记录，记录单可以使用按顺序圈选的封闭式量表，也可以使用记录具体情况的开放式表格。调查员的观察不应打扰参会者的行为，最好能够避免引起参会者的注意。另外，也可以安装一些被允许的装置进行机器观察，如流量计数器、条码识别仪、录像机、现场监测仪等。

（2）参与观察法。与前者不同的是，参与观察法需要调查员和受访者直接相处并与其一起活动，从中可以更深入地了解被访者。参与观察法仍是以观察为主，调查员可以作为节事活动中的一员，参与试用，参加专业研讨等，有的放矢地进行观察研究。当然，这种研究对调查员的能力要求就更高了。

### 2. 询问法

询问法是最为广泛使用的调研手段，通过此种方法能够收集到广泛的资讯。询问法又可分为问卷访问法、小组访谈法、深度访谈法、投射法等。

（1）问卷访问法。问卷访问法在调研中最为通用，包括个别访问法、集体访问法、电话访问法、邮递法、留置法、计算机访问法等。问卷访问法的每一种形式都依赖于问卷的使用。问卷几乎是所有数据收集方法的一般思路。问卷是为了达到调研目的和收集必要数据而设计的一系列问题，它是收集来自被访者信息的正式一览表。问卷提供标准化和统一化的数据收集程序。节事活动调研中所使用的问卷应注意区别调研目的和调研地点。

（2）小组访谈法。节事活动过程中，来自四面八方的经销商、消费者汇聚节事活动现场，使得平时几乎无法实现的小组访谈成为可能。小组访谈可以针对主题进行充分和详尽的讨论，参展商可以对定价、销售手段、产品性能等需要了解的主题进行深入研究，节事活动组办方也可以通过小组访谈对参展商的需求以及满意度进行调研。

（3）深度访谈法。深度访谈法在节事活动过程中也能够得到充分应用。深度访谈法适用于两类人群：一是参会的重要官员、学者和企业高层管理者。这类人群在日常的深度访谈操作中皆是难以接洽的对象，但是在节事活动过程中往往相对集中，同时由于大部分节事活动都有明晰的主题或单一的行业性质，因此访谈的实际操作也容易深入，有效性更高。二是参观者。不论是企业自己组织的现场介绍，还是委托专业公司进行的会场演示，都是极好的直接面对参观者的机会。商业节事活动参观者中有代理商、经销商以及消费者；文化节事活动参观者大都是专业人士或爱好者。通过相对无限制的一对一会谈，可以实现多种调研目的。受访者与面谈者很容易在节事活动这样一个特定环境中达成相互间的融洽关系，同时与主题无关的信息也将比一般情况少。

### 3. 实验法

以实验为基础的调研与以询问为基础的调研相比有着根本的区别，其对调研环境、技术、人员素质的要求都非同一般。在节事活动过程中要想实现真正意义的试验是很困难的。但是，实验法有许多值得在节事活动调研中积极采用的思路和手段，如在节事活动中设置试验区域，请消费者现场试验产品功效，一方面可以起到宣传促销的作用，另一方面也可以为参与观察的调查员提供条件进行观察、记录。

### 4. 二手资料分析

以上3种方法是调查研究中最常见的获取一手资料的方式和手段，但并非调研的全部，在节事活动调研中，二手资料的分析运用也相当重要，从节事活动上可以收集到大量的二手资料。这些二手资料不仅有助于明确或重新明确探索性研究中的研究主题，而且可以切实提供一些解决问题的方法。政府或企业所面临的问题，以及下达给节事活动调研者的问题很大程度上并不是前所未有的问题，很有可能曾经有过类似的研究，可能已经有人收集了所需的精确资料，只不过不是针对当前的问题。做好这方面资料的搜集工作可以说是事半而功倍。二手资料主要有以下四种获取渠道：

（1）来自主办方。节事活动主办方都会在节事活动过程中免费发放各种名录，如参展商名录，内有详细地址、联系方式、产品介绍、工厂分布、主要领导姓名、员工数量、销售水平、市场占有情况等。

（2）来自参展商。参展商在节事活动中会准备大量资料，这些资料中就有可能包括平时难得一见的内部资料，如新产品研发档案、年度报表、股东报告、新产品测试结果、公司内部刊物等。

（3）来自行业管理部门或行业协会。节事活动中常设有免费公开的信息查询系统，提供诸如行业发展趋势、市场分布等来自权威机构的统计结果。

（4）来自节事活动项目管理系统。越来越多的大型节事活动开始使用节事活动项目管理系统，这种系统实际上是一个庞大的数据库，可以为各方面提供所需要的二手资料，如展位预订管理系统、邀请函、参展手册发放管理系统等。这些资源可以以付费的方式单项或全部出售给数据的使用方，对于二手资料收集者而言也是意义重大的。计算机数据库、公开二手资料、互联网和内部数据库都是一个组织的信息管理系统的重要组成部分。

## 单元三　可行性研究概述

### 一、可行性研究含义

可行性研究（Feasibility Study）又可称为可行性分析，是指通过对项目的主要内容和配套条件，如市场需求、资源供应、建设规模、工艺路线、设备选型、环境影响、资金筹措、盈利能力等，从技术、经济、工程等方面进行调查研究和分析比较，并对项目建成以后可能取得的财务、经济效益及社会环境影响进行预测，从而提出该项目是否值得投资和如何进行建设的咨询意见，为项目决策提供依据的一种综合性的系统分析方法。

节事活动的可行性研究是指在活动启动之前，对自然、政治、社会、经济、科技等方面进行调查研究、资料收集与分析，从而得出该节事活动是否可投资建设的可行性和必要性，以及确认可行的投资建设方案，并预测活动项目实施后的社会效益和经济效益。

### 二、可行性研究作用

对于节事活动项目进行可行性研究主要是为了帮助决策者判断项目是否能投入实施，从而获得社会经济效益。具体来说，其作用主要有3点：

**1. 作为活动项目投资决策的依据**

项目是否能成功并取得不错的效益，受到自然、政治、社会、经济、科技等多方面影响。在立项之前对项目进行科学、客观、全面的调查与可行性分析，可最大限度发挥优势，减少或避免劣势所造成的损害，为项目的决策提供强有力的依据。

**2. 作为最佳投资金额标准、投资方式选择的依据**

投资机构根据项目环境利弊分析、当地政府扶持情况、项目效益产出分析等对项目进行全面的投资计划，包括融资方式、金额、财务管理办法等。可行性研究可以为投资部门提供全面的分析评估，制定出合理的融资办法。

**3. 衡量是否达到预期效果的标准**

对项目进行事后评价，需要以可行性研究报告作为参照物，将其作为活动结束后评价的标准。可行性报告上的分析数据，是衡量活动是否达到预期效果的对照标准，为提出活动的不足之处以及下届活动举办的注意事项提供重要依据。

### 三、可行性研究特点

#### 1. 专业性

可行性研究报告在论证项目的可行性时会涉及许多专业，通常会涉及基本建设、环境保护、市场预测、政策法规等方面内容，所以需要各方面专业人员分别开展深入研究，再进行科学的综合分析。

#### 2. 科学性

可行性报告内容要真实、完整、正确。研究目的要明确，研究过程要客观，要应用各种科学方法、科学推理，得出明确结论。可行性研究报告的结论要建立在定量分析的基础上，这些定量化数据是根据科学技术和经济学原理，在调查研究基础上计算出来的，具有科学根据，是经得起时间考验的。

#### 3. 时效性

可行性研究报告反映某领域中某急需认识的事物，或某急需解决的问题，所以要及时、迅速地写出可行性研究报告，才能实现其价值，发挥其作用。

## 单元四　节事活动可行性研究内容

任何经营活动都是生存在一定的市场环境之中，市场环境分析是节事活动立项可行性分析的第一步。它根据节事活动立项策划提出的节事活动举办方案，在已经掌握的各种信息的基础上，进一步分析和论证举办节事活动的各种市场条件是否具备，是否有举办该节事活动所需要的各种政策基础和社会基础。市场环境分析不仅要分析各种现有的市场条件，还要对其未来的变化和趋势做出预测，使立项可行性分析得出的结论更加科学合理。

### 一、宏观市场环境

宏观市场环境是指能对节事活动举办产生影响的各种社会因素，这些因素可能会给主办方举办节事活动带来市场机会，也可能会给其造成市场威胁。主办方在策划举办节事活动时，必须对它加以密切关注，并及时对其做出适当的反应，以便有效地识别和抓住市场机会，避开和减少市场威胁。宏观市场环境包括：

#### 1. 政治法律环境

政治法律环境由那些具有强制性的且对举办节事活动产生影响的法律、政府部门和其他组织机构所构成。由于举办节事活动涉及的行业和社会层面非常广，因此会受到比其他行业更加严厉的法律管制，例如政府对举办节事活动在消防、安保、工商管理和产品进出口方面有严格要求，举办节事活动也需严格遵守《中华人民共和国广告法》《中华人民共和国专利法》

等法律。此外，与节事活动主题所在产业有关的法律对举办节事活动也会产生较大的影响。

### 2. 社会文化环境

社会文化环境有三大类，即物质文化、关系文化和观念文化。它们分别代表人们对物质生活、社会关系和意识形态等方面的要求、认识和看法。社会文化环境会对企业参展和观众到会参观产生较大影响。例如，人们的餐饮习惯、国与国之间关系的好坏以及世界各国节假日和喜庆日的安排等，对举办节事活动的影响就非常大。

### 3. 人口环境

从量的角度看，人口数量是市场规模的重要标志。从人口分布、结构及变动趋势，可以分析判断市场需求的特点和发展趋势。这对于注重现场零售的某些节事活动具有重要意义。对于专业贸易类节事活动来说，更要注意该节事活动主题所在产业及其相关产业的从业人员数量和结构，因为由此能预测节事活动专业观众的大致数量，而拥有一定数量和质量的专业观众正是专业贸易类节事活动的生存之本。

### 4. 经济环境

经济环境是指那些能对企业参展和观众到会参观产生影响的各种经济因素，如社会经济发展水平、产业利润高低、市场规模大小、产业进出口状况、产业结构状况，以及节事活动所在地的住宿、餐饮、旅游、交通等配套设施的完备程度等。这些因素从侧面影响着企业参展和观众到会参观的意愿。

### 5. 技术环境

科技的发展会对企业的经营活动和经营方式产生重大影响，一方面可以给企业提供新的发展机会；另一方面也可能给企业的生存与发展带来威胁。另外，在所有节事活动服务的外部环境方面，科学技术的发展也能发挥巨大作用，如互联网的出现就极大地改变了节事活动的举办思路和竞争模式，计算机的广泛使用使节事活动的观众等级模式发生了翻天覆地的变化。

在进行认真的市场调查并充分掌握以上各种信息的基础上，要切实结合节事活动的实际特征，对举办节事活动所面临的宏观市场环境的各个方面做出准确的分析，寻找市场机会，发现潜在威胁，为节事活动立项可行性研究的最终决策提供服务。

## 二、微观市场环境

微观市场环境是指对机构举办节事活动构成直接影响的各种因素。这些因素包括节事活动举办机构内部环境、目标客户、竞争者、营销中介、服务商和社会公众等。与宏观市场环境类似，微观市场环境所包括的各种因素也可能会给主办方举办节事活动带来市场机会，或者给其造成市场威胁。

### 1. 节事活动举办机构内部环境

节事活动举办机构内部环境就是节事活动举办机构内部所具备的各种条件，包括资金、人力、物力（办公设备和通信工具）以及所掌握的信息资源和能联系的社会资源等。通过对节事活动举办机构内部环境的客观分析，准确地找出它们在节事活动所在产业以及自身所具有的举办节事活动的优势和劣势，并对这些优势和劣势进行客观评估，分析节事活动举办机构是否具有举办该节事活动的能力。

### 2. 目标客户

目标客户是指节事活动的潜在参展商和观众。从类别上看，节事活动的目标客户包括消费者市场客户、生产者市场客户、中间商市场客户、政府部门和国际市场客户五大类。这些客户可能是参展商，也可能是观众。参展商和观众都是节事活动的服务对象，两者不可偏废。节事活动的最终目的是要满足目标客户的要求。因此，在分析节事活动的目标客户时，不仅要分析他们的数量和分布，还要注意分析和把握他们的需求及其变化趋势，并以此作为节事活动举办的起点和服务的核心。

### 3. 竞争者

竞争者是指与节事活动有竞争关系的其他同类节事活动。在现实中，相同主题的节事活动往往不止一个。节事活动要想在市场上取得成功，就必须比其他同类节事活动更有效地满足参展商和观众的需求。一般来说，每个节事活动都会面临4种类型的竞争：①欲望竞争，即参展商和观众想要满足的各种需求之间具有可替代性，他们可以选择参展，也可以选择不参展；②类别竞争，即能满足参展商和观众各种需求的不仅仅是节事活动，其他的营销形式也可以具有此功能；③节事活动间竞争，即参展商和观众能在可以满足他们需求的同类主题的不同节事活动之间进行选择，他们可以选择本节事活动，也可以选择其他同类节事活动；④品牌竞争，即参展商和观众凭节事活动本身的品牌和节事活动举办机构的品牌对参加哪个节事活动做出选择。所以，在对竞争者进行分析时，不仅要分析具有竞争关系的节事活动，还要分析这些节事活动的举办机构；不仅要分析具有竞争关系的节事活动及其举办机构的现状，还要分析它们的变化，并及时提出应对的对策。

### 4. 营销中介

营销中介是指那些受节事活动举办机构委托或者协助节事活动进行宣传推广和招展招商的中介组织和单位，包括节事活动的招展代理、招商代理、广告代理和其他营销服务机构等。营销中介是节事活动成功举办不可缺少的关键要素。好的营销中介能很好地分担和完成节事活动举办机构的宣传推广和招展招商等营销工作，能更好地协助办展机构成功地举办节事活动。

### 5. 服务商

服务商是指受节事活动举办机构的委托、为节事活动提供各种服务的机构，包括节事活动指定的展品运输代理、提供旅游服务的旅行社、提供住宿服务的宾馆酒店，以及提供节事活动资料印刷和观众登记的专门服务商等。这些服务商是办好节事活动必不可少的组成部分。在举办节事活动时，参展商和观众都会将这些服务看成节事活动本身的一个有机组成部分。

### 6. 社会公众

社会公众是指对节事活动实现其目标具有实际和潜在影响的群体。节事活动面临的公众有5种：①媒体公众，即专业和大众报纸、杂志、广播和电视等，它们具有广泛的影响力，对节事活动的声誉具有举足轻重的影响；②政府公众，即负责管理节事活动和商业活动的有关政府部门；③当地民众，即节事活动举办地的居民、官员和其他社团组织等；④市民公众,即节事活动举办机构的全体员工;⑤金融公众,即那些关系并可能影响节事活动举办机构获取资金能力的机构和组织,如银行和投资公司等。这5类公众既具有促进节事活动实现其目标的能力,也有阻碍其实现目标的能力,有时候他们的态度还能直接影响节事活动的市场前途。因此,成功地处理好节事活动与这些公众的关系格外重要。有些节事活动举办机构专门成立公共关系部门,专门负责策划和处理与这些公众的关系,为举办节事活动提供宽松的市场环境。

微观市场环境的构成要素与节事活动本身密切相关。在分析这些要素时,要善用资源、整合资源,使各种资源间优势互补,最大限度地挖掘资质优良的资源,壮大办展队伍,并最大限度地降低举办节事活动的成本。

> **案例 3-1** 节事活动对地方形象与经济发展的双重影响
>
> 在人们一生中,每个人都会经历或参加很多节事活动。从表面上来看,这些活动可以愉悦我们的眼睛,丰富我们的生活。但是,从地方进步的角度来看,只有事先经过周密计划和可行性研究的活动,不管是只举办一次的节事,还是周期性举办的节事,才能对地方形象建设和经济的带动发挥真正的作用。
>
> 例如,由国家旅游局、云南省人民政府共同主办的"中国昆明国际文化旅游节",对进一步发掘和弘扬民族文化,增强旅游业的文化内涵,塑造云南旅游整体形象,推动区域经济的发展,促进社会的全面进步,都具有深远的影响。

## 三、市场环境评价

在对市场环境的上述各因素进行分析以后,节事活动举办机构就要根据通过市场调查获取的有关信息,对市场环境进行整体分析和综合评估,以防范在举办该节事活动时可能受到的威胁,抓住可以利用的机会。

在掌握了大量有关信息并对未来的环境变化趋势做出一定的预测后,就可以对市场环境进行整体分析和综合评估。对市场环境进行整体分析和综合评估的方法很多,最常用的是SWOT分析法。

SWOT分析法,就是把节事活动举办机构所面临的宏观和微观环境各要素综合起来进行分析,得出市场环境对节事活动举办机构举办该节事活动所形成的优势(Strength)、劣势(Weakness)、机会(Opportunity)、威胁(Threat),并将这4个方面结合起来研究,以探寻适合举办节事活动的可行战略和有效对策。

SWOT分析法一般分3步进行:①整理和分析搜集到的各种信息,并根据这些信息对环境的变化趋势做出预测;②详细地分析节事活动举办机构内部和外部的各种环境要素,列出市场环境对节事活动举办机构举办该节事活动所形成的优势、劣势、机会和威胁;③对市场环境对节事活动举办机构举办该节事活动所形成的优势、劣势、机会和威胁进行综合分析,确定可以选择的战略和对策。

根据以上步骤,SWOT分析法为节事活动举办机构举办该节事活动提供4种可以选择的策略,见表3-1。

节事活动 SWOT分析法

## 节事活动管理实务

表 3-1　SWOT 分析法

| 外部环境 | 内部环境 | |
|---|---|---|
| | 内部优势（S） | 内部劣势（W） |
| 外部机会（O） | SO 战略<br>依靠内部优势<br>利用外部机会 | WO 战略<br>利用外部机会<br>改进内部劣势 |
| 外部威胁（T） | ST 战略<br>依靠内部优势<br>回避外部威胁 | WT 战略<br>克服内部劣势<br>回避外部威胁 |

（1）SO 战略。利用节事活动举办机构的内部优势去抓住外部市场机会。例如，如果某节事活动举办机构举办节事活动经验丰富并且资金雄厚（即内部优势），而某产业尽管有节事活动存在，但该节事活动市场覆盖面不广（即外部机会），那么在其他条件具备的情况下，该节事活动举办机构就可以运用本战略进入该产业举办节事活动。

（2）ST 战略。利用节事活动举办机构内部的优势回避和减少外部威胁。例如，如果某节事活动举办机构的品牌优势十分明显（即内部优势），但与之有合作关系的节事活动服务商却不尽人意（即外部威胁），那么该节事活动举办机构就可以运用本战略，通过寻找更好的节事活动服务商进入该产业举办节事活动。

（3）WO 战略。利用外部机会改进节事活动举办机构的内部劣势。例如，如果从市场分析得出某产业举办节事活动的市场机会巨大（即外部机会），而某节事活动举办机构内部节事活动策划和招展招商的人才缺乏（即内部劣势），那么在其他条件具备的情况下，该节事活动举办机构就可以运用本战略，借助社会和其他单位的策划和招展招商等人才，为本节事活动举办机构进入该产业举办节事活动服务。

（4）WT 战略。克服节事活动举办机构的内部劣势，避免外部威胁。例如，如果某节事活动举办机构即将举办的节事活动与另一已经存在的节事活动冲突（即内部劣势），而大部分参展商和观众又认同该已经存在的节事活动（即外部威胁），那么在其他条件具备的情况下，该节事活动举办机构就可以运用本战略，重新对计划举办的节事活动进行定位，用新定位吸引参展商和观众。

在对市场环境进行整体分析和综合评估后，就可以形成针对市场环境的分析结论和分析报告，为节事活动举办机构最终决定是否进入某一产业举办节事活动提供决策参考。

**案例 3-2**　广西上林县少数民族农村传统节庆体育旅游开发 SWOT 分析

广西上林县属广西壮族自治区南宁市，聚居着壮族、侗族、瑶族等 33 个少数民族，各少数民族传统文化的汇聚，形成上林县节庆体育活动形式多样、风俗奇趣、多姿多彩的特点。各种亮丽鲜艳的民族传统服饰、撩人的传统歌舞表演以及淳朴的乡风、宜人的自然环境为旅游开发提供了丰富的资源，但其少数民族农村传统节庆体育旅游还处于初步发展阶段。为了促进这一项目的发展，通过 SWOT 分析来识别其优势、劣势、机会和威胁，并据此提出改进对策。

**优势：** 广西上林县在少数民族农村传统体育节庆开发方面具有显著优势，这里汇聚了丰富多彩的民族传统体育活动和独具特色的节庆旅游资源。广西上林县居住着壮族、瑶族、侗族等33个少数民族，壮族"三月三"节庆活动举办期间，各民族的传统体育项目汇聚一堂，从形式上可分为表演型，如打铜鼓、抛绣球、打扁担、打年糕、壮族朋比、苗族芦笙、瑶族唢呐、龙舞、采茶舞、师公舞、舞狮、铜鼓芦笙舞、竹竿舞、传统渔鼓演艺等；传统竞技型，如抢花炮、滚铁环、板鞋竞技、打陀螺、掰手腕、敲竹杠、壮拳大赛、踩高脚马、背篓绣球、民间传统斗鸡比赛、民间传统斗牛比赛等。随着时代的发展，还增加了一些现代体育项目，如旅游+体育融合竞技型、广西环大龙湖自行车越野赛等。这些节庆体育项目汇聚上林县各少数民族的文化精髓和时代风貌，凭借着这些各具特色、别开生面的体育文化活动为上林县传统体育节庆活动开发提供丰富的内容，并吸引广大旅游消费群体。

**劣势：** 存在专业技术人才、资本、交通设施的缺乏等劣势。上林县处于经济文化的边缘地带，体育旅游资源开发的人才难以寻觅，缺乏人才和技术导致广西上林县少数民族农村传统节庆体育活动没有合理有效地开发利用；对于经济能力相对薄弱的县城来说，资金短缺是发展传统节庆体育活动的最大难题；上林县属于石漠化地质带，连绵不断的丘陵和山脉不易于公共基础设施的修建，交通不便；另外，酒店客房基本为当地居民自家居住的民房，设备简陋，没有符合市场化标准的住宿条件。

**机会：** ①城乡体育融合发展的历史契机。在城乡融合发展过程中，体育起到促进城乡经济社会、文化资源等方面双向互融互通的桥梁作用，促进了城乡经济文化的双向发展，充分发挥了上林县少数民族农村传统节庆体育文化输出的经济辐射作用；②消费扶贫的新业态新模式引领，自2017年大力开展消费扶贫活动以来，广西上林县政府积极与社会各界合作开展各式各样的消费扶贫展销活动，其中包括"中国旅游日"南宁主会场·上林生态旅游养生节、中国山地自行车联赛等重大活动，3年间共销售农副产品440多万元。

**威胁：** 在国家政策支持下，全国各地区都在竭尽所能地发挥自身优势来开发当地的旅游资源，千篇一律的旅游古镇、节庆体育旅游活动项目已经不能够满足旅游消费者的需要。其中，与上林县相似的少数民族农村传统节庆体育旅游项目也不在少数，如蒙古族那达慕节、云南傣族泼水节、通道侗族芦笙文化艺术节等，这些地区少数民族传统节庆体艺文化资源丰富且旅游设施完善，而上林县在旅游基础设施方面明显落后。

通过对广西上林县少数民族农村传统节庆体育旅游开发SWOT分析，建议强化上林县少数民族农村传统节庆体育旅游资源中的体艺文化优势，打造上林县节庆体育旅游品牌，抓住城乡体育融合发展和消费扶贫的新业态新模式引领等国家政策扶持的历史机遇，引进体育旅游和大众传媒专业的技术人才并出售农副产品回收资本，弱化其劣势，更好地发展上林县少数民族农村传统节庆体育旅游。

○ **学生活动 3-1**

活动主题：节事活动的可行性分析认知。

活动目的：深入理解节事活动的定位流程，通过市场调研全面掌握节事活动的设计理念与思路，从而能够对节事活动进行有效的可行性分析。

活动形式：小组活动。

活动内容：深入探究举办机构的背景信息，系统性地搜集并分析相关数据，全方位实施市场调研工作，针对你家乡或所在城市的标志性节事活动展开可行性分析。

## 实训项目三　节事活动项目市场调查实施

| 工作任务 | | 根据当地近期举办的节事活动情况，选定即将开展的节事活动，拟订多项市场调查目标，并根据目标制订市场调查方案，进行市场调查实施，最终形成节事活动市场调查报告 |
|---|---|---|
| 实训提示 | | 组织分工：教师将学生每 3～5 人分成一组，每组选出 1 人担任组长<br>任务研究：可根据参展商、专业观众、现场活动状况等不同目标设定市场调查任务，并根据项目管理方法，进行实施方案制定<br>注意事项：在实施调查前，教师要对学生们进行市场调查培训，主要是针对问卷制作，学生与参展商、观众的沟通等方面 |
| | 实训建议 | |
| 三维度 | 方法能力 | 利用项目管理方法，制定市场调查方案，设计市场调查问卷，同时掌握与被调查者沟通交流的方法和能力 |
| | 专业能力 | 节事活动项目市场调查方案的制定能、节事活动现场市场调查实施的基本能力 |
| | 社会能力 | 学生应适应市场调查工作，学会与外界沟通交流，了解节事活动市场发展状况，明确工作目标 |
| 工作 6 要素 | 工作环境 | 实训室——市场调查方案制定；正在举办的节事活动现场——市场调查方案实施 |
| | 工作对象 | 节事活动现场的主办方、参展商、专业观众等 |
| | 工作内容 | 制订市场调查方案并实施 |
| | 工作手段 | 桌面调研、小组讨论、方案写作、现场实施、归纳总结 |
| | 工作组织 | 节事活动项目市场调查工作小组 |
| | 工作结果 | 某节事活动项目的市场调查方案和调查数据分析 |
| 工作 6 步骤 | 第一步：信息 | 节事活动市场信息，主办方、参展商、专业观众关注点 |
| | 第二步：决策 | 以组长为团队核心，形成有效的团队工作计划、实施步骤与决策方法 |
| | 第三步：计划 | 市场调查工作方案 |
| | 第四步：实施 | 人员分工实施过程与现场问卷调查 |
| | 第五步：检查 | 在调查结束后，每组选派 1 名学生进行小组工作过程与工作结果介绍 |
| | 第六步：评估 | 教师根据市场调查的方法，组织全体学生对各组市场调查方案和实施情况进行指导与评价 |

## 模块三  节事活动可行性分析

### 实训项目四  节事活动项目可行性分析报告

| 工作任务 | 根据当地近期举办的一项节事活动的市场调查分析报告，利用桌面调研，调查当地此节事活动涉及范围的相关状况，试分析开展此节事活动是否可行，原因是什么 |
|---|---|
| 实训提示 | 组织分工：教师将学生每 5～8 人分成一组，每组选取 1 人担任项目经理，1～2 人担任经理助理<br>任务研究：按照节事活动项目可行性分析的工作步骤，并结合所调查到的数据对应相关指标，进行讨论<br>注意事项：节事活动市场调查与分析是一项难度较高的技术工作，尤其是通过桌面调研所得的材料大多为二手资料，可行性分析前应先制定评价指标体系。本活动教师主要从学生掌握节事活动项目可行性的步骤和方法入手，规范节事活动市场调查工作步骤，提升节事活动市场分析能力 |

| 实训建议 |||
|---|---|---|
| 三维度 | 方法能力 | 正确开展节事活动市场调查与分析的能力，应在分析中充分体现调查过程的正确规范和合理分析 |
| | 专业能力 | 掌握节事活动市场调查实施要点，能正确按照市场调查的工作步骤开展调研工作，并依据指标开展分析 |
| | 社会能力 | 团队成员间沟通表达、互助合作能力，调查与分析能力 |
| 工作 6 要素 | 工作环境 | 实训室或多媒体教室 |
| | 工作对象 | 节事活动项目可行性分析 |
| | 工作内容 | 制定节事活动项目可行性分析指标体系，分析节事活动项目可行性 |
| | 工作手段 | 桌面调研、小组讨论、可行性报告写作 |
| | 工作组织 | 项目市场调查与分析工作小组 |
| | 工作结果 | 节事活动项目可行性报告 |
| 工作 6 步骤 | 第一步：信息 | 节事活动涉及范围的相关信息与数据，节事活动项目可行性分析指标体系 |
| | 第二步：决策 | 以项目经理为团队核心，参照可行性分析指标体系进行数据分析与决策 |
| | 第三步：计划 | 明确人员分工与时间控制 |
| | 第四步：实施 | 按人员分工进行节事活动市场调查与分析 |
| | 第五步：检查 | 由小组选派 1～2 名学生阐述可行性分析的结果 |
| | 第六步：评估 | 教师根据节事活动市场调查与分析的工作方法，组织全体学生对各组节事活动项目可行性报告进行评估，着重于实施过程的完整与分工的协调 |

### 思考与练习

一、不定项选择题

1．市场信息搜集主要涉及（　　　　）。
　　A．市场方面　　　　　　　　　　　　　B．产业方面

C. 相关节事活动方面　　　　　　D. 法律方面
2. 可行性研究的特点包括（　　　）。
   A. 专业性　　　B. 科学性　　　C. 时效性　　　D. 统一性

## 二、填空题

1. 节事活动市场调查，就是以_____，有系统、有计划、有组织地_____、调研、_____、整理、_____有关节事活动产品、服务及市场等信息，客观地测定及评价、发现各种事实，用以协助解决有关节事活动经营决策问题，并作为各项经营决策的依据。
2. 按照调查的组织形式不同，可将市场调查划分为_____和_____。

## 三、简答题

1. 简述节事活动市场调查内涵。
2. 简述节事活动市场调查的一般步骤。
3. 简述节事活动市场调查对象和范围。
4. 简述节事活动可行性研究作用。
5. 简述节事活动可行性研究内容。
6. 简述节事活动市场调查类型。

## 四、论述题

试以实际节事活动为例进行市场调查。

# 模块四　节事活动品牌策划与实施

## 知识目标

掌握节事活动品牌内涵及特征；了解节事活动品牌的意义；掌握节事活动品牌定位的步骤和策略；掌握节事活动宣传与推广的内容和手段；掌握节事活动的公关策划。

## 技能目标

具备节事活动品牌识别能力；具有节事活动品牌塑造能力；具备节事活动公关策划能力。

## 素养目标

培养创新意识、品牌意识。

## 案例导入

### 爱丁堡国际艺术节

2024年8月2日，第77届爱丁堡国际艺术节正式开幕，世界各地知名艺术组织与个人相聚爱丁堡，音乐、剧场、电影与视觉艺术节庆活动几乎蔓延整个8月，是全球艺术爱好者与旅人们的关注焦点和狂欢现场。每年8月，爱丁堡就成为全世界备受关注的焦点，一年一度的爱丁堡国际艺术节在这里举办。这段时间，观光游客人数达到顶峰；旅店的老板们笑得合不拢嘴；酒吧得以合法延长营业时间，而新开张的酒吧也特别多。整个爱丁堡因之而忙碌、疯狂。

第二次世界大战期间，欧洲的艺术家面临空前浩劫。英国格莱德堡歌剧院（Glyndebourne Opera House）经理鲁道夫·宾（Rudolf Bing）与众多当时英国艺术界的知名人士齐聚伦敦，共同探讨艺术家在战争期间所面临的困境，萌生了在英国本土找一片未受战争破坏的净土举办艺术节的念头，希望重新为欧洲艺术家找到一个可以互相交流的舞台，甚至打造一个可与奥地利萨尔茨堡音乐节及德国白莱特音乐季相媲美的节事活动。经3年筹划，第一届爱丁堡国际艺术节（Edinburgh International Festival）于1947年顺利举办。选择爱丁堡，除因未受战争破坏，也因该城市素有北方雅典的美名，城市规模也恰当。当时欧洲最负盛名的音乐家和团体，如施纳贝尔、西盖蒂、富尼埃及维也纳爱乐交响乐团，齐聚爱丁堡，共同参与了这一盛事，使得首届艺术节成为一个相当成功的音乐季。艺术节何以成就一座城？城市给节事以文化养分，节事为城市增文化内涵。爱丁堡艺术节作为城市传统文化与现代经济相得益彰之作，值得我们学习借鉴。

1. 在体制上，政府和民间共同参与，良好互动

爱丁堡国际艺术节的巨大成功很大程度上得益于英国政府在艺术管理上宽松有度的体制和特立独行的风格。英国政府大力支持文化事业的发展，把艺术摆在国家生活的中心，

让所有人都有机会接触艺术、享受艺术。他们的理念是：艺术可以改变人，艺术的力量可以改变整个国家人民的生活。而当地居民，以及来自英国国内其他地区甚至国外的游客的极大热情与积极参与，使得艺术节富有生命力，而不仅仅是主办方的孤芳自赏。

### 2. 在内容上，扎根于本土文化也朝向多元

在经济全球化、文化多元化的今天，有鲜明的民族特色才能在世界文化舞台占据一席之地。民间文化的滋养是爱丁堡国际艺术节成功走向世界的重要条件。

城市的历史、社会、文化背景是艺术节独特性的主要来源。主办场地在地理和景观上具有城市特征；节庆活动项目的开发在城市发展战略背景下做出长期规划，所以艺术节充分体现和突出着这个城市文化生态的历史性与多样性。此外，节日不能简单地循环往复，保持自身特色与不断出新同等重要。

此外，77年的发展让爱丁堡的内涵有长足的发展，国际军乐节、戏剧节、音乐节、国际图书节、边缘艺术节等项目一起构成了这场盛宴。边缘艺术节信奉创意无边界，接纳全球各地独立表演者，因此这里有前卫的艺术混搭和不可思议的思想表达手法。

### 3. 在服务上，高质量的配套设施事倍功也倍

世界级的剧目要有世界级的演出活动场所。完备的信息、食宿、交通等公共服务，户外活动空间等配套设施，是构成高质量节庆文化环境的重要因素。

据了解，针对因为视觉、听觉出现障碍或身体残疾而不能享受艺术的人群，艺术节准备了一系列无障碍服务。首先，演出场所都设置无障碍通道；其次，为视障人士准备了语音节目册和特别的触摸游览。此外，每场演出都有字幕，方便听障人士和对理解英语有困难的观众，还有英国手语解说来帮助听障人士"听到"台词。

### 4. 在运作上，重协作、重管理、重宣传、筹备机制完善

爱丁堡国际艺术节分为筹备期、宣传期、演出期和总结期四个阶段，虽然艺术节举办仅有三个多星期，但整个艺术节的管理团队需要至少提前一年就开始为之准备。

每年三月中旬，艺术节会正式发布节目名单并开始首批演出门票预订，自此开始为期半年直至艺术节结束的宣传周期。在此期间，人们可以在艺术节的官方网站、Facebook和Twitter等网络媒体中通过文字、图片和视频了解艺术节的节目和各种活动进展。

正式演出期间，管理团队会雇佣大量临时员工来协助演出团体和剧院完成装台，以及接待来自世界各地的媒体的采访、跟踪报道等工作。根据演出特色和售票情况，市场部还会在艺术节期间推出不同的宣传计划，保障艺术节的顺利运营。

【思考】分析爱丁堡国际艺术节品牌发展定位的特色与创新。

## 单元一　节事活动品牌概述

### 一、品牌的定义

品牌（Brand）一词来源于古挪威文字"brand"，意思是"烙印"。早期人们利用这种

方法来标记家畜,后来也运用到手工业中。原始意义上的品牌起源于古代手工艺人,他们在制作的手工艺品上做某种标记,以便顾客识别产品的来源。这种标记主要是一种抽象符号,因此可以说,符号是品牌最原始的形式。当代世界已进入品牌时代,企业对品牌的理解不再仅仅是一个"标记",而是一个含义更广、更抽象的概念。品牌存在于消费者的心目中,成为企业最重要的无形资产,由此出现了具有现代意义的品牌。

### 1. 国外对品牌的定义

美国市场营销协会(AMA)对品牌定义:"品牌是一种名称、术语、标记、符号或设计,或是它们的组合运用,其目的是借以辨认某个销售者或某群销售者的产品或服务,并使之同竞争对手的产品和服务区别开来。"

广告先驱大卫·奥格威对品牌的定义:"品牌是一种错综复杂的象征——它是产品属性、名称、包装、价格、历史、声誉和广告风格的无形组合,品牌同时也因消费者对其使用的印象以及自身的经验而有所界定。"

品牌专家大卫·菲利普·琼斯对品牌的定义:"能为顾客提供其认为值得购买的功能利益或附加值的产品。"琼斯认为,附加值是品牌定义中最重要的部分。

《牛津英语词典》对品牌的定义:"证明供应者的一种去不掉的标志。"

### 2. 国内对品牌的定义

学者艾丰先生认为:"品牌的直接解释就是商品的牌子"。但在实际运用中,品牌的内涵和外延都远远超出这个字面解释的范围。品牌包括3个要素:①商品的名称,就是平常说的"商标";②企业的名字,也就是"商号";③符号性的识别标记,即商品标志。

品牌专家梁中国认为:"品牌是凝聚着企业所有要素的载体,是受众在各种相关信息综合性的影响作用下,对某种事物形成的概念与印象。它包含着产品质量、附加值、历史以及消费者的判断。在品牌消费时代,赢得消费者的心远比生产本身重要,品牌形象远比产品和服务本身重要。"

学者韩光军认为:"品牌是一个复合概念。它由品牌名称、品牌认知、品牌联想、品牌标志、品牌色彩、品牌包装以及商标等要素构成。"

从以上国内外专家、学者对品牌的定义可以总结出:品牌是制造商、商标、产品和服务质量、标志、色彩、包装等要素的综合,它是一个整体概念。

---

**学习资料**

**与品牌相关的概念**

#### 1. 产品

产品(Product)是指能够提供给市场,被人们使用和消费,并能满足人们某种需求的任何东西,包括有形的物品、无形的服务、组织、观念或它们的组合。产品一般可以分为3个层次,即核心产品、形式产品、延伸产品。核心产品是指整体产品提供给购买者的直接利益和效用;形式产品是指产品在市场上出现的物质实体外形,包括产品的品质、特征、造型、商标和包装等;延伸产品是指整体产品提供给顾客的一系列附加利益,包括运送、安装、维修、保证等在消费领域给予消费者的好处。

### 2. 商标

商标（Trade Mark）是一种法律用语，是生产经营者在其生产、制造、加工、拣选或者经销的商品或服务上采用的，为了区别商品或服务来源，具有显著特征的标志，一般由文字、图形或者其组合构成。经国家核准注册的商标为"注册商标"，受法律保护。商标注册人享有商标专用权。

### 3. 名牌

对于名牌（Famous Brand）最通俗的理解就是知名品牌。"名牌"一词的出现先于品牌概念，它是中国特定环境下的产物。

## 二、节事活动品牌的内涵、特征及意义

节事活动品牌是指能使一个节事活动与其他节事活动相区别的某种特定的标志，它通常由某种名称、图案、记号、识别符号或设计及其组合构成。节事活动品牌主要由商标、品牌名称、品牌标志3部分组成，它主要反映参与者对节事活动的感知和体验，不仅是物质层面的体验，更多的是心理和精神层面的体验，让参与者体验一种新的生活方式。价值、文化和个性是节事活动品牌永葆魅力的关键所在。参与者对不同地域的同类节事活动的感知和体验是有很大区别的，如大连国际服装节、广州国际服装节和江苏国际服装节同样是服装节，但是对于消费者的感知是截然不同的。

### 1. 内涵

节事活动品牌的内涵涵盖了活动消费者和活动产品之间的全部体验。它不局限于物质体验，更触及精神体验，向活动参与者传递一种生活方式。人们在消费节事活动产品时，这些产品被赋予一种象征性的意义，最终潜移默化地影响并塑造着人们的生活态度；人们参与节事活动越来越多地关注精神感受，而非物质产品的物理属性。节事活动品牌最持久的内涵是其价值、文化和个性，这些要素共同构成了节事活动的基础。

### 2. 特征

（1）无形性。品牌是有价值的，品牌的拥有者凭借品牌能够不断地获取利润，而节事活动品牌效应的价值是无形的，它不像企业的其他有形资产那样直接体现在资产负债表中。它必须通过一定的载体来表现自己，直接载体就是品牌元素，间接载体就是品牌知名度和美誉度。目前对节事活动品牌价值的评估还未形成统一的标准，但品牌是节事活动举办者的一项重要无形资产已是事实。

（2）排他性。节事活动品牌排他性是指一项节事活动一经举办者注册或申请专利等，其他的节事活动就不能使用此标志品牌和类似品牌名称从事任何商业活动。节事活动品牌运营过程中，通过良好的质量、独特的个性、持续的创新建立良好的信誉，这种信誉一经参与者认可，很容易形成品牌忠诚。参与者对品牌节事活动的感知和体验是独一无二的，即使同类的节事活动可以被竞争者模仿，也难以产生更大的影响。例如，重庆火锅节，其实并不是只有重庆有火锅节，全国各地的火锅节不计其数，但只要提到火锅节，大多数人马上就会想到重庆火锅节，这就是品牌节事活动排他性的特征。

(3) 风险性。节事活动品牌创立后，在其成长的过程中，由于诸多因素的不断变化，品牌资本可能壮大，也可能缩小，甚至某一品牌在竞争中离开众人的视野。对于节事活动品牌的风险，有时由于客观方面的因素，如社会环境、自然环境、重大意外事故，有时由于主观方面的因素，如策划思路、技术问题、经营服务、现场管理、资金困难等，未能保持节事活动品牌的质量，都会给其品牌的维护带来挑战。

### 案例 4-1　西班牙斗牛节

西班牙是世界上著名的"斗牛王国"。常言道：在西班牙没有不斗牛的节日，也没有不爱看斗牛的地区。近年来，每年有5 000万外国游客进入西班牙，而他们之中的大多数是奔着看斗牛而来的。

西班牙的斗牛历史悠久，13世纪时便有了斗牛节。现在，西班牙共有大小斗牛场400多个，最大的斗牛场可容纳2万人，每年斗牛次数达5 000场以上。斗牛所用之牛是专门喂养的，放养于农村，尽可能减少与人类接触，放养时间是4～6年。

斗牛要举行入场式。首先奏乐。在雄壮奔放的乐曲声中，斗牛士入场。他们身穿绣花紧身衣、紧腿裤，头戴三角帽。斗牛士一般有20多名，由两名骑士率领绕场一周，向观众致意。这之后由主持人宣布斗牛开始。

一场斗牛表演要有6头公牛出场，它们的体重在370～500公斤之间。每斗一头牛大约耗时20分钟。每头牛的名字、年龄和体重都由主持人向观众进行介绍。斗牛士也要介绍给观众。每当介绍到有名气的斗牛士时，全场会报以雷鸣般的掌声。

斗牛士水平的高低，不但要看他挑逗公牛的技术，而且要看他是否有一剑杀死公牛的本领。凡是能一剑结果公牛性命的，主持人会当众宣布褒奖斗牛士牛耳一只；如果他挑逗动作一直出色，还会奖给他牛尾一条。

**3. 意义**

（1）节事活动品牌成为国家、地区或城市的代名词。节事活动是经济发展到一定阶段的产物，尤其是大型节事活动更需要雄厚的经济实力作为支柱。一个国家或地区拥有多少在国际上享有较高声誉的节事活动品牌反映其形象或经济实力；反过来，国家和地区又会不断扶持、强化节事活动品牌的国际地位。从某种意义上说，著名的节事活动品牌是一个国家（地区）或城市的名片。例如，节事活动有"皇冠上的宝石""触摸世界的窗口""城市的面包和奶酪"等美誉。一场成功的国际会议或展览会就是一场形象、生动和直观的新闻发布会。例如，有"经济、科技及文化领域奥林匹克盛会"美称的世博会，就使得众多举办过的城市"腾空而飞"。

（2）节事活动品牌是保证服务与产品质量、赢得消费者信任的重要手段。品牌在设计和塑造的过程中，能够体现企业和产品（服务）的个性，让消费者从众多的品牌中识别出来，是品牌设计最基本的意义。品牌特征个性化，能够使消费者对品牌产生一种"忠诚度"，促使消费者最终成为这一品牌的顾客。在现代经营中，企业总是把品牌当作产品品质的象征，并且把这种影响努力地灌输到消费者心目中，使消费者形成对该品牌强烈、积极、独特的认识，不但可以加深消费者对品牌的偏好，而且可以较大程度上阻止其他品牌进入该领域。节事活动品牌也不例外，虽然制造技术和产品设计很容易模仿，但品牌形象不易模仿，这有助于在市场竞争中形成一道有效的防线。消费者在参与一次重大的活动之前或之后，都可能感到兴奋和激动，常常会问自己是"值"还是"不值"。观众或游客希望通过参与过程在精神上得到彻底放松，获得欢乐和满足。

### 案例 4-2　青岛国际啤酒节的创新与传承

青岛国际啤酒节以不断创新的精神提质升级，年年都有新精彩。从最初的啤酒品尝、文艺演出，到如今的美食好酒、音乐 Live、趣味赛事、文创开发等多元化活动，青岛国际啤酒节成为集文化、旅游、娱乐、商贸于一体的综合性盛会，不仅持续延展青岛国际啤酒节的纵深内涵，也进一步提升了节庆的品牌凝聚力与影响力。

第 34 届青岛国际啤酒节崂山会场对场地焕新，着力打造"在花园里品酒"的松弛感，夏日的浪漫闲适尽在草地繁花与悠扬歌声中。集中品饮区、商务品饮区、品牌啤酒品饮区、海潮市集、潮玩街区五大功能分区实现逛节"不迷路"，好吃、好玩、有好品。

崂山会场内，商务品饮区全面对标德国啤酒品饮场馆标准，结合崂山地域文化，系统化改造提升啤酒花园，打造品质商务单间 9 间，展现了与往年啤酒节不同的、体现崂山区特色的商务啤酒节新模式；品牌啤酒品饮区内来自 11 个国家、18 个品牌、共 93 个品类的啤酒琳琅满目，令人直呼过瘾。

潮玩街区 2024 年首次亮相第 34 届青岛国际啤酒节崂山会场，以未来科技加持节会，让啤酒节这位"老朋友"伴着新时代的脚步轻快起舞。"科技体验 探秘崂山"、3V3 篮球场、亲子乐园、文创商店及休闲区等多个功能区不仅是购物消费、休闲小憩的网红打卡区，同时也成了一道靓丽的风景线。

除此之外，丰富多彩的活动贯穿于整个节庆，带动游客亲身参与到啤酒节中，成为"节中人"，沉浸式体验啤酒泡沫中喷薄而出的活力。第 34 届青岛国际啤酒节崂山会场"雷神杯"电竞嘉年华举行英雄联盟、王者荣耀比赛，将电竞与城市 IP 相结合，为现场观众打造独一无二的旅游、美食、啤酒、电竞多维度体验；青岛国际啤酒节"唱"饮崂山争霸赛广邀来自五湖四海的"酒友"齐聚一堂，向着"酒王"桂冠进发；第 34 届青岛国际啤酒节热血篮球赛，特别邀请到历史上首支闯入"耐高杯"篮球联赛总决赛并获得 2024 年全国亚军的青岛 67 中学篮球队来到现场，为球迷们带来一场高水平的篮球对决……夏日激情尽在这里迸发。

作为 2024 年青岛国际啤酒节的主会场，金沙滩啤酒城引入了青岛啤酒、荷兰喜力、丹麦嘉士伯、德国沃斯坦、葡萄牙超级波克等 2 200 余款国内外品牌啤酒，全新举办"金花奖"精酿大赛，打造国内头部精酿啤酒"体验目的地"，丰富游客啤酒畅饮体验。本届啤酒节期间，金沙滩啤酒城的青西金啤、丹麦嘉士伯啤酒、青岛啤酒 1903 等 9 个啤酒大篷在硬件设施、啤酒、美食、演艺、氛围营造等方面进行了全方位提升，各大篷全部配备空调制冷，篷内温度、湿度环境更加舒适，室温控制在 26℃左右，满足全天候运营条件。"超级 PENG"啤酒畅饮酒墙设置 300 个酒头，打造国内最高品质、最全种类的精酿啤酒一站式畅饮体验，汇集悠航精酿、斑马精酿、迪鲁精酿、山石精酿、优布劳、劳特巴赫等 300 款精酿品牌啤酒，2024 年青岛国际啤酒节"金花奖"精酿大赛获奖作品也在酒墙同步进行展销。

同时，金沙滩啤酒城打造全新的消费场景，首次与旅行社开展深度合作，提供更多精品旅游线路供游客选择，游客既可以自驾参节，也可以通过旅行社享受一站式服务；联手GALA青年社区优化"哈舅"大本营业态，全新推出啤酒节龙年生肖吉祥物、啤酒节服，以及"显眼包"爆款文创、啤酒盲盒，进一步丰富"啤酒+文旅"消费新场景。2024年接续开展国际啤酒节联盟合作机制系列活动，邀请国际头部啤酒节会代表参加，共同探讨世界啤酒节的未来。

## 单元二　节事活动品牌塑造

### 一、节事活动品牌诊断

品牌诊断是节事活动品牌形象定位的基础性工作。通过诊断，节事活动举办者可以准确了解品牌建设工作的起点，在此基础上，确定科学的品牌形象定位及品牌发展目标。在诊断品牌现状时，可从3方面入手。

#### 1. 参与者与观众情况分析

参与者与观众情况包括两者对品牌的态度以及顾客对品牌所形成的看法，可以通过设计调查表和量化指标，在活动前期、中期与后期，对参与者及观众进行跟踪调查，从中得出他们对品牌定位的看法及品牌价值的认可。

#### 2. 品牌内部管理情况分析

品牌内部管理情况包括节事活动的管理、组织、人员、制度、文化等，是否支撑相应品牌的定位等。

#### 3. 品牌成长外部环境分析

品牌成长外部环境包括市场竞争的公平性、法律法规的健全性、国际经济环境的利弊等，为品牌定位奠定基础。

通过以上分析，对节事活动品牌发展的制约因素与有利条件做到心中有数，在品牌的建设中可以有针对性地推进，逐步完善并向外传播。

### 二、节事活动品牌定位的步骤

品牌定位就是在品牌诊断的基础上，针对目标受众的心理需要采取行动，将品牌的功能、特征与目标受众的心理需要联系起来，使品牌进入消费者的视觉领域，并引起消费者的注意和偏好。节事活动品牌定位包括3个步骤。

#### 1. 识别各种可能作为定位依据的竞争优势

潜在竞争优势使节事活动能比其他同类节事活动带给参与者与观众更多的价值，它源于节事活动组织管理的过程，如更符合趋势的主题选择，更优惠的价格，更具代表性、更权威的参与者，更高质量的专业观众，更人性化的服务等。节事活动可以就某一方面的功能进行打造，也可进行全方位的塑造，但并不是所有的潜在竞争优势都能转化为现实中的竞争优势，因为潜在竞争优势转化为现实竞争优势是需要成本的，有些转化成本过高，有些不值得转化，有些时机未到等。

**2．选择正确的竞争优势**

通常能够选作节事活动品牌定位基础的潜在竞争优势必须满足以下要求。

（1）差异性。主题选择上具有创新性是其他节事活动所没有的。即使其他节事活动有，但本节事活动可以在成本、服务或功能方面做得更好。

（2）交流性。节事活动品牌可以向目标受众传达信息，并使他们能够感知得到。这种交流性可以赋予品牌更大的想象空间，可以代表一种文化，给节事活动注入更多的文化内涵。通过节事活动广告、标识语、印刷品、相关活动等可以提升节事活动品牌影响力。

（3）经济性。节事活动的品牌定位必须考虑到目标受众的支付能力，确保他们能够支付得起并愿意为这种定位带来的差异性买单，同时能够形成规模效应。

（4）营利性。节事活动的规模应足够大，可以弥补节事活动在品牌定位时采取差异化策略及相应的管理策略所付出的成本，从而有利可图。

**3．有效地向经过选择的目标市场传达节事活动的品牌定位意图**

持续与顾客沟通是品牌定位很重要的一项工作。例如，可以先花几个月时间，建立顾客的认知、回忆与了解，之后再开始建立顾客的忠诚度。另外，要确保公司对外发出的信息是一致的，不会带给顾客前后不一的感觉。

### 三、节事活动品牌定位策略

节事活动品牌定位通常采用以下5种策略。

**1．情感定位**

情感定位已成为许多品牌定位和诉求的重要切入点。情感定位能直接和间接地冲击参与者的情感体验而具备明显的营销力量，主要体现在两个方面：①节事活动举办地的民众和职工对节事活动的情感。对于举办地的民众来说，节事活动品牌能够真正为他们带来好处，如经济利益、优化环境等；对于职工来说，让他们体会到主人翁的地位，更让他们体会到节事活动策划是集体智慧的结晶。②消费者（游客）对节事活动的情感。因为节事活动高品质的服务、丰富多彩的活动、彰显个性的创新等，可以满足不同游客的需要，并且给他们带来心灵的震撼，由此产生终生难忘的情感。

**2．功能定位**

功能定位就是通过对举办的节事活动各种功能的精心策划与凸显，给参与者提供比竞争对手更多的收益和满足，借此使参与者对节事活动留下深刻印象，实现节事活动某类功能的定位。

**3．利益定位**

利益定位是指直接将节事活动能带给参与者的主要利益作为节事活动定位的主要内容。这种利益既有物质方面的，也有精神方面的。例如，2024年七夕节，重庆某婚纱摄影开展促销，推出了"快乐结婚向'钱'冲——全场2.8折优惠"系列活动，以给参与者带来实实在在的利益为出发点进行定位，获得了情侣们的喜爱和青睐。

> **案例 4-3**
>
> 背景：三八妇女节
>
> 口号：一年之计在于春，美丽的皮肤从春天开始，动人的魅力从专业的花能护肤系列开始。
>
> 目的：营造"喜庆、富贵、亲情"的节日氛围，提升本店知名度，吸引消费者，培养忠实的消费群。派遣专业人员根据每位顾客的皮肤特性及消费层次，制定最实惠、有效的产品搭配方案。同时进行积分卡制营销活动，建立长期或者短期的各类主顾系统。
>
> 活动内容：三八妇女节，白皙女人之约。购买花能产品满500元，即可获赠价值298元的水晶项链一条。
>
> 工具：传单、POP海报、气球等。
>
> 主题软文：女人的美丽要靠自己来呵护，花能缔造漂亮女人，现在开始，关爱自己！白皙女人多情妩媚，时光难以在你身上留下痕迹。白皙、光洁、通透的肌肤，是所有女人心中的渴望。白皙女人自有一番独特的韵味。白亮光洁的水晶，散发长久的魅力。白皙自然的女人，风情万种。当她戴上这条水晶项链，便如你想象中优雅动人。
>
> 风靡全球的水晶项链，彰显女人的清高和优雅，价值298元，愿天下白皙女人灿烂永恒。

**4. 特色定位**

特色定位又称市场空档定位，是指活动举办方寻找市场上尚无人重视或被竞争对手垄断的节事活动领域，进而策划出能符合目标市场需求的节事活动。此种定位方式以差异化为基础，追求与众不同。

> **案例 4-4　中国龙虾节：创新铸就品牌**
>
> 地处江苏北部，淮河下游的盱眙是个拥有2 200多年历史的古县。由于经济欠发达，不仅丰富的资源、灿烂的文化古迹鲜为世人知晓，就是"盱眙"二字，也很少被国人读知。21世纪初，盱眙确立"环境立县、旅游兴县、工业强县"三大方略，从节庆入手，寻找县域经济突破口。盱眙连续成功地举办了24届中国龙虾节，在大江南北掀起一轮轮红色风暴。中国龙虾节极大地提高了盱眙的知名度和美誉度，为老百姓带来了无限商机和财富。盱眙的县域经济也以前所未有的速度超常发展。盱眙的中国龙虾节和"小龙虾、大战略"，为经济欠发达地区县域经济发展探索出一条新路子。
>
> 据报道，2023年，盱眙小龙虾总产值达306亿元，现有相关从业人员近20万，占全县人口的1/4。当下，盱眙已由初期简单的捕捞加餐饮，蝶变为一二三产融合发展的小龙虾全产业链特色县域。在第24届盱眙龙虾节开幕式上，中国品牌建设促进会理事长发布"盱眙龙虾"2024年最新品牌强度达到910，连续9年位列全国地理标志产品区域品牌水产类第一名。开幕式上，签约项目31个，项目总投资249.12亿元；为"锦绣二十四年"盱眙龙虾产业发展风华人物颁奖；举行"盱眙龙虾供应链联盟"启动仪式；举行"淮安

> 地标宴"品牌共建签约仪式……一项项荣誉、一串串数字，见证了龙虾文化与县域发展的交相辉映，掀开了文化节庆与富民强县相得益彰的崭新篇章。中国龙虾节为盱眙打开了开放创新的窗口，构建了推动县域发展的平台，形成了宣传推介、文化交流与经贸合作的重要载体。国内经济学界一些专家学者将中国龙虾节称为"盱眙现象"而加以研究，海内外媒体也热切关注。中国龙虾节把平凡廉价的小龙虾打造成中华美食，为人民群众提供了创业新平台，孕育产生了"五湖四海闯荡，红红火火终身"的龙虾精神。对中国龙虾节加以解读，我们可以这样说，这是办节机制创新、文化创新、品牌创新创造的成功节庆。

#### 5. 公益定位

公益定位是指企业通过做对公众有意义的事业，倡导精神文明新风，并阐述企业自身的文化理念，以对社会负责任的态度，争取公众的认可。例如，2024年7月17日，由中国建设银行内蒙古分行联合呼伦贝尔分行共同申报的"光音活动室"公益项目捐赠仪式在呼伦贝尔市儿童福利院顺利举行。该项目是运用中国建设银行通过中华慈善总会拨付的25万元公益基金为儿童福利院打造一间音乐活动室，项目包括整体装修装饰、线路改造、隔音墙体及三角钢琴等全套设施设备。历经半年的材料申报、项目审核、方案设计、工程招标以及通过捐赠方、受益方、施工方三方的共同努力，活动室落地建成并投入使用。活动室启用后，将进一步丰富孩子们的文化生活，用音乐疗愈孩子们的心灵，助力他们健康快乐成长。

● 学生活动 4-1

活动主题：节事活动品牌塑造认知。
活动目的：能够运用相关策略掌握节事活动品牌定位塑造的步骤。
活动形式：小组活动。
活动内容：以当地某一项节事活动为例，综合采用节事活动品牌定位策略，分组讨论该节事活动品牌的塑造步骤。

## 单元三　节事活动宣传与推广

### 一、节事活动宣传推广的含义与特点

节事活动宣传推广是指对节事活动进行整体的宣传推广，它是围绕节事活动基本目标制定的，有目的、有计划举行的一系列促进建立节事活动品牌的宣传推广活动。一般情况下，节事活动组织者都会指定专门人员负责节事活动的宣传与推广，因为公众和潜在客户主要是通过宣传推广才开始认识和了解该活动。节事活动宣传推广具有以下特点。

节事活动宣传推广的特点

#### 1. 整体性

节事活动宣传推广服务于整个节事活动，是一种整体的宣传推广工作，不能因为要实现节事活动项目的某项目标而忽视其他任务。

#### 2. 阶段性

节事活动宣传推广工作是随着节事活动筹备工作的进行及实际需要而分步骤、分阶段

逐步实现的。不同阶段需要宣传的内容和重点各不相同。所以，节事活动宣传计划的阶段性很强，阶段性目标和任务应十分清晰而明确。

**3. 计划性**

节事活动宣传推广需要全面统筹安排节事活动筹备工作中的各个环节，应加强计划性，给节事活动筹备工作以强有力的全方位支持。

## 二、节事活动宣传与推广的内容

### 1. 节事活动基础资讯的宣传与推广

各种节事活动都需要向参与者详细介绍节事活动的一切基础资讯，包括：

（1）开展节事活动的时间、地点、交通及住宿情况、会务组接待事宜、节事活动时限等。

（2）参与者情况、往届节事活动效果、社会评价等。

（3）参展的要求与条件等。

以上宣传内容主要针对参展方，比较简便的做法是将所有基础资讯编订成册，通过印发邮寄或人员推广的方式进行传播。

### 2. 节事活动相关活动的宣传与推广

在节事活动过程中往往会安排一些活动，一方面可以丰富节事活动的内容，另一方面也可以有效吸引参观者。这些活动不仅是节事活动的有效组成部分，对于一些特定主体的节事活动，甚至可以说是节事活动的重中之重。

节事中的活动包括开幕式、闭幕式、民族风情表演、场内特设舞台的文艺表演、音乐会，以及主题讨论会、研究会等。尤其是那些难得一见的著名音乐家的演奏会与海外艺术表演等，在节事活动举办期间更是备受青睐，能够增加整个节事活动的魅力，成为吸引更多观众前往参观的重要因素之一。

根据类别，可将节事活动相关活动归纳为以下几类。

（1）正式活动。如开幕式、闭幕式及主办方举行的欢迎晚宴等。

（2）主题活动。围绕节事活动主题展开的各类深度交流活动，涵盖讨论会、研究会、电影节等。

（3）交流活动。出展单位主办的活动。

（4）一般活动。音乐演奏会、电影放映、传统艺能展示、街头表演及盛装游行等活动。

（5）市民参加活动。由一般市民资助主办的活动。

节事活动期间活动的宣传与推广可以在很大程度上帮助节事活动聚集人气、突显风格，形成品牌效应。特别是大型节事活动如世界博览会，都将一些重要活动融入节事活动过程，不仅在节事活动场地进行，更可以将活动延展至整个城市，从而实现更大的社会效应和经济效应。在这方面完全可以借鉴一些比较成功的城市文化活动的先例。

### 3. 品牌的宣传与推广

将自己举办的节事活动逐步培育成在国内外有重大影响力的品牌节事活动，是每个节事活动主办单位不懈的追求和执着的梦想。品牌节事活动都是通过对节事活动进行卓有成效的品牌经营才培育出来的，节事活动品牌经营是节事活动进行市场竞争最有效的手段之一。节事活动品牌经营的主要目的，是通过对节事活动进行品牌化经营，提高节事活动的影响力和市场占有率，并努力使本节事活动在该题材的市场上形成一种相对垄断，因此节事活动品牌的宣传与推广应着力于独特性与排他性，可以在宣传过程中突出品牌节事活动在行业或领域中的不可替代性。

企业通过负担举行这类活动的部分或者全部资金的方式，获得向观众宣传企业或企业产品的机会。另外，设立举行活动的专用舞台，还需舞台装置布景、音响照明、计算机控制灯具等业务方面的专家协助。企业在协助节事活动打造舞台的过程中，也为企业自身的品牌宣传和产品推广提供了有力的平台。

### 三、节事活动宣传与推广的手段

节事活动宣传与推广在执行手段上是多种多样的，应根据财力、人力以及节事活动本身的特性选择组合使用。当前比较常用的手段包括广告、新闻宣传、公关活动等。当然，传统的人员推广模式仍是适用的，特别是作为节事活动的组织者，利用现有条件开展与潜在客户之间的直接人员推广仍是相当有效的方式。特别是作为节事活动组织者的政府部门、行业协会等，可以采用直接发信函、人员联系等手段进行相关的宣传与推广工作。

必须看到的是，节事活动的市场化程度越高，其宣传与推广工作对市场化的运作方式的依赖也就越高，因此以下主要介绍几种市场化操作中常见的宣传推广方式。

**1. 广告**

广告是节事活动宣传的重要方式，也是吸引潜在客户和公众的主要手段之一。节事活动广告的范围可以覆盖已知的和未知的所有参与者，可以将节事活动情况传达到直接联络所遗漏的潜在客户和公众，也可以加强直接联络的效果。这是覆盖面最广、最昂贵的节事活动宣传手段之一，因此必须目标明确，根据节事活动的需要、意图和实力有效安排。

广告预算决定广告规模，要根据需要和条件决定预算。选择合适的媒体是降低成本、提高效率的最好办法。同时，广告的时间也需要安排，在一般情况下，不要将广告集中在节事活动开幕前几天，而应该在三四个月之前就开始，广告不仅可以安排在节事活动之前，还可以安排在节事活动期间和节事活动之后。节事广告活动具有相当的专业性，最好的方式是与广告代理公司合作，从而实现广告宣传的最佳效果。

节事活动推广
——平面广告

**2. 新闻宣传**

新闻宣传费用一般较低，因为通常情况下新闻采访与报道是免费的，同时新闻报道的可信性较大，效果不错。新闻宣传必须在节事活动之前、期间和之后连续进行。节事活动组织者一般都在节事活动期间设有专门的新闻宣传部门，该部门的工作人员应该具有良好的媒体背景，熟悉新闻宣传的手段与一般规律，并能够与专业新闻人员有效沟通，和记者、编辑、摄影师、专栏作家等都能够保持联系。良好的人际关系有助于获得媒体的最大支持并获得高效、正面的报道。

新闻宣传工作的一般流程如下：

（1）任命新闻负责人或开始联系委托代理，收集、整理、更新目标新闻媒体和人员名单。

（2）制订节事活动新闻工作计划。

（3）举办节事活动记者招待会，发布节事活动基本信息。

（4）收集媒体报道情况，如果在节事活动期间向记者做出过承诺，一定要尽快予以办理或告知何时办理。

（5）向未能参与节事活动的记者寄送资料。

（6）向出席节事活动招待会、参与节事活动的记者致感谢信，向所有记者寄送节事活动新闻工作报告。

（7）迅速、充分地回复节事活动新闻报道引发的读者来信。

（8）与媒体保持联系。

在新闻宣传工作中，节事活动组织者特别需要注意新闻稿和新闻图片。新闻稿是组织者提供给媒体的主要且基本的新闻资料，质量高、内容新、符合新闻写作要求的新闻稿被广泛应用的可能性就大。优质的新闻图片可以直观体现节事活动现场的效果或主题，比好文章更易被采用。

### 案例 4-5　江西森林旅游节项目招商推介会

为推动江西森林旅游产业高质量发展，由江西省林业局主办，靖安县人民政府、宜春市林业局、省森林旅游协会协办的"2021江西森林旅游项目招商推介会"在靖安召开。江西森林旅游项目招商推介会秉承旅游搭台、经济唱戏的办节初衷，在江西全省择优选择一批招商项目，制定招商手册，专门邀请省内外20余家知名企业赴相关市、县进行实地考察和投资洽谈，助力林区乡村振兴和当地招商引资。

推介会围绕江西丰富的森林旅游资源和产业发展需求，精心收集、筛选28个森林旅游招商项目，涵盖温泉康养、童趣乐园、民俗文化、运动滑雪等多个方面，集中展示江西优质的森林旅游资源，供来自各省市的投资企业和客商进行考察调研，争取吸引更多优质文旅企业投资江西。推介会上对靖安、湖口、贵溪、万载、樟树、龙虎山、龙南等县市森林旅游项目进行了重点推介，参会各投资机构代表、文旅企业代表以及旅游规划专家均表示对江西发展森林旅游事业充满信心，也为江西能更好地发展森林旅游事业提供了许多宝贵的建议。

江西作为我国南方重点集体林区，森林覆盖率高达63.1%。近年来，江西以森林资源为依托，创新发展新模式，举办鄱阳湖国际观鸟周、森林旅游节等系列品牌活动，积极向全社会推介江西优质的森林旅游资源和项目，吸引国内外游客和企业家来江西休闲度假、投资兴业。

### 3. 公关活动

为扩大节事活动影响、吸引潜在客户和民众、促进经济贸易，节事活动组织者往往要通过会议、评奖、演出等公关手段对节事活动进行宣传。这些公关活动通常不是单纯地为节事活动服务，还兼顾政策宣传、文化交流等社会责任。公关活动不仅可以帮助组织者争取到更多来自当地政府的支持，同时也可以有效地在参观者中引起共鸣。

报告会、研讨会、交流会等会议形式是节事活动过程中最为普遍的公关手段。会议可以吸引行业管理者、决策人物、专家、学者参与，这些人往往具有相当的影响力，参展商往往希望通过参加会议获得国家经济动向、政策发展等信息。

评奖活动的公关效果更为明显，一般由节事活动组织者发起，参展商参加。评奖团多由专家组成，评奖结果通过媒体宣传。例如，每年一度由《南方日报》集团等单位举办的广州房地产交易会都会评选出当年最佳楼盘、最佳开发商等多个奖项，不仅极大地调动了参展商的积极性，也使参观者增强了对节事活动的信赖感。

**案例 4-6** 第 28 届中国丝绸之路吐鲁番葡萄节评比活动

2019 年 8 月 22 日，吐鲁番市举办第 28 届中国丝绸之路吐鲁番葡萄节"吐鲁番葡萄"和"吐鲁番葡萄之最"评比（选）暨"吐鲁番礼物"评选活动，评选出了最优质的"吐鲁番葡萄"和 27 个"吐鲁番葡萄之最"作为吐鲁番礼物在葡萄节展出。

评选现场共展出了各区县选送的"无核白""无核白鸡心""淑女红""火焰无核""吐鲁番红葡萄""马奶子""波尔莱特""无核紫"8 个品种的 225 个葡萄样品。来自新疆内外的评选专家根据参评葡萄的理化指标和感官指标，从"穗重""粒重""果面""色泽""口感""整齐度""紧密度"等 7 个方面进行打分，评选出一等奖 8 个、二等奖 13 个、三等奖 13 个，并根据颗粒大小、长度、甜度等评选出 27 个"吐鲁番葡萄之最"。

国家葡萄产业技术体系果实品质调控科学家、新疆农科院园艺所研究员表示，吐鲁番展示了很多品种，如"无核白""马奶子"等，而且这些品种质量比以前更好，能够反映吐鲁番葡萄的优质，也能够充分体现吐鲁番葡萄产业在逐步做强做大。通过此次活动市民能够了解什么样的葡萄是好葡萄，从而推动整个吐鲁番地区的葡萄产业进步。

2024 年 8 月 16 日，以"吐鲁番的葡萄熟了"为主题的第三十届中国丝绸之路吐鲁番葡萄节在新疆吐鲁番市开幕。本届葡萄节为期 3 天，举办了吐鲁番葡萄、葡萄干、葡萄酒、文创产品等"吐鲁番礼物"品鉴、展示、销售活动，旨在延伸葡萄文化传播，拓展旅游节庆消费，推动文化旅游产业高质量发展。

**4. 媒体传播**

媒体主要是指大众传媒，如广播、电视、报刊、电影、网络等载体。传播是指根据一定的目的，通过各种信息传达方法影响他人意识和行为的社会活动。媒体传播的策略与原则包括明确传播的目的和目标、了解传播对象情况、准确选择目标媒体、确定媒体使用的重点、科学合理地进行媒体组合（整合）、从实际出发制定传播策略等。

在节事活动宣传时，要正确处理与大众媒体的关系，有计划地针对目标记者，视工作需要增加双方见面的机会；为媒介提供有用的新闻素材和信息源，尽量满足记者对信息的需求，提供吸引媒介的新闻，并成为可靠的信息来源；巩固、加深与媒介的沟通和合作，与目标媒介、业界重要媒介开展内容合作，力争成为业界权威内容的提供者，如人物采访、业界分析等；与目标媒介在会务、节事活动及论坛等方面进行合作，充分发挥媒介的优势，为开展的活动营造氛围；与目标媒介开展广告、营销方面的合作，为媒介创造效益，为组织提高美誉度。借助组织本身开展的活动，力争各主要媒介作为支持单位，以此建立各种深入合作的模式。

媒体传播和媒介关系是新闻策划的关键。新闻策划借助新闻媒介，协调政府、团体、相关机构等公众的关系，遵循新闻规律，站在企业（组织）整合营销的高度，整合企业（组织）优势资源，通过蓄势、借势、造势这一系统工程，树立企业（组织）、产品形象，引导并创造消费需求，为企业（组织）营造良好的外部环境。

节事活动一般以社会活动为主，这类活动的传播出发点和落脚点都是公众利益最大化。传播具有社会性。传播的内容是在事件和时代背景下提炼出来的新闻，具有较强的传播性和转发性，较容易吸引大众的关注和参与。节事活动的新闻策划与其他新闻策划有所不同。新闻策划的流程如下。

节事活动推广——新媒体

（1）新闻策划创意的构思与新闻点的提炼。此阶段涉及对新闻价值的深入判断与分析，旨在通过蓄势、借势、造势等策略（强调首发性、新颖性），确保新闻内容具备高度的影响力、时效性和相关性。

（2）新闻活动方案的制定。这一环节涵盖实施方案、传播策略、财务预算、工作制度的制定以及必要的报批文件、请示报告等文案的撰写工作，确保活动的每一个环节都有明确的规划与指导。

（3）目标媒介的确定与媒介策略规划。通过对新闻活动特点与媒介特性的深入研究，选择最合适的媒介平台，并制订媒介合作计划，以实现活动信息与媒介资源的有效对接。

（4）新闻活动工作会议的召开与任务分配。组织召开工作会议，明确各参与方的职责与任务，确保活动筹备工作有序进行。

（5）新闻稿件的撰写。这一环节涵盖新闻稿、领导讲话稿、活动流程说明、背景资料介绍、组织概况及活动手册等内容的编写，确保信息全面、准确、吸引人。

（6）记者的邀请。根据活动需求，精准识别并邀请目标记者，确保报道的覆盖面和影响力。

（7）记者的接待与服务。这一环节包括会前的沟通准备、会议期间的细致接待与服务，以及会后的持续沟通。对于未能到场的重要媒介，需及时采取措施补发稿件，确保信息传递无遗漏。

（8）现场管理与氛围营造。确保活动现场安全有序，同时营造热烈、隆重的氛围，提升活动的整体效果。

（9）新闻传播的实施与监控。通过广播电视、报刊、网络等多种渠道发布新闻，并实施有效的传播跟踪与控制，确保信息的准确传递和广泛覆盖。

**5. 网络营销**

网络营销是指利用互联网络作为手段，从而达到营销的目的。网络营销不仅仅是网上销售，而是企业（组织）现有营销体系的有力补充；网络营销是4C（整合营销）营销理论的必然产物。网络营销包含的内容很广，主要有网络市场调查、网络消费者行为分析、网络营销策略制定、网络产品和服务策略、网络价格营销策略、网络渠道选择与直销、网络促销与网络广告、网络营销管理与控制等。网络营销并不是单纯指网络技术，而是更侧重于市场营销，服务于产品及企业的营销体验。

网络营销利用互联网来替代或部分替代（补充）传统营销的媒介，如报刊、邮件、电话、电视等，其实质是利用互联网对产品的售前、售中、售后各环节进行跟踪服务，自始至终贯穿在企业（组织）经营的全过程。它是企业（组织）以现代营销理论为基础，利用网络技术和功能，最大限度地满足客户需求，以开拓市场、增加盈利为目标的经营过程。网络营销是由网络客户、市场调查、客户分析、产品开发、销售策略和反馈信息等环节组成的、强有力的营销方法之一。

### 6. 代理销售

这一策略旨在通过利用代理商，尤其是国际代理商的网络与资源，来提升节事活动的国际知名度。通过委托代理商进行销售推广，不仅能够吸引大量的海内外游客参与活动，还能吸引具有广泛影响力的演出团体加盟。

### 7. 宣传册等印刷品的设计制作

对于宣传册等印刷品的制作，从创意设计到最终印刷，每一个环节都需严格把控。要求字迹清晰易读，色彩鲜明醒目，图案与文字的比例恰到好处。

### 8. 公共宣传

公共宣传是最便宜的宣传手段。公共宣传是指企业（组织）为实现销售指标，以非付费的方式从报刊、电台、电视等各种媒体获得编排的版面和播放时间，供节事活动的消费者和潜在消费者读到、看到、听到的各种活动。公共宣传作为一种高效的营销手段，发挥着以下几项作用：一是重新激发公众对日渐失去新鲜感与吸引力的节事活动的兴趣；二是通过吸引公众目光，显著提升节事活动的知名度。企业（组织）在进行公共宣传时，需依托特定媒体或公开展示平台，这决定了其使用频次有限且呈现突发性特点，然而，其产生的效应却是显著的。

与其他促销手段相较，公共宣传具有以下特点：①其可信度较高，原因在于公共宣传由第三方执笔，在新闻媒体上广泛传播，既反映了消费者的利益，又融入了公众的观点，因此，消费者认为它是一种客观且真实的存在；②对于那些对广告或人员推销持保留态度的消费者而言，他们往往不会对企业（组织）的新闻报道产生反感，毕竟这是一种新闻性质的活动，让消费者在心理上更容易接受，无须担忧被骗；同时，对于企业（组织）而言，公共宣传的成本效益显著，无须花费巨资购买媒体版面或时段，而其所带来的价值，有时甚至远超数百万广告费用的效果；综上所述，公共宣传的费用支出，在众多促销工具中，无疑处于相对较低的水平。

#### ○ 学生活动 4-2

活动主题：认识节事活动宣传与推广。
活动目的：掌握节事活动宣传与推广的手段，并能撰写宣传与推广方案。
活动形式：小组活动。
活动内容：为已经策划的中小型节事活动撰写宣传与推广方案。宣传与推广方案不少于 500 字，具有可操作性。

## 单元四　节事活动公关策划

"公共关系"简称"公关"，源自英文"Public Relations"，其缩写为 P.R.。尽管这一概念已广为人知，但对于"什么是公关、什么不是公关"还存在着很多分歧。美国公关协会

（The Pubic Relations Society of America，PRSA）对公关的定义是："公关是帮助组织和所处的社会群体达到互利的一种手段。"徐鼎亚主编的《市场营销学》（2004版）中对公共关系的定义是："公共关系是企业通过公共传播和对特殊事件的处理，使自己与公众保持良好关系的活动。"从徐鼎亚给出的定义中可以得出，公共关系进行的手段就是公共传播和对特殊事件的处理这两种。

节事活动公关策划的种类主要包括专题活动策划、新闻发布会、赞助活动、庆典活动、参观活动、联谊活动等。

## 一、专题活动策划

专题活动中应掌握以下 3 点。

### 1. 专题活动以社会传播为目的

专题活动以社会传播为目的，旨在通过有计划、有步骤地组织众多人参与，协调社会活动，以达到传播信息、影响公众意识和行为的目的。例如，中国银行斥巨资赞助香港"97回归"期间在香港维多利亚港举办的烟花大会演，目的就是传播中国银行的良好形象。

### 2. 众多人参与的社会活动是专题活动定义的基本条件

大型节事活动要满足两个基本条件：一是活动社会化，二是活动参与人数多。以香港烟花会演为例，其不仅覆盖整个香港，更吸引了上百万人参加活动，加上电视转播，其影响的人数就更多了。

### 3. 活动是有组织、有计划、有步骤的社会协调行动

如果不是协调行动，再多人参与也不能算是专题活动。

群体策划是一种人才组合的集体策划形式。其具体形式为组成一个策划小组，由策划小组共同完成策划任务。策划小组的最佳构成应涵盖多学科成员，并吸纳经验丰富的前线工作者参与其中。这样的组合不仅有利于知识与信息的互补，更能促进思维碰撞，激发创新的火花。

策划小组的工作步骤可以归纳为 5 句话 20 个字：分头调研、共享信息、独立思考、小组讨论、专人提炼。策划小组的成员分头收集、整理、研究基本的调查资料。然后将个人收集、整理、研究的初步结果向策划小组成员互相通报，形成第一次信息冲撞效应。各人又再次独立构思至一定程度，由项目召集人召开策划小组讨论会。这个策划小组讨论会是脑力激荡的过程，互相启发，十分有利于创造性意见的产生。有时一次会议未必产生结果，就必须重复前面的程序，择日再召开会议，直至得出一个基本结论。最后由指定的专人将策划小组的研究成果整理成方案，或者由不同的人撰写不同的方案，形成多个方案。这是运用群体智慧执行的策划方式，其最大的优点是知识互补和产生冲击思维的力量。

## 二、新闻发布会

新闻发布会，又称为记者招待会，严格来讲二者不太一样。新闻发布会侧重于发布新闻，如企业（组织）做出了某项重要的决策，研制生产了某种新产品或推出了某项对社会有重大

影响的革新项目。企业（组织）若想通过大众媒介把这些信息广泛地传播出去，就可以举办新闻发布会。

记者招待会则有所不同，它不一定是有新闻发布，其主要目的是借助新闻媒介与公众进行沟通。任何企业（组织）在与社会各界公众的交往中，难免会遇到许多错综复杂的问题，如与外单位的法律纠纷、社会舆论的批评、新闻媒体的公开指责，或是受到某一其他社会组织的不实指控等。当这些问题发生之后，企业（组织）为了挽回形象并争取舆论的支持，借助新闻媒介传递真相、澄清事实，引导公众舆论，树立或维护形象，就有必要召开记者招待会。

要使新闻发布会成功召开，达到预期的效果，在新闻发布会召开之前、召开之中、召开之后都需要做好多方面的工作。

**1. 确定必要性和主题**

研究并分析是否有值得广泛传播的信息，传播的信息是否具有新闻价值，是否具有新闻传播紧迫性，是否是新闻传播的最佳时机等。一般来说，新产品问世，新技术开发，新项目合作，企业开业或倒闭、合并或转产，重大纪念活动，重大危机事件等，都具有一定的发布价值。

**2. 确定时间和地点**

举行新闻发布会在时间上应该尽量避开节假日和有重大社会活动的日子，以免记者不能来参加。在地点选择上，主要是考虑给记者创造各种方便采访的条件，如录像与拍摄所需的辅助灯光、视听辅助工具、幻灯片或视频的播放设备，适合记者使用的桌椅、电话机、传真机等，以及交通是否方便、地点是否安静等。

**3. 确定邀请的对象**

确定邀请的对象时，应根据新闻发布会的主题有选择地邀请有关的新闻记者参加，如经济、文化教育、体育、社会生活、法制等领域，都有不同的媒介工具或不同的媒介记者。还要根据消息发布的范围确定记者的覆盖范围和级别，选择报纸、杂志、广播、电视户外媒体、网络媒体、新媒体等媒介的记者，并考虑媒介是地方性、区域性，还是全国性的。邀请对象一经确定，应提前7～10天发出邀请，临近开会时还应打电话联系落实。

**4. 选定主持人和发言人**

由于记者的职业特性和习惯，他们倾向于提出一些尖锐、深刻甚至很棘手的问题，这对主持人和发言人提出了很高的要求。主持人和发言人除具有较高的文化修养和专业水平，还要思维敏捷、口齿伶俐。主持人一般由企业（组织）中公共关系机构的负责人担任，首先介绍会议的基本情况和议程，再由发言人进行发言。发言人应由企业（组织）的高级领导担任，因为他们熟悉组织的整体情况和方针、政策，发布消息和回答问题具有权威性。主持人和发言人都是企业（组织）形象的化身，在外表形象的设计方面也应下一番功夫，服饰仪表、言谈举止都应该给人以礼貌、真诚的感受。

**5. 准备好发言、报道提纲，以及宣传辅助材料**

根据会议的主题收集有关信息，写出准确、生动的有关资料，如主持人的讲话提纲、发言人的发言稿、答记者问的备忘提纲、新闻统发稿、会议报道提纲、所发新闻的有关背景材料和论据材料，以及有关的图片、实物、影像等辅助材料。此举既为会议的主持人和发言人提供有益的参考提示，也为记者充分理解所发新闻信息及有关问题提供帮助，并为记者的采访报道提供方便和参考。需要特别注意的是，会前应将会议主题、发言稿和提纲在企业（组织）内部通报一下，以防会上口径不一而引起记者的猜疑和混乱。

#### 6. 会议费用预算

根据新闻发布会的规格和规模做出可行的经费预算。预算涵盖多项费用，具体包括场租费、会场布置费、印刷品费、茶点费、文书用品费、音响器材费、邮费、电话费和交通费等。需要用餐时还应加上餐费。

除以上几点会前准备工作外，有时会后还需要组织记者实地参观采访，这项工作需要有专人接待，安排好参观路线和范围。

> **案例 4-7** 乐昌桃花节系列活动新闻发布会召开
>
> 2019 年乐昌桃花节系列活动新闻发布会在乐昌市政府礼堂一楼会议室召开。发布会上，首先由乐昌市副市长致辞。然后乐昌市旅游局局长介绍了 2019 年乐昌桃花节系列活动，并诚挚邀请各地游客共赴一场乐昌的"桃花盛宴"。
>
> 2019 年乐昌桃花节的主题是"邂逅花海 浪漫乐昌"，旨在以"乐昌公主"的典故，将乐昌打造成"爱情桃花源"的时尚旅游胜地。此次桃花节的主会场设在乐昌市的九峰镇，分会场有以 2019 年"乐昌桃花杯"象棋大赛全国女子甲级联赛第三阶段比赛和乐昌手信展销为主的北乡分会场、以游园品酒为主的誉马葡萄酒庄园分会场、以激光水幕音乐节为主的城区分会场、以"为爱盛开，邂逅和村"浪漫桃花文化游系列活动为主的长来和村分会场以及以采茶节系列活动为主的庆云分会场。游客可带上家人朋友去一探乐昌桃源胜景，尽享明媚春光。

### 三、赞助活动

赞助活动是社会组织或企业无偿地提供资金或物质支持某一项社会事业或社会活动，以获得一定形象传播效益的公共关系专题活动。它可以使提供赞助的组织或企业与赞助的项目同步成名，是一种信誉投资和感情投资行为，也是一种有效的公共关系手段。赞助活动的基本类型主要有赞助体育活动、赞助文化活动、赞助教育事业、赞助慈善福利事业、赞助纪念活动和赞助特殊领域。赞助活动的基本步骤如下。

#### 1. 明确赞助目的

每次赞助活动都有它的目的。赞助活动的目的一般有以下几种：①追求新闻效应，扩大社会影响；②增强广告效果，提高经济效益；③联络公众感情，改善社会关系；④提高社会效益，树立良好形象。

#### 2. 选择赞助对象

社会组织或企业可以主动选择赞助对象，也可以请求决定赞助对象。不论是什么情况，都要依据自身的发展战略和公共关系目标来选择和确定。

### 3. 制订计划与具体实施

提供赞助的社会组织或企业要由赞助委员会根据赞助方向和政策，根据组织或企业的经济实力等，提出年度赞助计划，写明赞助对象的范围、费用预算、赞助形式、组织管理办法等，以做到有计划、有控制地进行活动。计划制订好以后，要派专门的公共关系人员负责各项赞助方案的具体实施，运用公共关系技巧去扩大组织或企业的社会影响。如果遇到不正当赞助要求和摊派，应坚决拒绝，必要时可诉诸社会舆论和法律。

### 4. 检测赞助效果

赞助活动结束之后，组织或企业应对赞助效果进行调查检测，可以对照计划检测指标完成情况，还可以收集社会公众、新闻媒体和赞助者的看法，找出差距，评定效果，写出报告，存档备查。

## 四、庆典活动、参观活动、联谊活动

在公共关系专题活动中，除了前面所讲的新闻发布会以外，还有庆典、参观、联谊等多种常见的活动。

### 1. 庆典活动

庆典活动是社会组织或企业为庆祝某一重大事件而举行的一种公共关系专题活动，如开业或周年庆、新设施奠基、展销会开幕等。目的在于联络公众、广交朋友、增进友谊、扩大影响。组织或企业举行一次气氛热烈、隆重大方的庆典活动，就是一次向社会公众展示自身良好形象的机会，它体现出领导人的组织能力、社交水平及企业文化素质，往往成为社会公众取舍亲疏的重要标准，因此庆典活动必须进行精心策划和组织。庆典活动实施的基本步骤如下。

（1）拟订宾客名单。邀请的宾客一般应包括政府有关部门负责人、社区负责人、知名人士、社团代表、同行业代表、新闻记者、员工代表和公众代表等。名单拟订后，提前7～10天发出请柬，以便被邀宾客安排时间。

（2）确定典礼程序。庆典程序一般为：宣布典礼开始，介绍重要来宾，领导或来宾致贺词，主办者致辞，剪彩。其间可适当安排一些助兴节目，以渲染气氛，提高兴致。应及时发放宣传资料并赠送纪念品。

（3）安排致辞、剪彩人员。致辞、剪彩的主办方人员应是组织或企业的主要负责人，致辞要言简意赅，起到融洽关系的作用。致辞、剪彩的客方人员应是地位较高、有一定声望的知名人士。要事前安排好他们的座次或站位。

（4）安排典礼后活动。庆典活动基本程序快结束时，可以组织来宾参观工作现场、生产设施、服务设施或商品陈列等，这是让上级、同业和社会公众了解自己、宣传自己的好机会；也可以通过座谈、留言等方式广泛征求来宾意见，总结完善。

庆典活动的形式并不复杂，时间也不长，但要办得隆重热烈和丰富多彩，给人强烈、深刻的印象并不容易。要使这次活动达到预期目的，公共关系人员应有冷静的头脑和充分的准备，善于用热情的举止感染公众，有序地指挥调动现场。否则，在程序安排和具体接待中稍有不慎，不但使典礼扫兴，还会影响组织的整体形象，其内部的损失是难以估计的。

### 2. 参观活动

参观活动是社会组织或企业为了让公众更好地了解自己，向公众宣传自己，表明自身的存在，或为了消除某种误解而进行的开放活动。通常由公共关系部门负责组织一些社会公众到组织或企业内部来考察、参观，使公众了解真相，增加兴趣和好感。虽然这项工作很麻烦，但却可以较好地提高美誉度。组织参观活动要做好如下主要工作。

（1）明确目的主题。对外参观活动的目的一般有几种：提高知名度；已有良好的美誉度，有关方面主动要求参观；产生了误解和隔阂，希望借此消除和澄清；融洽自治与公众的关系，联络感情，广结良缘。

（2）安排时间和路线。开放参观的时间最好能安排在组织的一些具有特殊意义的日子，如开业典礼、周年纪念节日之前等。应尽量避开假期和节日期间，并且要考虑季节和气候因素。要留有足够的时间做准备工作，较大规模的参观开放活动需3～6个月的准备时间，更大规模或极为特殊的参观活动则需要更多时间。参观路线应提前划分好，以免参观者超越参观范围而出现意外事故或造成不必要的麻烦，防止组织或企业的秘密泄露和保证工作秩序的正常进行。

（3）成立机构和安排程序。如果要把参观活动办得尽善尽美，最好成立一个由组织或企业领导人、公共关系人员、行政业务和人事部门人员组成的专门机构，明确分工，紧密配合。程序的安排也很重要，几点开始，一次接待多少人，由什么人出面接待和陪同，参观以前除了发放宣传资料外是否还需要先看视频、幻灯片或计算机资料，在什么地方设立路标，有无休息的地方和茶水饮料，是否合影留念，纪念品如何发放等，都需要精心安排。

### 3. 联谊活动

联谊活动是以实现一定合作目标为宗旨的信息沟通和感情交流专题活动。企业之间经常开展这类活动。开展联谊活动需要注意的问题如下。

（1）选择联谊对象。联谊对象的选择要遵循互助互利的原则，它必须是联谊的双方或多方都有联谊的要求、联谊的内容、联谊的能力，三者缺一不可。选择联谊对象的过程就是一个奠定联谊活动基础的过程。

（2）确定联谊层次。联谊活动是有层次的，由低到高、由浅入深。一般可以分为3个层次：第一是感情型的，以联络感情为主，如利用节假日、周年庆等机会，互致信函、互赠纪念品、出席庆祝活动，相互留下良好印象，为以后的联系奠定感情基础。第二是信息型的，以互相沟通信息为主要内容，就各自掌握的与双方有关的信息进行交流，如原材料信息、销售市场信息、资金市场信息、技术合作信息和学术研究信息等，使双方面对新信息掌握主动权。第三是合作型的，这是高层次的联谊，是联谊活动成果的最终体现。通过一些生产项目、经营项目、研究项目的合作，促进双方经济效益和社会效益的提高。这是一种实质性的联谊，是组织中公共关系人员的着眼点和落脚点。

（3）遵循联谊原则。首先要遵循真诚的原则，绝不损人利己、损公肥私。其次要遵循互惠互利的原则，应在不损害社会利益的前提下使联谊双方共同受益。最后还要遵循效益的原则，争取在有限的时间和空间范围内取得最大的效益。

◯ **学生活动 4-3**

活动主题：认识节事活动公关策划活动。
活动目的：能够综合运用公关策划方法进行节事活动公关策划活动。
活动形式：小组活动。
活动内容：以重庆火锅节为例，讨论如何进行该节事活动公关活动。

## 实训项目五　节事活动品牌宣传与推广改进方案

| 工作任务 | 组织学生参观当地正在举办的节事活动现场，有针对性地利用市场调查方法，对主办方、参展商、专业观众进行节事活动现场宣传与推广措施的调研，并结合节事活动品牌策划的知识，分析本届节事活动的品牌定位，对节事活动宣传与推广措施的优势与不足提出改进意见 |||
|---|---|---|---|
| 实训提示 | 组织分工：教师将学生每 4～6 人分成一组，每组选出 1 人担任组长<br>任务研究：教学应放在正在进行的节事活动现场，避免在教室理论化讨论；结合节事活动现场的状况，并通过市场调查方法与主办方、参展商、专业观众沟通，分析与改进宣传与推广策略，贴近实际<br>注意事项：教学过程中主要运用以访谈法和观察法为主的市场调查技能，教师在组织学生前往节事活动现场之前，应先组织学生做好充分的前期调查准备工作，在进行现场访谈过程中，应有针对地示范并指导学生对主办方、参展商、专业观众的访谈行为 |||
| 实训建议 ||||
| 三维度 | 方法能力 | 市场调查能力、分析辨别能力、策划创意能力 ||
| | 专业能力 | 节事活动市场调查能力、节事活动宣传与推广能力、节事活动品牌定位策划能力 ||
| | 社会能力 | 市场调查与工作计划制订能力、团队创意策划能力 ||
| 工作6要素 | 工作环境 | 正在举办的节事活动现场 ||
| | 工作对象 | 节事活动项目实施状况；主办方、参展商、专业观众对节事活动品牌定位的看法 ||
| | 工作内容 | 制定节事活动品牌调查方案、进行现场调查、节事活动品牌策划、节事活动品牌宣传与推广 ||
| | 工作手段 | 创意策划、小组讨论、现场访谈、报告写作 ||
| | 工作组织 | 节事活动品牌调查和策划、宣传与推广工作小组 ||
| | 工作结果 | 节事活动品牌宣传与推广方案改进意见 ||
| 工作6步骤 | 第一步：信息 | 节事活动策划信息，主办方、参展商、专业观众信息，市场调查信息 ||
| | 第二步：决策 | 以组长为团队核心，形成有效的团队工作计划、实施步骤与决策方法 ||
| | 第三步：计划 | 节事活动项目市场调查和品牌策划、宣传与推广工作步骤 ||
| | 第四步：实施 | 团队策划、方案制定、现场访谈、报告写作 ||
| | 第五步：检查 | 在调查结束后，每组选派 1 名学生进行小组工作过程以及品牌策划、宣传与推广介绍 ||
| | 第六步：评估 | 教师根据节事活动品牌策划、宣传推广的方法，组织全体学生对各组现场工作情况及节事活动品牌宣传与推广改进方案提出评估与指导意见 ||

## 思考与练习

### 一、不定项选择题

1. 节事活动品牌的特征是（　　）。
   A．无形性　　　　B．独特性　　　　C．风险性　　　　D．具体性
2. 能够选作节事活动品牌定位基础的潜在竞争优势必须满足的要求是（　　）。
   A．差异性　　　　B．交流性　　　　C．经济性　　　　D．营利性
3. 节事活动宣传推广的特点是（　　）。
   A．整体性　　　　B．阶段性　　　　C．计划性　　　　D．开放性

### 二、填空题

1. 节事活动品牌是指能使一个节事活动与其他节事活动相区别的某种特定的标志，它通常由某种名称、_____、_____、识别符号或设计及其组合构成。
2. 节事活动品牌定位策略主要有_____、_____、_____、_____和_____。
3. 节事活动宣传与推广的手段有_____、_____、_____、_____、_____、_____、_____。
4. 庆典活动实施的基本步骤有_____、_____、_____以及_____。
5. _____是指企业通过做对公众有意义的事业，倡导精神文明新风，并阐述企业自身的文化理念，以对社会负责任的态度，争取公众的认可。
6. 特色定位又称_____。
7. 节事活动宣传与推广的特点有_____、_____、_____和_____。

### 三、名词解释

节事活动品牌　　新闻发布会　　网络营销　　公共宣传　　公共关系

### 四、简答题

1. 简述节事活动品牌特征。
2. 简述节事活动品牌意义。
3. 简述节事活动品牌定位的步骤。
4. 简述节事活动品牌定位的策略。
5. 简述节事活动宣传与推广的内容。

# 模块五　节事活动市场营销策划

## 知识目标

掌握节事活动市场营销内容和要素；掌握节事活动营销流程；了解节事活动市场细分；掌握节事活动营销计划制订流程；了解节事活动营销计划实施和控制的方法；了解节事活动营销效果评估。

## 技能目标

能够对节事活动市场进行细分；能够通过市场细分，识别并定位目标市场；能够按照科学的步骤和方法制订节事活动的营销计划；能够有效地组织和协调营销计划的实施，确保各项营销活动按照计划顺利进行；能够对营销活动的效果进行评估。

## 素养目标

养成实事求是的态度，培养开拓创新能力。

## 案例导入

### 30年坚守与传承，创新不断，青岛国际啤酒节演绎崂山活力

节庆是城市活力的引擎，更是城市形象的代言人。2023年7月21日晚，"活力山&海　精彩i崂山"第33届青岛国际啤酒节（崂山）在世纪广场啤酒城盛大启幕，以天为幕，以地为台，1 000架无人机腾空而起，用13幅创意画面讲述一座城对节庆的顶层认知、全民认同。

1. 活力之约：一段奔赴山海的30年故事

节庆是一座城市最美的名片，从1991年开始，青岛就与啤酒节许下一年一次的约定，33年来从未缺席。这是青岛这座城市对节庆的坚定态度。

1991年6月23日，首届青岛国际啤酒节在中山公园拉开帷幕。1994年第4届开始在崂山举办。从第7届开始，节日正式由地方性节日升级为国家级规格，青岛国际啤酒节开启了走向国际的大门。

30年来，在崂山，青岛国际啤酒节活力不断，从青岛走向了亚洲，走向了全球，成为世界级啤酒盛事，接连获得全国十大节庆等大奖，创造了节庆发展的"青岛传奇"。

青岛国际啤酒节也成为青岛迎接五湖四海宾朋最好的会客厅，成为展示崂山激情的最美舞台。"办好一个节，做大一个产业"，2023年，崂山区延续"云上体验+沉浸消费"的创新办节模式，结合本土特色文化和优势特色产业，既体现崂山会场的国际范、科技范、时尚范，又体现"烟火气""人情味"。

第33届啤酒节活力四射，首次延长办节时间，从半月延长到31天；首次引进"愤怒的

小鸟"主题游乐设施，打造国内首个"愤怒的小鸟"主题水上乐园；首次在节前对外进行物价公告，严查价格欺诈、以次充好、设置最低消费等不法行为；首次与音乐节互动，其间举办首届"山海星潮"音乐节、2023青岛国际吉他艺术节等活动，打造"啤酒＋音乐"狂欢模式；首次推出全域办节模式，五个街道分会场精彩纷呈，全面丰富啤酒节的节庆内涵。

### 2. 活力兴区：节庆点亮"夜崂山"

以节兴区、以节兴商。崂山区把举办啤酒节作为打造"夜崂山"品牌、促进消费升级的重要举措，积极促进文、旅、商融合发展，激发城市消费活力，推动区域经济社会高质量发展，让夜晚"亮起来"、城市"活起来"。

崂山区以酒为媒，真诚相邀，打造一场场激情无限的啤酒美食音乐盛宴，营造出全域狂欢的节庆氛围。漫步世纪广场啤酒城，市民游客各得其乐，城市魅力充分彰显，城市活力进一步提升。

落户崂山30年的"啤酒女神"雕塑，如今有了新模样，通过声光电等手段的梦幻设计，让"啤酒女神"在四季变换中展示山海梦幻魅力。

人偶互动、艺术嘉年华巡游、网红墙、芳草地·梦剧场、潮玩区、网红美食荟、国际主题日……400多项特色活动，让整个世纪广场成为活力的殿堂，成为仲夏时节的消暑胜地。

啤酒节是一场全民共享的饕餮盛宴，第33届青岛国际啤酒节（崂山）构建出一个集啤酒、文化、美食、音乐、娱乐、购物、休闲于一体的时尚"夜经济"消费圈，成为沸腾城市"夜经济"的一把"火"。

### 3. 活力共生：崂山开启节庆新征程

7月25日，在芳草地·梦剧场西侧道路的光影通道上，借助地面激光投影技术（海洋主题）举办啤酒节全息影像展，展示历届啤酒节标识、吉祥物、开城影像和精彩瞬间，游客穿行其中，跨越1991—2023时尚历程，感受崂山作为青岛国际啤酒节举办地深厚的文化底蕴。南广场入口东侧设置"遇见啤酒节"打卡网红墙。整合啤酒、美食、运动、创意、文化等主题活动元素，打造啤酒节活动主题沉浸式网红打卡空间。

南广场北侧临近梅岭东路开阔区域打造潮玩区。啤酒节期间，举办动感单车电音健身节、"嗨燃啤酒节"活力街头全民健身PK赛、电竞狂欢夜等。

一边是用崂山情怀向啤酒文化致敬，一边是用新潮手段传承啤酒文化，城市节庆活动的举办方法和形式可能有很多种，但是最关键的是要有内容，文化从来都是节庆的灵魂，在崂山延续30年的啤酒节文化，这是青岛国际啤酒节的根系所在。

节庆作为文旅产业，要有体验性、参与性，更有连带效应，崂山区坚持链式思维、品牌思维，近些年来，积极构建独具崂山特色的文旅产业链条。青岛国际啤酒节作为青岛乃至亚洲最负盛名的啤酒盛事，需要进一步挖掘其品牌价值，借助崂山文旅优势，不断提升文旅产品体验感和服务质量，这样才能让这个节庆更接地气，更有人气，更有烟火气。

崂山区通过以节聚势、以节为媒、以节赋能、以节惠民，推动"吃住行游购娱"全产业链消费集聚和全域旅游发展，使"节庆"的活跃度和经济效应延展到全年，打造立足青岛、辐射胶东、面向全国的主客共享旅游首选地和文化体验地。

【思考】青岛国际啤酒节的成功为节事活动的市场营销提供了哪些可借鉴的经验？

## 单元一　节事营销概述

节事营销是节事活动策划和组织的一项重要工作，它要回答在现实市场营销活动中提出的各种问题，市场化是节事举办的第一原则。为了适应市场的需求和变化，使节事活动取得成功，更需要做好节事活动市场营销的工作。这就需要在节事活动策划中进行有效的市场调研，精准选择目标市场，明确市场定位，制订行之有效的营销计划并坚定地执行和进行效果评估。

### 一、节事营销的内容

传统市场营销将营销内容概括为"5W1H"（Why，Who，When，What，Where，How），节事营销也应当从以上6个方面来解答。

**1. Why（为什么）**

Why 即节事活动营销的原因。所有节事营销都是为了吸引更多的消费者，获取更大的利益。在当今竞争日趋激烈的市场条件下，如何使得所策划的节事活动更具特色，更能吸引公众的注意，并让人们更加积极地参与到节事活动当中来，是我们进行节事营销的重要考量。因此，为节事活动确定一个吸引关注的主题是节事营销的重要工作。

**2. Who（谁来参与）**

Who 即节事活动营销的参与者。我们需明确3个问题：①根据节事活动的影响范围确定营销对象的范围。②了解受众群体对什么样的节事活动感兴趣，什么样的节事活动能吸引他们的关注。③要按照受众群体是否第一次参加此类节事活动而区别对待。如果是第一次参加，则需要向他们详细解释整个节事过程的起源及其大致情况。如果不是第一次参加，则需要强调并解释本次节事活动与众不同的地方。

**3. When（什么时候举办）**

When 即节事活动营销时间。时间安排得是否科学、准确，将直接影响参与人数和质量。节事活动营销时间要考虑节事活动的性质、目标市场消费群体、地方风俗习惯等。

**4. What（营销什么）**

What 即节事活动营销的内容。节事活动营销应根据特定的理念、目标和对象来确定内容。如果节事营销面向参展商，应注重宣传节事活动的声誉、知名度、经济收益等，让参展商相信节事活动会提升企业形象、打开销路、提高经济收益等；如果节事营销面向赞助商，应大力宣传节事活动给他们提供的各种优惠政策，使其深信赞助会带来超出预期的效果与回报；如果节事营销面向消费者，应介绍节事活动所具有的娱乐性、趣味性和参与性，并突出节事活动的个性和特色，吸引消费者参加。

**5. Where（在哪里举办）**

Where 即节事活动举办地点。节事活动举办地点需进行全面考量，一般考虑地理位置、交通、旅游资源、文化底蕴、地方财政的支持力度等。

### 6. How（怎么营销）

How 即节事活动营销方式。在确定了节事营销活动的主题、目标、对象和内容后，接下来便要选择恰当的营销策略和方法，即决定采用何种方式去营销。

## 二、节事营销 3E 原则

节事营销 3E 原则是指营销应注重娱乐性（Entertainment）、兴奋性（Excitement）和冒险性（Enterprise）。

### 1. 娱乐性

市场营销成功的关键在于提供某种娱乐活动，促使观众走出家门，去体验在家里无法获得的感受。关键在于，市场营销所提供的活动必须是与众不同的，并且是专为观众量身定制的。

### 2. 兴奋性

兴奋性可以给人留下深刻印象，是行业新品发布会、公司新标志推介会或协会周年庆等活动的特征之一。在制订活动营销计划时要充分考虑这一要素。兴奋性应成为向公众做出承诺的一部分，并确保将这一信息传递给公众。

### 3. 冒险性

冒险意味着勇于承担风险，尝试新事物，充满活力与进取心。节事营销策划者需要利用目标受众对新动机和未知领域的渴望，激发他们的想象力和感受。

## 三、节事营销 5P 要素

节事营销就是通过研究、设计和实施营销组合要素，达到把节事活动提供给目标客户，交换自己所需之物的目的。节事营销包含 5 个要素，即定位（Position）、产品（Product）、价格（Price）、地点（Place）、促销（Promotion），简称 5P。

### 1. 定位

定位是通过直觉、调查和评估来决定节事活动如何能比竞争对手更好地满足消费者的需求。定位不是节事活动的举办者单方面构想节事活动形态，而是思考潜在目标客户对节事活动的需求。节事活动营销定位要遵循市场导向、地域文化、与城市发展规划相协调等原则。

### 2. 产品

节事活动不是一个独立的节庆或活动时间，而是一个产品组合，由一系列的细分活动构成。其中 5 个基本的细分活动分别是节、会、展、演、赛。

节事活动这个特殊的产品，同样由 3 个层次构成，即核心产品、形式产品和扩展产品（见图 5-1）。

节事营销 5P 要素（上）

节事营销 5P 要素（下）

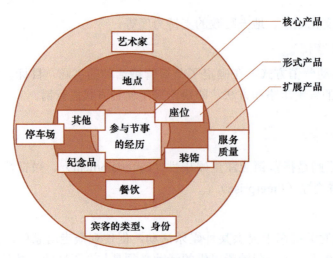

图 5-1 节事产品的 3 个层次

第一层次：核心产品，即顾客购买的核心功能与价值，如演唱会的核心产品就是与明星近距离接触的感觉。

第二层次：形式产品，即核心功能要转化为具体的产品形态，如歌迷见面会、演唱会等多种形式。

第三层次：扩展产品，即通过增加产品的功能或利益，使本产品与竞争对手的产品区别开来。

### 案例 5-1　2024 年青岛国际啤酒节十大精彩亮点

#### 1. 开幕式创新融合"干杯之夜"演唱会

众多明星倾情献唱，共同打造万人同欢的超燃名场面，将"干杯之夜"演唱会推向高潮。

#### 2. 震撼灯光秀

18 组亮化灯塔矩阵交相辉映，168 台超大功率光束灯与多台激光设备联手，共同演绎一场视觉盛宴。"星光大道庆典花篮"则以现代科技感曲线，呈现独特的花篮造型，增添节日氛围。

#### 3. 啤酒盛宴

9 个啤酒大篷齐聚一堂，开启"啤酒节+音乐节"的全新模式。更有"超级PENG"啤酒畅饮酒墙，300 个酒头任游客畅饮。青岛啤酒·时光海岸精酿啤酒花园，让游客尽享啤酒的醇香与美味。

#### 4. 无人机表演

科技感十足的无人机表演在爱情海湾上空绽放。1 000 架无人机编队组成观赏画面，每天进行 15 分钟的精彩表演，呈现游龙、哈舅 IP 等创意内容，令人目不暇接。

#### 5. 丰富游乐项目

梦幻岛主题乐园与非动力儿童游乐场为游客带来无尽的欢乐与刺激。

#### 6. 美食天堂

凤凰里休闲美食街区、哈舅精酿美食花园、一湾倾心·爱情海湾，汇聚各种美食，让游客的味蕾尽情享受。

#### 7. 网红打卡胜地

巨型 3D 裸眼大屏，以人工智能与啤酒狂欢为主题，推出全新 120 秒《梦境奇遇》，成为游客争相打卡的热门景点。

#### 8. 度假胜地

浪 LANG 沙滩·Bar 与巷往体育驿站，为游客提供宝藏级的度假体验，让游客在啤酒节期间尽享悠闲时光。

#### 9. 购物乐园

啤酒节官方文创店、国际啤酒汇、HI 购—跨境电商免关税商城、黄五箱进口网红仓，为游客提供丰富的购物选择。

#### 10. 十大会场联动

黄岛主会场、崂山会场、大鲍岛会场、世博园会场、城阳会场、海泉湾会场、即墨古城啤酒嘉年华、平度会场、胶州会场、莱西啤酒·龙虾狂欢季等十大啤酒节会场，共同开启啤酒狂欢季。

### 3. 价格

合适的价格是使节事活动被目标客户接受的重要因素之一。给节事活动制订合适的价格，一般要考虑 3 个因素：节事成本、定价目标和市场接受能力。

（1）节事成本。节事成本包括 3 项内容：①直接成本，即节事所有活动的举办费用；②间接成本，即节事相关的营销费用、财务费用和管理费用等；③风险成本，即为节事可能发生的风险而预留的预备金，或者为转移风险支付的成本。

（2）定价目标。节事营销的目标一般有 3 种：盈亏平衡、当前最大利润和其他价值目标。追求盈亏平衡，只需要制订和成本相当的价格；追求最大利润，则需要估算目标消费者的支付意愿和能力，然后通过定价使自己获得最大的收入和利润；追求其他价值目标，则是想通过这些活动获得其他方面的收益，如艺术节、群众文化类活动等。

（3）市场接受能力。根据目标客户的接受程度以及竞争因素的影响制订合理的价格。所以，有的节事活动采用倒推定价法，先衡量市场认可的价格水平，反过来根据自己的财务目标在节约成本上下功夫。

### 4. 地点

地点既包括活动的举办地，也包括消费者可以买到票的地方。在举办地的选择上，应当考虑如下因素：地点是否便于潜在参加者到达与顺利出行；是否可为本地观众提供泊车位；举办地的环境和创意；物流能否满足节事活动的筹备需求；附加活动的环境吸引力或基础设施完善程度；是否拥有与此有关的观众与组织；地点是否符合节事活动参加者的身份特点；节事活动参加者的人身安全；公共交通（机场和市内交通）是否便利；参加者过多时是否可提供补充措施。

另外,节事活动还需要考虑设置批发商和代理机构,以方便消费者购票。是否使用代理商取决于活动的类型、其他可用的购票设施、目标市场是否愿意支付购票服务费以及目标市场相应的消费承受力。

#### 5. 促销

促销是通过各种手段宣传、影响、吸引客户。常用的促销手段有4种：广告、人员推广、优惠推销和公共关系。这4种促销手段因其作用的不同而互补,常常被组合使用。

广告被认为是直接说服客户的有效传播工具。制订广告方案首先要明确目标客户及其需求,然后才是处理5项决策：任务、资金、信息、媒体和效果评价。处理5项决策也就是要回答5个问题：广告的目的是什么,预算是多少,要传递什么样的信息,选择哪些媒体,广告效果是否达到目标以及如何改进。

人员推广是指通过人员直接面对客户进行推介的方式。由于人员推广能够直接与目标客户进行互动,因此比广告更有利于培养客户偏好、信任以及促成购买。人员推广有助于建立并深化同客户的长期关系,大多数节事活动的组织者在寻找赞助商环节都采用人员推广的方式。为了增加推广效果,节事活动的组织者要注重推广人员的选拔和培训,还要考虑给推广人员配备各种宣传单、介绍手册甚至视频短片等工具。

优惠推销是指通过短期的优惠手段吸引目标客户的方法,包括提供优惠券、赠品、折让、返现等。优惠推销提供了购买刺激,也为节事推广提供了更简单、直接、有效的方法。

公共关系是用来推广和保护节事的形象、品牌以及保证节事活动顺利进行的宣传方法,一般以面向公众为主。公共关系一般包含5项活动：①建立与新闻界的关系,确保新闻界用正面的报道宣传节事相关信息；②建立与公众的关系,了解公众对节事举行所持态度、观点,做出正确引导；③建立与政府的关系,获得政府的理解和支持；④及时发布必要信息；⑤及时处理各种危机事件等。

### 四、节事营销的流程

节事营销流程遵循一般市场营销流程,包括节事活动市场调研、节事活动目标市场选择与定位、节事活动营销计划制订、节事活动实施和执行效果评价5个阶段(见图5-2)。后文也将逐一对每个阶段进行详细阐述。

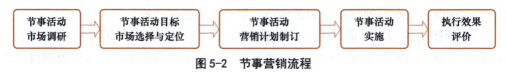

图5-2 节事营销流程

#### ○ 学生活动5-1

活动主题：认识节事活动市场营销。

活动目的：了解节事活动市场营销手段。

活动形式：小组活动。

活动内容：利用图书馆资源及互联网平台,检索并搜集所在省、直辖市或自治区至少五个节事活动的详细信息。随后,对这些节事活动资料进行整理,并制作成信息卡片。卡片的具体内容需涵盖以下关键点：节事名称、举办时间、主题、主要形式、宣传手段。

> **学习资料**
>
> **市场营销的主要观念**
>
> 1. 生产观念
>
> 生产观念产生于20世纪20年代以前。企业经营哲学不是从消费者需求出发,而是从企业生产出发。其主要表现是"我生产什么,就卖什么"。生产观念认为,消费者喜欢那些可以随处买得到而且价格低廉的产品,企业应致力于提高生产效率和分销效率,扩大生产,降低成本,以扩展市场。
>
> 2. 产品观念
>
> 产品观念认为,消费者最喜欢高质量、多功能和具有某种特色的产品,企业应致力于生产高品质产品,并不断加以改进。它产生于市场产品供不应求的"卖方市场"形势下。持产品观念的企业在市场营销管理中缺乏远见,只看到自己的产品质量好,看不到市场需求在变化,致使企业经营陷入困境。
>
> 3. 推销观念
>
> 推销观念产生于20世纪20年代末至50年代初,主要的表现是"我卖什么,顾客就买什么"。推销观念认为,消费者通常表现出一种购买惰性或抗衡心理,如果顺其自然的话,消费者一般不会足量购买某一企业的产品,因此,企业必须积极推销和大力促销,以刺激消费者大量购买本企业产品。
>
> 4. 市场营销观念
>
> 市场营销观念产生于20世纪50年代中期。这种观念以满足顾客需求为出发点,即"顾客需要什么,就生产什么"。市场营销观念认为,实现企业各项目标的关键,在于正确确定目标市场的需要和欲望,并且比竞争者更有效地提供目标市场所期望的物品或服务,进而比竞争者更有效地满足目标市场的需要和欲望。
>
> 5. 社会市场营销观念
>
> 社会市场营销观念是对市场营销观念的修改和补充,产生于20世纪70年代。社会市场营销观念认为,企业的任务是确定各个目标市场的需要、欲望和利益,并以保护或提高消费者和社会福利的方式,比竞争者更有效、更有利地向目标市场提供能够满足其需要、欲望和利益的物品或服务。社会市场营销观念要求市场营销者在制定市场营销政策时,要统筹兼顾三方面的利益,即企业利润、消费者需要的满足和社会利益。

## 单元二 节事活动市场细分与目标市场选择

### 一、节事活动市场细分

市场细分就是活动组织者在市场调研的基础上,将一个整体的节事市场按照一定的细分标准划分为若干个子市场的过程，为后面的目标市场选择和市场定位奠定基础。因此，必须弄清楚市场细分的标准，根据传统营销理论，市场细分的标准有地理细分、人口统计细分、心理细分和行为细分4类。

### 1. 地理细分

由于地理位置不同，文化、气候和生态环境也不相同。节事营销者可以开发不同特征的消费区域，使消费者的特征具体化、形象化。地理细分主要考虑活动参加者的居住地点。节事活动潜在的地理分布包括该地区的居民、附近地区的观光者、省内游客、省外游客、国外游客等。

### 2. 人口统计细分

年龄、性别、职业、收入、教育、民族、宗教、语言、居住情况等都是人口细分的重要依据。节事活动的举办首先要关注所在国家或地区的人口数量及其变化，因为人口统计变量比其他变量更容易衡量和区分。

### 3. 心理细分

心理因素十分复杂，包括个性、性格、生活方式、购买动机等多个方面。在同一地理细分市场中，人们可能展现出截然不同的心理特征。社会阶层、生活方式和个性等都可以作为对潜在市场进行细分的依据。

### 4. 行为细分

行为细分即依据参加者对活动的了解程度、态度、使用情况或反应，将他们划分成不同的群体。活动参加者的消费行为变量很多，包括参加活动的程度、参加某种活动的时机及对品牌的忠诚度等。例如，按节事活动参与者进入节事市场的程度划分，可利用历届活动参与者情况，将参与者分为经常参加者、初次参加者和潜在参加者等不同群体。

## 二、节事活动目标市场选择

节事活动目标市场选择是指节事活动的主办者在细分节事市场中选定某一细分市场作为节事营销对象的过程。

### 1. 目标市场要与活动形象相吻合

节事活动的主办者要在目标市场消费者心目中为活动创造一定的特色和个性特征，赋予活动一定的鲜明形象，以便消费者和社会公众识别。例如，高档的节事活动不宜打入大众化客源市场；反之，中低档的节事活动对实力较强、规模较大的参加者不构成吸引力。总之，目标市场要与节事活动的形象定位相一致，否则将不能对目标市场构成吸引力。

### 2. 选择目标市场应尽量避免重复

随着节事市场的逐渐升温，会议、展览会、旅游节、公司年会等大型活动开展得如火如荼，但是很多节事活动把同一个细分市场作为自己的目标市场，从而造成某一节事活动供给大大超过市场需求的状况。例如，许多城市举办的节事活动未能从战略高度上考虑，跟风而上，缺乏个性，从而造成目标市场定位雷同，根本起不到宣传城市的作用。

**3. 目标市场需符合主办者目标**

节事活动的主办者选择目标市场必须具备开发该市场所需的人力、物力、财力等资源条件，同时还必须符合节事活动的发展目标。只有选择那些有条件进入、能够充分发挥自身资源优势的市场作为目标市场，节事活动才能增加竞争力，从而获得最佳效益。

**4. 目标市场结构具有内在吸引力**

目标市场结构是指该市场的竞争者、替代产品、议价者等情况。从市场竞争者来看，如果一个目标市场具备众多竞争者，则该市场对活动组织者的吸引力会下降；从替代产品来看，替代品行业中技术有所发展或者竞争日趋激烈，目标市场的价格和利润就会有所下降；从议价者的角度来看，若目标客源与供应者的议价能力很强或正在加强，该目标市场便没有吸引力。所以在选择目标市场时，应严格考察目标市场的结构，以选择那些具有内在吸引力的目标市场。

## 单元三 节事活动营销计划制订

营销计划是节事活动正常运作的前提条件，它决定了活动发展的速度和方向。制订节事活动营销计划即节事组织者根据市场调研和分析的结果，确定和选择与节事活动参与者沟通、交流的方式，计划如何寻找最适当的方式与活动参与者沟通和交流。

### 一、节事活动营销计划制订流程（见图 5-3）

图 5-3　节事活动营销计划制订流程图

**1. 明确战略目标**

战略目标是指未来某一时期内节事组织者力争在市场中所要占据的位置。通常是指未来的目标市场、产品范围、销售量、市场份额和利润额等方面的指标。

**2. 确定活动主题**

任何一个节事活动都必须主题鲜明、个性独特。节事的形象要以各种渠道向公众传播，因此对这些信息进行设计是节事构思的重要步骤。节事组织者在客户需求识别的基础上，还需要重点考虑以下要素。

（1）节事的历史和发展目标。在影响节事活动主题的众多因素中，节事和节事举办地的历史和未来发展目标最为重要。一方面，节事主题的选择必须以节事本身的历史和文化背景为基础，并结合节事举办地的文化，只有保持原有主题并结合举办地的文脉特征，才能设计出大众所接受的节事主题。另一方面，节事主题的选择要与节事的发展趋势相一致，以保证主题与节事未来发展的协调性。

（2）节事的功能、项目和形象。节事主题主要表现为节事组织者的理念和思想，因而很多时候无法被公众直接感知。通常情况下，节事主题的确定还要考虑节事的性质、节事的支撑项目以及节事在公众心中的形象。节事主题的成功与否，与节事项目的相符程度有很大关系，也就是说，节事项目是节事主题的具体表现，公众主要通过节事项目来感知活动主题。

（3）近期同类节事举办情况。如果同类节事较多，为避免雷同需要在主题和项目上进行创新。

---

**案例 5-2　慕尼黑啤酒节**

德国慕尼黑啤酒节可以追溯到 1810 年，是世界上最大规模的狂欢节之一。

巴伐利亚加冕王子路德维希和特蕾瑟公主当年 10 月完婚，官方的庆祝活动持续了 5 天。人们聚集到慕尼黑城外的大草坪上，唱歌、跳舞、观看赛马和痛饮啤酒。从此，这个深受欢迎的活动便被延续下来，流传至今，每年 9 月第三个星期六至 10 月第一个星期日就固定成为啤酒节。历史上，除因战争和霍乱中断外，截至 2024 年，慕尼黑啤酒节已经举办了 189 届。

慕尼黑啤酒节最大的感受是狂欢，一种有着浓郁巴伐利亚风情的狂欢。狂欢节设在慕尼黑市中心的 WIESN 广场，占地 42 公顷。顺着熙熙攘攘的人流，走进一个临时搭起的巨型啤酒棚，里面人声鼎沸，近半个足球场大小的空间挤满了人，想找个位置都是奢望。

天快黑的时候，保拉纳啤酒帐篷里，人们站在一排排长凳上，和着大厅中央乐队的演奏，载歌载舞，进行狂欢，唱着脍炙人口的歌曲，全场近千人手拉手，一起随着音乐引吭高歌。

啤酒节当然离不开啤酒，节日会场就是一个巨大的欢乐海洋，到处都是开怀畅饮的人们。慕尼黑啤酒节只出售优质的慕尼黑本地啤酒。啤酒节并非各啤酒厂商借机搭台唱戏、寻找商机的商品交易会，它就是一个纯粹的民间节日。

慕尼黑啤酒节规定，只有那些保留慕尼黑传统酿造方法，符合 1487 年"慕尼黑纯度要求"和 1906 年"德国纯度要求"的优质慕尼黑本地啤酒，才有机会在啤酒节上亮相。

---

**3. 制定营销策略**

这部分在单元一已经介绍，此处不作详细阐述。

**4. 可行性分析**

可行性分析是通过对节事项目的主要内容和配套条件，如市场需求、资源供应、技术要求、盈利能力、资金筹措等方面进行调查研究和分析比较，并对节事活动可能取得的财务、经济效益及社会影响进行预测，从而提出该活动是否值得投资以及如何进行筹备和组织的咨询意见，为项目决策提供依据的一种综合性的分析方法。

（1）从市场的角度分析。一方面，主要是根据市场调查和预测结果以及有关的产业政策等因素，论证节事项目投资建设的必要性。另一方面，通过分析参与商与公众的规模、容量、潜力来分析节事市场的可行性。

（2）从技术、设计的角度分析。分析以现有的硬件与软件基础举办该主题的节事是否可行，它包括项目规划的技术可行性分析和实施项目规划拟采用技术的可行性。其中，前者是指对节事规划所采取的各项技术是否能够完成，规划方案能否完成规划目标、任务和要求等方面进行分析；后者是指对在节事营销中投入的人力、物力和技术保障体系（场馆建设、节事项目技术运用等）以及项目规划目标实现的保障程度等方面进行分析。

（3）从财务的角度分析。分析节事组织者对该主题的节事活动进行投资在经济上是否合理。主要从投资者的角度设计合理的财务方案，从节事相关利益的各个角度进行资本预算，评价项目的财务盈利能力，从而为制定投资决策提供依据。

### 5. 制订营销计划

（1）成立营销计划领导小组。这个小组负责总体计划的制订、分解及控制，是营销计划和实施的最高机构。

（2）制订面向不同客户的营销计划。制订的计划包括赞助商计划，参加者营销计划，政府、媒体和公众营销计划等。每一项计划中都列明详细的工作。

（3）分解营销计划。整体营销计划的分解关键是两点：分解到人，分解到进度。一方面，营销计划要层层分解到部门、小组和个人，使得每一项任务都能落实到明确的责任人。另一方面，营销计划要按照进度来分解，一般根据实际情况分解到月、周或天，进度是重要的计划控制标尺，计划的管理者根据进度的完成情况就能知道整体计划遇到的困难，以便及时解决和处理。

（4）统筹营销计划。分解完成的营销计划，要经过最后统筹，看看是否有不同计划相互冲突的情况，如时间冲突、人员冲突、场地冲突等。完成计划制订过程后，转入实施阶段。

### 6. 制订营销预算

节事营销通常需要很大的资金投入，对节事举办成功与否至关重要。在资金预算有限的情况下，科学的预算是必需的。节事营销预算是各个子项目执行的尺度，也是控制成本的有效手段。通过预算，可以对节事的人、财、物等各项资源进行合理配置。

## 二、节事营销计划书的内容

完整的节事营销计划书应该包括计划概要、节事营销现状分析、机会与风险分析、营销目标、营销策略、行动方案、经费预算等。

### 1. 计划概要

计划概要是对主要营销目标和措施的简短摘要，主要内容包括活动的宏观背景、意义、主要营销目标、实施战略、活动大致流程、核心活动项目、费用以及措施等，目的是使高层主管迅速了解计划的主要内容，抓住计划的要点。

### 2. 节事营销现状分析

节事营销现状分析主要包括分析宏观环境、微观环境的状况，以及分析与市场、产品、竞争、分销有关的背景资料。例如，微观环境状况分析主要就参与商、赞助商、观众、媒体、公众、节事活动举办地以及节事活动组织者内部情况等方面进行分析，旨在通过对微观环境状况的分析，明确节事活动在市场上所处的地位以及自身的优劣势。市场状况分析是指研究目标市场的规模及其成长性的有关数据、顾客的需求状况等。

### 3. 机会与风险分析

对节事活动所面临的主要机会和风险进行分析，再对本节事活动所具有的优劣势进行系统分析，在此基础上确定节事活动的营销目标。

### 4. 营销目标

营销计划应确定财务目标和营销目标，目标要用数量化指标表达出来，要注意目标的实际性、合理性，并应有一定的开拓性。

### 5. 营销策略

节事活动营销策略包括目标市场策略和营销组合策略。目标市场策略阐明节事活动准备进入的细分市场，包括现有与新发现的细分市场，这是整个营销计划中最重要的内容。

> **案例 5-3** 亮相第 33 届青岛国际啤酒节，解读好丽友联名营销的"四步法"
>
> 在啤酒节期间，好丽友携潮玩沙滩派对主题快闪店惊艳亮相，并推出第 33 届青岛国际啤酒节联名款好友趣薯片新品"辣炒花蛤味""花生毛豆味"和"淄博烧烤味"。在洋溢着浓厚假日氛围的金沙滩啤酒城，好丽友盛装喜迎四方宾客，快闪店客流如潮，人气尤为火爆。
>
> **1. 流行热点**
>
> 对于跨界联名的选择，一般需要遵循两个原则：一是经久不衰的经典 IP，二是正在进行时的流量 IP。联名产品受众具备广泛性、稳定且热情的特质，愿意为联名买单。好丽友选择的青岛国际啤酒节，可以说既是经典 IP 又是流量 IP。
>
> 截至 2024 年，青岛国际啤酒节已经举办了 34 届，其间从未中断缺席。其中，2018 年更是迎来了前所未有的盛况，接待游客数量突破 630 万人次。第 33 届青岛国际啤酒节，意义非凡，组织举办了音乐演出、艺术巡游、体育竞演、酒王争霸赛等 300 余场活动，迎来了无数想要释放激情、忘我陶醉的游客，热度也是首屈一指。"经典"和"流量"叠加下，好丽友的联名活动确保了足够曝光和互动，营销效果加倍落地。
>
> **2. 圈层匹配**
>
> 很多联名活动谋求的是"一锤子买卖"，并不考虑长期的销售转化，即联名方的受众是否为品牌潜在消费客群。反观好丽友和青岛国际啤酒节的联名活动，达成的效果则是破圈后"有效激活"，联名结束仍然可以带来稳定复购。

"啤酒"和"零食"是一对1+1>2的好搭档，在很多场景里都会同时出现。比如卡塔尔世界杯期间，据美团外卖数据，薯片销量在非餐品类排名第一，同比增长168%，啤酒销量同比增长近70%，二者消费客群存在重叠并且可以互相渗透。借助青岛国际啤酒节，好丽友成功在众多啤酒爱好者的心智中植入认知，甚至进入啤酒配食的"购物车"当中了。

3. 场景"增长"

好丽友选择"哈啤酒"这个场景，除人群高度契合，也是看到了啤酒市场的明显复苏。2023年，啤酒迎来重大利好。国家统计局数据，2023年上半年国内规模以上啤酒企业啤酒产量达1 928万千升，同比增长7%。在一个持续增长的场景中，营销活动的转化效率才会更可观。

4. 内容"真诚"

联名营销绝对不是两个品牌之间打个"×"，而是包括粉丝需求研究、传播节奏设计、周边物料打磨等在内的系统性工程，品牌方要拿出真诚的态度才能让联名活动达到甚至超过预期效果。一方面，好丽友选择了快闪店这种时下流行的形式。快闪店贴合青岛国际啤酒节场地特色，以"沙滩派对"为设计主题，创意空间新颖有趣，并且免费提供"好友趣""呀！土豆""浪里个浪"等零食任游客自由试吃品尝；现场还有霓虹手举牌打卡、嗨翻夏日大作战、趣味娃娃机等游戏活动，现场游客可以获得"呀！土豆抱富大礼包"、激光包等精美奖品和定制周边。另一方面，好丽友还推出了好友趣薯片新品"辣炒花蛤味""花生毛豆味"和"淄博烧烤味"，顾名思义，都是和啤酒日常紧密捆绑的口味元素，可以勾起强烈的尝鲜欲，尤其"吃蛤蜊"是极具青岛特色的海鲜小吃，好友趣很争气地做到了口味还原，成为真正的啤酒伴侣。游戏、周边、新品……好丽友准备的内容不仅丰富，而且充满诚意。

总结而言，这些其实都源于好丽友对于中国市场的深入研究。好丽友1995年进入中国市场，数十年来在"本土化"方面已经有很深的造诣，无论是最早取自古诗《松茂柏悦》的品牌命名灵感，还是斥资百亿在国内打造的现代化工厂，或者和敦煌博物馆的联名以及定制产品等，让这家公司总能紧贴着本土消费者的"喜好刷新"而不断进化。亮相青岛国际啤酒节，体现了好丽友在本土特色场景和口味上的持续探索，用一场酣畅淋漓的跨界联名，完成了"本土化战略"的一次代表性诠释。

### 6. 行动方案

制定详尽的营销策略实施行动方案，需明确解答以下关键问题：行动的具体内容、启动时间、完成期限、执行团队以及预算成本。此行动方案可通过列表形式清晰呈现，详细列出各阶段应执行的任务、完成时间节点、任务质量标准及相应的费用预算，确保每一步都条理清晰，易于追踪与评估。

### 7. 经费预算

经费预算涵盖3个主要方面：①人力资源预算，确定完成整个节事营销所需的人才类型以及各类人才的具体需求数量。明确这些专业人员的来源渠道，并合理规划人员配置以组建高效团队。②物力资源预算，明确完成该活动所需的专业设施、配套服务设施以及高新技术类型。③资金成本估算，对由人力资源成本和物力资源成本构成的直接成本进行准确的资金估算。

◯ **学生活动 5-2**

活动主题：制订节事活动营销计划。
活动目的：能够为节事活动制订合理的营销计划书。
活动形式：小组作业。
活动内容：某地为宣传环保意识将要举办一个环保雕塑与创意周活动，紧扣环保主题，开展环保创意设计大赛、环保创意设计互动展等活动。请为这一节事活动制订合理的营销计划。

## 单元四  节事活动计划的执行和效果评估

### 一、实施节事营销计划

实施节事营销计划是指将计划转化为具体的行动和任务，并保证这些行动的有效实施和任务的完成，以实现既定营销目标的过程。具体对策有以下 3 点。

#### 1. 分解目标，制订详细的行动方案

目标分解是明确目标责任的前提，是总体目标得以实现的基础，通过目标分解的形式来制订详细的行动方案有助于计划的实施。将目标按照时间关系和空间关系同时展开，形成有机、立体的目标系统，不仅使各级管理人员和每个人对目标的整体一目了然，也能明确部门或个人的目标在目标系统中所处的地位，从而有利于调动人们的积极性、主动性和创造性。

#### 2. 建立合理的组织结构

有效的营销执行要求建立一个执行能力强的组织。组织使得工作人员拥有基本的工作场所，并凭借一定的工作手段进行正常、有效的节事营销；组织将合适的人力资源有针对性地安排在子项目中，并制订出相关营销政策和完善的监控体系。在计划执行过程中，对内要特别注意内部传播开展的方式，对外要动员供应商、广告代理商给予有力的配合和支持，使得计划执行过程中的任何问题都能快速解决，任何偏离行为都能及时得到纠正和改善。

#### 3. 决策和奖励体系

在节事营销执行中，科学、高效、公平、激励的决策奖励体系至关重要。组织内部应当有一套完整、高效的决策体系，以应对计划执行过程中的各种常规和突发状况，保证计划正常执行。同时，计划的实施最重要的是通过人员的推动来实现。因此，营销过程中要注意对人的培养和激励，发挥人的主观能动性。

### 二、控制节事营销计划

在实施计划过程中，应及时对计划执行情况进行监督和控制，以保证计划按照既定方向发展。因此，营销部门领导就需要定期检查各部门的工作情况，核实是否按计划完成预期目标。对于未完成计划的部门，则要帮助其找到原因，并提出改进措施。节事营销计划控制的工作主要包括两方面。

#### 1. 营销成本控制

节事活动是否成功，其盈利水平是一项重要的衡量依据。而节事活动是否盈利则与营

销成本的控制情况有直接关系。节事营销的目的不仅要增加关注度，提高销售收入，更应该严格控制成本，不断拓展利润空间。通过量化利润指标、建立成本管理体系以及明确责任人的方式，可以合理、有效地控制成本。

**2. 营销策略监控**

节事活动营销策略监控是指跟踪和评估节事活动企业在市场上推出的各种营销策略的过程。这些策略包括广告、促销、市场营销、公关活动等。通过监控这些策略的实施，企业可以评估其效果并做出相应的调整，以提高营销效果。

### 三、调整节事营销计划

在节事营销控制阶段中，一旦发现计划执行偏离既定方向或未能达到既定目标，则需要根据市场的变化和监控的情况进行主动调整。

**1. 目标调整**

随着营销人员进一步深入市场和营销计划的不断推进，节事活动的组织者与参与者会对节事活动的了解越来越深入，并可能会发现初期并没有意识到的问题，进而产生新的需求。这时节事活动的组织者就应当及时根据营销人员反馈的信息，进行科学的论证，在此基础上不断调整和优化目标体系，尽可能多地满足相应的需求。

**2. 策略调整**

节事营销计划的调整是一项动态的系统工程，项目中任何一个要素的变化都可能影响到其他要素的变化。有时候需要通过多次尝试和假设才可能得到每一个利益相关者都满意的结果。节事营销策略的调整应当从营销观念、营销制度、营销文化、目标市场、推广方式以及营销组合等方面入手。

**3. 预算调整**

如果节事期间并没有达到预期的规模和范围，那么在实施过程中就会出现预算偏差，这种偏差会导致资源利用的偏差，即对人力、物力、财力的利用不合理。因此，节事营销预算的调整应该根据环境和目标的变化，从以上 3 个方面进行相关的预算调整。

**4. 人员调整**

随着计划的进行，对营销组织人员进行适当调整是正常现象。营销范围的突然扩大或缩小、老员工的离职、员工岗位的不适应等情况都涉及人员的调整。人员是节事营销成功的保证，所以对人员的调整要认真考虑。

### 四、节事营销效果评估

节事活动营销效果的评估既是对活动的总结，也是对活动中存在问题、取得经验的提炼，为以后的节事营销提供帮助。营销效果评估主要包括以下几方面。

**1. 节事效果总结**

节事活动中所获得的成功经验和失败教训都是工作中宝贵的资源，它对于反映营销活动的实际情况，指导未来营销工作的开展都具有重要意义。因此，对于节事效果的评估应当包含以下内容。

（1）活动营销目标概述。

（2）与活动营销目标相比的任何变更及其原因说明。

（3）组织结果的有效性分析：专业人员是否足够，是否具备相应的技术。

（4）活动营销总体计划中的关键活动与实际情况的对比。

（5）出现的不正常情况和由此引起的问题及解决方法。

（6）对如何根据确定的要求有效地实施营销的总体看法，包括营销成本、进度和计划、技术能力和质量等。

### 2. 活动效益评估

活动效益评估一般从经济效益和社会效益入手。其中，经济效益包括销售收入、赞助经费等各方面收入以及扣除成本之后的盈利水平等；社会效益包括品牌价值、公众满意度、节事影响力等。

### 3. 信息反馈

信息反馈，即节事结束后与客户的信息反馈，包括观众信息、服务项目信息等，活动组织者需要请专业人士对这些信息进行综合处理，对节事的客源市场规模、市场构成、消费结构进行分析。

○ 学生活动 5-3

活动主题：节事活动评估。

活动目的：能够对节事活动做出正确评估。

活动形式：小组作业。

活动内容：收集一项节事活动的资料，分析它的社会效益。（注意从正反两个方面进行评价）

## 实训项目六　节事活动现场营销实训

| 工作任务 | 在某节事活动现场，协助参展商进行商品营销实训 |
|---|---|
| 实训提示 | 组织分工：教师将学生每3～5人分为一组，共同进行节事活动现场营销前的礼仪、营销用语培训<br>任务研究：实训目的主要在于培养学生的基层营销技巧和能力；培养学生营销时的标准用语和行为礼仪；锻炼学生接触客户的心理素质，提高营销沟通交流的能力<br>注意事项：教师应提前联系相关节事活动主办方，为节事活动提供志愿者服务形式，让教学项目能在节事活动现场得以实施；营销前培训注重学生行为礼仪、沟通表达能力和心理素质的训练；教师在现场进行走动式监督指导 |
| 实训建议 || |
| 三维度 | 方法能力 | 消费者心理掌握能力、沟通说服能力、营销渠道建立能力、销售行为礼仪能力 |
| | 专业能力 | 销售沟通表达能力、说服能力、节事活动营销策划能力、营销职业心理素质 |
| | 社会能力 | 营销策划能力、宣传推广能力、沟通表达能力、消费分析能力、心理承受能力 |

（续）

| | | 实训建议 |
|---|---|---|
| 工作6要素 | 工作环境 | 节事活动现场 |
| | 工作对象 | 参展企业商品 |
| | 工作内容 | 节事活动现场商品销售 |
| | 工作手段 | 小组讨论、标准营销程序设计、现场营销 |
| | 工作组织 | 节事活动营销小组或志愿者服务小组 |
| | 工作结果 | 现场商品营销状况 |
| 工作6步骤 | 第一步：信息 | 节事活动商品信息、客户群信息、节事活动现场营销信息 |
| | 第二步：决策 | 制定节事活动现场营销标准程序、规范用语，以及制定沟通交流策略，同时做好心理准备 |
| | 第三步：计划 | 节事活动现场营销实施标准程序 |
| | 第四步：实施 | 团队策划、标准营销程序制订、模拟训练、现场营销 |
| | 第五步：检查 | 在经过参展营销人员培训后，按节事活动主办方和参展商要求，将学生以小组为单位分配至各参展企业展位，教师在现场进行走动式检查指导 |
| | 第六步：评估 | 各小组根据本小组在节事活动期间的营销业绩和工作状况，进行工作总结和经验分享，教师根据现场实际情况进行评价与指导 |

# 实训项目七　节事活动营销计划书写作

| 工作任务 | 根据节事活动营销计划的写作内容和要求，为当地政府主办的葡萄节撰写一份节事活动营销计划书 |
|---|---|
| 实训提示 | 组织分工：教师将学生每3～5人分成一组，每组选出1人担任组长<br>任务研究：对葡萄节面临的主要机会和风险进行分析，拟订营销目标，各小组可拓展思维选营销策略<br>注意事项：教师主要审核学生节事活动营销计划书结构的完整性 |

| | | 实训建议 |
|---|---|---|
| 三维度 | 方法能力 | 创意策划能力、目标市场选择能力 |
| | 专业能力 | 节事活动项目营销能力、计划书写作能力 |
| | 社会能力 | 团队创意策划能力与工作计划制订能力 |
| 工作6要素 | 工作环境 | 实训室或多媒体教室 |
| | 工作对象 | 节事活动项目营销、节事活动项目营销计划书 |
| | 工作内容 | 制订节事活动营销计划，撰写节事活动营销计划书 |
| | 工作手段 | 桌面调研、创意策划、小组讨论、计划书写作 |
| | 工作组织 | 节事活动营销项目工作小组 |
| | 工作结果 | 节事活动营销计划书 |
| 工作6步骤 | 第一步：信息 | 葡萄节市场信息、营销信息、举办地信息 |
| | 第二步：决策 | 以组长为团队核心，形成有效的团队工作计划、实施步骤与决策方法 |
| | 第三步：计划 | 节事活动营销工作实施方案与步骤 |
| | 第四步：实施 | 团队协商、计划书写作 |

(续)

| 工作6步骤 | 实训建议 | |
|---|---|---|
| | 第五步：检查 | 在调查结束后，每组选派1名学生进行小组工作过程与计划书介绍 |
| | 第六步：评估 | 教师根据节事活动营销的策略，组织全体学生对各组节事活动营销计划书进行可行性评估与指导 |

## 思考与练习

### 一、填空题

1. 节事营销3E原则分别是指_____、_____和_____。
2. 构成整体节事产品的3个层次是核心产品、_____、_____。
3. 节事成本包括_____、_____和_____。
4. 节事促销常用的促销手段有_____、_____、_____和_____。
5. 市场细分的标准有_____、_____、_____和_____。
6. 行为细分要素中，可以根据节事活动参与者进入节事市场的程度将他们分为_____、_____和_____等不同群体。
7. 整体营销计划的分解关键点是_____和_____。
8. 战略目标是指未来某一时期内节事组织者力争在市场中所要占据的位置。通常是指_____、产品范围、_____、市场份额和利润额等方面的指标。
9. 节事营销计划的控制内容包括_____和_____。
10. 调整节事营销计划通常是指_____、策略调整、_____、人员调整。
11. 节事活动效益评估包括_____和_____。

### 二、简答题

1. 简述节事活动营销的一般流程。
2. 简述节事活动目标市场选择的要求。
3. 简述节事营销计划书的内容。
4. 简述制订营销计划的步骤。
5. 简述实施节事活动营销计划。
6. 简述节事营销效果评估的内容。

### 三、论述题

1. 试结合节事营销5P要素论述节事营销的主要内容。
2. 谈谈节事营销效果评估中经济效益评估和社会效益评估的关系。

### 四、案例分析

**青岛国际啤酒节结合电商直播　日销售额最高突破180万元**

电商直播加上啤酒节会触发哪些"化学反应"？第34届青岛国际啤酒节围绕市民游客

多层次、多元化的参节需求，加大线上平台开发力度，让电商直播"一触即发"。

### 啤酒节"上线"网友享优惠

2024年青岛国际啤酒节与新东方文旅联手打造了啤酒节抖音商城，并推出了包括"食材优质""收费合理"在内的10项承诺和10项服务。这是从游客实际出发，进一步提升啤酒节口碑和消费体验的务实举措。

这是新东方文旅第一次与青岛国际啤酒节合作。为打造青岛国际啤酒节的消费新场景，同时激发高质量文旅的发展，青岛新东方文旅与青岛国际啤酒节达成了深度合作，利用青岛新东方文旅的新媒体资源优势以及品牌影响力与青岛国际啤酒节独特的旅游资源相结合，为游客朋友们提供更多丰富多彩的文化产品选择。在青岛国际啤酒节和新东方文旅合作打造的啤酒节抖音商城中推出了诸多惠民促销的举措，有100~1000元不同面额的啤酒、美食优惠券，啤酒大篷优惠套餐活动及梦幻岛主题乐园嗨玩票等产品，市民游客可进入商城或直播间享受优惠团购。

据统计，青岛国际啤酒节直播间单日销售额最高突破180万元，截至7月31日累计销售额突破千万元。

青岛国际啤酒节与青岛新东方文旅还将结合旅游和直播的电子商务方式，深入地展示旅游产品的每一个细节，进一步缩短转换的距离，提高触达的效率，促成旅游产品实现"口碑+种草"的双重效益。青岛国际啤酒节与新东方文旅集团的合作，标志着双方在文旅领域的一次深度融合，为市民游客参加啤酒节、体验啤酒节提供了更多选项，让更多的市民游客只需轻点手机屏幕，便可足不出户尽享啤酒狂欢的美妙氛围。

### 电商直播拓展啤酒节广度

电商直播为观众提供了在线下单的便利。在直播中，观众可以边观看直播边购买心仪的品牌啤酒，享受即时购物的便利体验。此外，电商直播还为啤酒节的宣传和推广提供了新的渠道。通过直播平台，青岛国际啤酒节的影响力得以持续扩大，能够吸引更多的国内外游客和啤酒爱好者来到啤酒城喝酒游玩，不仅提升了青岛国际啤酒节的国际知名度，也为青岛的旅游业和经济发展带来了积极影响。

啤酒节电商直播的另一个优势在于其数据分析能力。通过收集观众的观看数据、互动数据和购买数据，酒类、食品品牌商可以更准确地了解消费者的需求和偏好，从而制定更加精准的营销策略。这种数据驱动的营销方式，有助于提高转化率，增加啤酒节电商直播的销售额。同时，各类国内和国际的酒类品牌也可以通过本届啤酒节的电商直播向全国乃至全球的消费者展示自己的产品，扩大市场影响力。通过电商直播为青岛国际啤酒节赋能，将进一步提升青岛国际啤酒节的国内外影响力，推动文旅产业的发展。

青岛国际啤酒节还与国内电商企业合作打造了"青岛严选"电商平台，作为啤酒节的线上购物平台，为广大市民游客提供丰富的啤酒节特色产品及全国优质商品。在"青岛严选"微信小程序上，西海岸名优特产、啤酒节特色商品等应有尽有，同时还有多种促销方式，让市民游客在尽享美食美酒的同时，还能买到价格实惠的商品。

**讨论题：**总结2024年青岛国际啤酒节引入电商营销模式的创新实践，查询青岛啤酒节资料，并探索啤酒节新的营销方式。

# 模块六　节事活动组织与团队管理

## 知识目标

掌握节事活动组织的概念及其特点；了解节事活动组织设计基本原则和结构类型；掌握节事活动组织结构设计内容；掌握节事活动项目人力资源计划的概念及其主要内容；了解节事活动项目团队组织管理的主要内容。

## 技能目标

能灵活应用节事活动组织结构的类型；具有节事活动组织结构设计的能力；能灵活运用节事活动项目管理策略；具有招聘和培训节事活动项目人员的能力。

## 素养目标

培养团队协作精神、奉献精神和服务精神。

## 案例导入

### 志愿者成为奥运会服务主力军

志愿者是一群热爱社会、关爱他人、无私奉献的人，是社会的优秀分子和重要人力资源，他们的高尚品德更是人类重要的精神财富。志愿者是奥运会的重要支撑。2024年巴黎奥组委表示，他们一共收到超过30万份志愿者申请，在最终入选的45 000名志愿者中，男性与女性各占50%，有超过5%的志愿者为残障人士，其中年龄最大的志愿者甚至超过90岁。"志愿者是巴黎奥运会大家庭最重要的组成部分之一，如果没有志愿者，所有的精彩都无法呈现，"巴黎奥组委主席埃斯坦盖说。

奥运会的组织和服务借助志愿者始于1912年斯德哥尔摩奥运会，当时有6名志愿者，到1936年的柏林奥运会，青年志愿者已达350人，此后，志愿者成为奥运会的一个优良传统。2000年悉尼奥运会的志愿者创下了历届之最，达到4.7万人，加上残疾人奥运会，志愿者总数达到6.2万人，占奥运会全部工作人员的近半数，成为悉尼奥运会的点睛之笔。悉尼奥组委主席说："如果没有这支志愿者大军，悉尼奥运会将无法举行，奥运会的成功在很大程度上要归功于他们的努力。"澳大利亚早就形成志愿者的传统，他们活跃于家庭、社区和社会的各个领域。这一传统非常有利于悉尼奥运会的志愿者招募。早在1996年，悉尼奥运会的组织者就精心制订了有关志愿者的计划，旨在招募5万名志愿者服务于奥运会。每个报名参加志愿者工作的人都要填写自己的专长和岗位偏好。从事专门业务的志愿者如医生、翻译、司机等，都要出示有效证件，随后他们要经过测试和面试，并接受警察局的审查，证实没有犯罪记录后才符合参与资格。1/4的志愿者在18～25岁之间，1/4的志愿者在

55岁以上。3/4的志愿者来自新南威尔士州,其余的来自外地甚至国外。志愿者中大学生很多,也有公司职员、家庭妇女、教师等,其中一半人从未做过志愿者。志愿者要接受长达十数小时至数十周不等的培训,志愿者的培训工作由政府出资3 600万澳元。通过招标,培训工作由新南威尔士州成人职业学院承担,在全州129个教学点,提供总计100万个小时的培训。其培训的内容主要分为3个部分:一是奥运会知识培训,要求志愿者熟悉奥运历史、理念和精神,悉尼奥运会的特点,会标、吉祥物的含义等;二是场馆知识,熟悉场馆位置、竞赛项目、时间地点,自己的位置与职责,报告与责任系统等;三是专业技能培训,如赛事口译、安检程序、救护知识等。

志愿者为奥运会提供大量人力资源,以悉尼奥运会为例,志愿者工作的总时数达到了545万小时,如果将其折合成货币,这一贡献高达1.1亿澳元。更为重要的是,志愿者热心公益、无私奉献的精神对主办城市乃至主办国的民众有强烈的示范作用,从而激发社会良知,鼓励人们多为他人考虑,为社会着想。这有助于改善社会风气,增强社会的亲和力和凝聚力。志愿者是国家的代表,展示着一个国家人民的道德风貌。

【思考】
1. 志愿者在节事活动项目中的作用是什么?
2. 在节事活动项目的人力资源管理中,应该按照什么标准选择正式员工和临时人员,并采取何种策略进行管理?

## 单元一 节事活动组织管理

### 一、节事活动组织

节事活动组织指为节事活动目标的顺利实现而组建起来的,专门从事节事活动运作和管理的正式群体,并形成一定的机构。也就是说,在节事活动过程中形成整体力量,以完成单独个人力量的简单总和所不能完成的各个项目,实现不同于个人目标的组织总体目标。

**1. 节事活动组织特点**

(1)专业化。由于节事活动的运作和管理是一个复杂的过程,这就要求有一个专业的项目团队来完成。节事活动运作组织的各部门负责人和工作人员都应该具备相应的教育背景和从业经验。当然,并不是要求组织中每一个成员都是"万能手",至少在其负责的项目方面具有其他人不可替代的作用。节事活动专业化团队不仅可以提高节事活动运作的效率,最重要的是,可以实现活动效益的最大化。

(2)一次性。基于当前我国节事活动的发展阶段,很多节事活动组织是根据节事活动举办的需要建立的一个临时性结构。一般来说,一项节事活动完成以后,项目组织就解散了。

(3)灵活性。节事活动要具有适应环境变化的灵活组织形式和用人机制。由于节事活动组织具有较强的目的性和时间性,节事活动举办者在进行组织结构设计时,一切部门的设计和人员的安排都是按照"物尽其用"和"人尽其才"的原则进行的。特别是节事活动的许多工作人员并不是正式人员，在工作安排上，务必加强节事活动组织的灵活性。

（4）统一协调性。由于节事活动组织具有临时性特点，为了提高节事活动运作的效率，举办者在组建节事活动组织时必须按照统一协调性的原则进行，使组织形式简单、高效并且运转灵活。否则，不同工作人员和部门的矛盾会严重影响组织目标的顺利实现。

**2. 节事活动组织设计基本原则**

（1）因事设职与因人设职相结合。组织设计的根本目的是保证组织目标的实现，是使目标活动的每项内容都落实到具体的岗位和部门，即"事事有人做"，而非"人人有事做"。因此，在节事活动组织设计中，自然而然地要求从工作特点和需要出发，因事设职，因职用人。

（2）权责对等。组织中每个部门和职务都必须完成规定的工作，而为了完成一定的工作，需要利用一定的人、财、物等资源。因此，为了保证"事事有人做""事事都能正确地做好"，在组织设计中，不仅要明确各部门的任务和责任，还要明确规定这些部门利用人、财、物以及信息等的权力。权责对等原则就是进行组织结构的设计时，既要明确规定每个管理层次和各个部门的职责范围，又要赋予完成其职责所必需的管理权限，职责与职权必须协调一致。只有职责，没有职权或权限太小，则职责承担者的积极性、主动性必然会受到束缚，实际上也不可能承担起应有的责任；相反，只有职权而无任何责任，或责任程度小于职权，将会导致滥用权力，产生官僚主义等，在实际组织设计中应尽量避免这两种倾向。科学的组织结构设计应该是将职务、职责和职权形成规范，订出章程，使无论什么人，只要担任该项工作就必须遵从。

（3）目标统一。组织结构的设计和组织形式的选择必须有利于组织目标的实现。任何一个组织都与既定的组织目标有密切关系，否则它就没有存在的意义。为此，组织目标层层分解，机构层层建立下去，直到每一个人都了解自己在总目标实现中应完成的任务，这样建立起来的组织机构才是一个有机整体，才能为保证组织目标的实现奠定基础。

此外，节事活动组织设计的原则还有分工协调、层幅适当、稳定性与适应性相结合以及均衡性等原则。

**3. 节事活动组织结构设计内容**

（1）工作部门的设置。工作部门应根据组织目标和组织任务合理设置。确定工作部门的同时需要确定这个部门的职权和职责，做到所拥有的权力应当与其所承担的责任相一致。

（2）工作部门的等级。在一个组织中，分权和集权是相对的，采取何种形式应根据组织的目标、工作的复杂性、领导的能力和精力、下属的工作能力等综合考虑。

（3）管理层次和管理幅度。管理幅度是指组织中上级主管能够直接管辖的下属的数量。管理层次亦称组织层次，指从顶层直接主管到底层具体工作人员之间形成的层次结构。管理层次和管理幅度取决于特定系统环境下的诸多因素，具体如下。

1）工作能力。主管人员及下属的能力。

2）工作内容和性质。主管所处的管理层次、计划的完善程度以及非管理性事务的占比等。

3）工作条件。助手的配备情况、下级人员工作地点的远近以及信息手段的配备情况。

**4. 节事活动组织结构类型**

组织结构类型是组织结构的明显标志，也决定着组织管理特点，对于提高组织的工作效率具有十分重要的意义。常见的节事活动组织结构类型见表6-1。

表 6-1　常见的节事活动组织结构类型

| 特征 | 组织形式 | | | | |
| --- | --- | --- | --- | --- | --- |
| | 职能组织型 | 矩阵组织型 | | | 项目组织型 |
| | | 弱 | 中 | 强 | |
| 项目经理权限 | 很少或没有 | 有限 | 小到中等 | 中到大等 | 很高甚至全权 |
| 全职人员比例 | 几乎没有 | 0～25% | 15%～60% | 50%～95% | 85%～100% |
| 项目经理任务 | 兼职 | 兼职 | 全职 | 全职 | 全职 |
| 项目经理常用头衔 | 项目协调员 | 项目协调员 | 项目经理 | 项目经理 | 项目经理 |
| 项目经理行政人员 | 兼职 | 兼职 | 全职/兼职 | 全职 | 全职 |
| 项目组织的独立性 | 完全没有 | 没有 | 有限 | 独立 | 完全独立 |

（1）职能组织型。该结构呈金字塔形，采用职能组织型，将节事活动项目放在节事活动公司或政府机构某个职能部门中运行。这个部门对项目的实施最有帮助或最有可能使项目成功，必要时，其他职能部门可提供协助。这种组织形式适合于规模较小、单一专业领域的项目。

（2）矩阵组织型。这是现代大型项目中应用最广泛的新型组织形式之一，它是职能组织型和项目组织型的结合，将职能组织型的纵向优势和项目组织型的横向优势有效结合起来。采用矩阵组织型，各职能部门中与项目有关的人员被临时抽调出来在项目经理的领导下从事项目工作，这时的成员接受双重领导。这种组织形式加强了各职能部门同各项目之间的协作关系。

（3）项目组织型。项目组织型是一种独立于其他职能部门之外、自成体系的项目机构。这种组织形式适合于大型节事活动，如奥运会。在这种组织形式中，几乎所有的项目成员都是全职的，各职能部门不直接参与项目工作。

## 二、节事活动企业与项目组织结构设计

### 1. 节事活动企业常用组织结构

（1）策划部。策划部是节事活动项目组织的基础部门，它的主要工作是策划，包括对整个节事活动的策划、组织的包装等。

（2）业务部。业务部是节事活动项目组织的重要部门之一，举办单位盈利与否直接取决于业务部的招商业绩。业务部主要负责招徕和联系参展商，有些组织又称业务部为招商部。其主要工作职责是招展宣传、选择参展商等，还负责节事活动展品运输、展台设计和施工等工作。

（3）市场部。市场部主要负责新闻宣传、广告策划实施，协调与各社会团体或政府的关系等。宣传工作是节事活动项目成功与否的基础保证，其手段主要是广告与联络。具体工作内容包括：根据市场变化为价格政策的制订和修正提供建议并报请领导批准后执行；执行合同款项的收取工作；负责有关节事活动项目的报批手续等。

（4）信息部。信息部负责节事活动的通信、网络数据的租赁业务，以及节事活动举办单位信息系统的规划、建设与维护，应用软件及办公电脑、耗材的采购与管理，同时还负责组织内部通信系统及网络的建设与保障工作等。

（5）人力资源部。人力资源部负责节事活动项目所需人员的招聘、培训、考核、奖罚等工作，保证项目所需的人力资源。

（6）工程部。工程部负责节事活动项目组织的各项基建工作，涵盖节事活动期间建筑物装饰、装修施工，以及设备设施的维修与养护。

（7）财务部。财务部的主要工作是编制节事活动项目预算，控制项目费用，筹集和运用好资金，使举办单位获得最佳收益。

（8）保安部。保安部的主要职责是维护节事活动现场的良好秩序，确保节事活动环境安全。节事活动策划公司的组织结构因其规模、定位、发展状况等情况的不同而有所不同，图6-1～图6-3给出了3种规模不同的节事活动策划公司的组织结构范本。

图6-1 小型节事活动策划公司组织结构范本

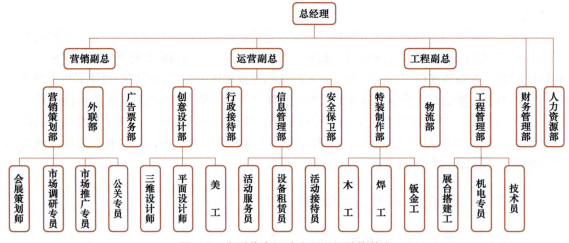

图6-2 中型节事活动公司组织结构范本

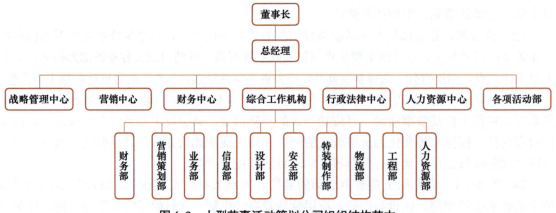

图6-3 大型节事活动策划公司组织结构范本

**2. 大型节事活动项目组织结构设计**

大型节事活动由于涉及的机构过多、人员过多，因此往往采用直线职能型组织结构。组委会一般从专业性和服务性两个方面入手，建立职能分布式的组织机构。图 6-4 为某届中国（宁海）徐霞客开游节组织机构结构图。

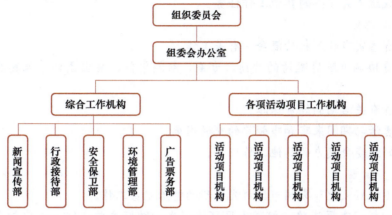

图 6-4　某届中国（宁海）徐霞客开游节组织机构结构图

### 案例 6-1　纪晓岚文化节组织机构及工作职责

纪晓岚文化节是宣传沧州、发展沧州、弘扬沧州文化、展现沧州的文化艺术和市民的精神风貌，招商引资、促进沧州的经济和两个文明建设加速发展的一项重要活动。为了办好这次活动，必须加强组织领导并且与全国权威组织机构联办。

主办单位：中国·沧州纪晓岚研究会。

协办单位：中鼎文化传播有限公司。

承办策划：中鼎文化传播有限公司。

为了办好这次活动，拟成立组委会，组委会下设各组织职能。

#### 一、办公室

（1）负责活动整体策划，制订节日活动总体方案，审核印发各单位活动方案。

（2）组织实施节日活动总体方案。

（3）督促检查各项活动准备进度。

（4）综合协调各工作机构、各承办单位的有关工作。

（5）承担组委会日常工作，提出组委会需要研究决定的事项。

（6）负责请柬、宣传袋的制作、发放工作。

（7）负责文化节宣传品的制作、发放工作。

（8）研究各组的工作职责。

（9）完成组委会交办的其他工作任务。

#### 二、保障组

1. 秘书组

（1）按时完成文化节主要活动文件、材料的起草、审核工作。

（2）负责做好市委、市政府邀请领导和重要来宾的联系、接待工作。

（3）汇总整个文化节期间邀请的外商、专家及有关方面领导的名单，罗列开幕式等重要活动与会人员、主席台人员名单等。

（4）完成组委会交办的其他工作任务。

2. 后勤保障组

（1）负责落实市政府招待酒会的有关工作。

（2）负责协调市政府邀请的外商、专家、新闻单位、演出团体等来宾在文化节期间的食宿事项。

（3）负责有关活动的经费保障。

（4）负责活动期间来宾和市领导的交通用车。

（5）做好组委会交办的其他工作任务。

3. 环境整治组

（1）负责做好文化节期间市区灯光工程的整治完善工作。

（2）负责抓好市区道路、河道小区环境卫生，做好主要道路、主要景点、宾馆、商场及会场周围的花木盆景布置工作。

（3）检查督促各主要接待宾馆以及市区饮食行业做好食品卫生工作任务。

## 三、保卫组

（1）牵头负责和综合协调文化节各项活动的安全保卫工作。

（2）检查督促各项活动的承办单位做好安全保卫工作。

（3）做好主要活动场所以及重要来宾、重要客商下榻场所的现场保卫工作。

（4）做好组委会交办的其他工作。

## 四、宣传组

1. 对外宣传组

（1）负责做好形象策划、文化节电视广告宣传和外宣品设计制作等工作。

（2）负责做好邀请境内外新闻单位来访的联系、接待工作，并做好采访活动的配合工作。

（3）及时做好本市新闻报道和专题报道工作。

2. 环境宣传组

（1）负责协调落实文化节大型广告宣传牌的安装、展示等工作。

（2）负责做好文化节环境宣传工作，包括充气拱门、氢气球等。

（3）认真做好组委会交办的其他工作。

## 五、活动组

1. 经贸论坛组

（1）综合协调邀请外商、专家的联系、接待工作。

（2）协调落实经贸洽谈、经济论坛等评选工作。

（3）负责做好招商资料、宣传资料的制作、发放工作。

**2. 旅游接洽组**

（1）邀请外地旅游公司、组织游客在文化节期间来旅游。

（2）协助做好星级宾馆的住宿安排等工作。

**3. 文艺活动组**

（1）负责落实文化节文艺活动的策划、筹备和演出，保证演出成功，做好外请演出团体的联系、接待工作。

（2）配合做好文化节活动的其他有关工作。

**六、财务处**

（1）负责统收统支活动的全部财务工作。

（2）负责广告招商和经费筹集的审定、监督和资金收缴工作。

（3）负责活动经费预算的审定、报批和会计工作。

（4）做好组委会交代的其他工作。

○ **学生活动 6-1**

活动主题：节事活动的组织结构。

活动目的：掌握节事活动组织结构的特点、原则、类型等。

活动形式：小组活动。

活动内容：任选一项中小型节事活动，讨论该节事活动组织结构的特点、原则、类型等。

## 单元二 节事活动项目团队管理

### 一、节事活动项目团队管理概述

#### 1. 节事活动项目团队的概念

团队是由员工和管理层组成的一个共同体，它合理利用每一个成员的知识和技能协同工作，解决问题，达到共同目标。节事活动项目团队是为实现节事活动项目目标而协同工作的个体的集合，是一个迅速形成的、由具备协作精神的成员所构成的临时性组织。节事活动项目团队的概念包含以下要素。

（1）共同的目标。每个组织都有自己的目标，项目团队也不例外，正是在这一目标的感召下，项目队员凝集在一起并为之共同奋斗。对于一个节事活动项目，为使项目团队工作有成效，就必须在项目开始前明确目标。

（2）合理分工与协作。在目标明确之后，每个成员都应该明确自己的角色、权利、任务和职责，明确各个成员之间的相互关系。在节事活动项目的实施过程中，每个人的行动都会影响到其他人的工作，因此团队成员需要了解为实现项目目标而必须完成的工作及其相互间的关系。

（3）高度的凝聚力。凝聚力指成员在项目内展现出的团结一致与互相吸引的向心力。凝聚力越强,团队对成员的吸引力越强,队员坚守规范的可能性越大。一个富有成效的项目团队,必定是有高度凝聚力的团队,它能使团队成员积极热情地为项目成功付出必要的时间和努力。

(4) 团队成员相互信任。团队的一个重要特征就是信任,即成员之间相互关心、相互信任,承认彼此存在差异,但能够自由表达,通过交流达到最终的理解与支持。

(5) 高效的沟通机制。团队应具有高效沟通的能力。项目团队应配备硬件设施,构建全方位的信息沟通渠道,保证沟通直接、高效;团队成员还应具备一定的沟通能力,能倾听、接纳其他队员的意见,并能经常得到有效的信息反馈。

### 2. 节事活动项目团队的目的和特征

节事活动项目团队建设的目的在于创造团队活力,提高团队的工作效率,完成节事活动项目目标。

节事活动项目团队成员来源广泛,通常情况由一些从未在一起工作过的人员组成。与传统的团队相比,节事活动项目团队具有以下特征。

(1) 成员来源的广泛性。节事活动项目团队成员来源比较广泛,特别是大型节事活动项目需要多个部门和成员的参与。

(2) 成员工作的双重性。节事活动项目团队成员多为兼职者,除兼职节事活动项目的工作外,还有自己的本职工作。例如,大型体育赛事活动有非常多的志愿者参与,包括医生、科技人员、大学生等。

(3) 成员工作的变动性。节事活动项目团队成员在节事活动项目周期所处的各个不同阶段变动较大。

(4) 经理权力的有限性。节事活动项目经理对团队成员没有足够的正式行政权力,有些项目团队成员的级别比项目经理高。

(5) 团队的临时性。节事活动项目团队是临时性的,多数随着节事活动项目的完成而解散。

### 3. 节事活动项目团队建设的重要性

(1) 明确目标与愿景。高效的团队能够清晰地定义并共享活动的目标与愿景。这有助于所有成员保持一致的方向,确保每个人的努力都朝着共同的目标前进,从而提高整体效率和成果质量。

(2) 专业技能互补。节事活动涉及策划、营销、执行、后勤、安全等多个领域,需要不同专业背景的人才。多元化的团队能够集合各领域的专业知识和技能,形成互补优势,有效解决活动筹备和执行过程中遇到的各种问题。

(3) 高效沟通与协作。良好的团队沟通是确保活动顺利进行的关键。团队成员之间的有效沟通能够减少误解和冲突,促进信息共享和资源整合。同时,紧密的协作能够确保各项任务按时完成,提高整体执行效率。

(4) 创新与应变能力。面对复杂多变的节事活动环境,一个富有创新精神和应变能力的团队能够迅速适应变化,提出新颖的解决方案。这种能力对于提升活动品质、增强吸引力至关重要。

(5) 增强凝聚力与归属感。团结、和谐的团队能够激发成员的积极性和创造力,增强团队的凝聚力和归属感。这种氛围有助于成员之间建立深厚的信任关系,促进相互支持和帮助，从而推动活动项目的顺利进行。

（6）提升服务质量与客户满意度。节事活动的最终目的是为参与者提供优质的服务和体验。高效的团队能够确保活动的各个环节都达到高标准，从而提升客户满意度和口碑。这不仅有助于活动的成功，还能为未来的活动项目积累宝贵的经验和资源。

（7）风险管理与应对。任何活动都可能面临各种风险和挑战。专业的团队能够提前识别潜在风险，制定有效的应对措施，确保活动在遭遇意外情况时能够迅速恢复并继续推进。

节事活动项目团队建设对于活动的成功至关重要。通过构建高效、专业、团结的团队，可以确保活动目标的顺利实现，提升活动品质和服务水平，为参与者带来难忘的体验。

## 二、节事活动项目团队组织管理

### 1. 节事活动项目团队的发展阶段与领导方式

节事活动项目团队从组建到解散是一个不断成长和变化的过程，一般可分为5个阶段。在节事活动项目团队的各阶段，其团队特点也各不相同，项目经理要根据不同阶段的特点对项目成员进行管理（见表6-2）。

表6-2 项目管理各阶段及特点

| 阶　　段 | 特　　点 |
| --- | --- |
| 组建阶段 | 团队成员试图确定自己在团队内部的角色 |
| 磨合阶段 | 成员之间关系紧张<br>出现内部斗争<br>谋取权力控制<br>向领导者挑战 |
| 规范阶段 | 项目团队接受了工作环境<br>项目规程得以改进和规范化<br>凝聚力开始形成 |
| 成效阶段 | 相互理解<br>高效沟通<br>充分授权<br>密切配合<br>高团队绩效 |
| 解散阶段 | 项目目标基本完成<br>团队成员准备离开 |

（1）组建阶段。在这一阶段，项目组成员刚刚开始在一起工作，总体上有积极的愿望，急于开始工作，但对自己的职责及其他成员的角色都不是很了解，他们会有很多的疑问，并不断摸索以确定何种行为能够被接受。

在这一阶段，项目经理需要进行团队的指导和组建工作。项目经理应向项目组成员宣传项目目标，并为他们描绘未来的美好前景及项目成功所能带来的效益；公布项目的工作范围、质量标准、预算和进度计划的标准和限制，使每个成员对项目目标有全面深入的了解，建立起共同的愿景；明确每个项目团队成员的角色、主要任务和要求，帮助他们更好地理解所承担的任务；与项目团队成员共同讨论项目团队组成、工作方式、管理方式、方针政策，以便取得一致意见，保证今后工作的顺利开展。

（2）磨合阶段。这是团队内激烈冲突的阶段。随着工作的开展，各方面问题会逐渐暴露。成员们可能会发现，现实与理想不一致，任务繁重而且困难重重，成本或进度限制严格，工作中可能与某个成员合作不愉快。这些都会导致冲突产生、士气低落。

在这一阶段，项目经理需要把握时机，创造一个理解和支持的环境。

1）允许成员表达他们的不满或关注的问题，接受并容忍成员的任何不满。

2）做好导向工作，努力解决问题和矛盾。

3）依靠团队成员共同解决问题，共同决策。

（3）规范阶段。在这一阶段，团队将逐渐趋于规范。团队成员经过磨合阶段逐渐冷静下来，开始表现出相互之间的理解、关心和友爱，亲密的团队关系开始形成，团队开始表现出凝聚力。另外，团队成员通过一段时间的工作，开始熟悉工作程序和标准的操作方法，对新制度也开始逐步熟悉和适应，新的行为规范得到确立并为团队成员所遵守。

在这一阶段，项目经理应做到：

1）尽量减少指导性工作，给予团队成员更多的支持和帮助。

2）在确立团队规范的同时，鼓励成员的个性发挥。

3）培育团队文化，注重培养成员对团队的认同感、归属感，努力营造出相互协作、互相帮助、互相关爱、努力奉献的氛围。

（4）成效阶段。在这一阶段，团队的结构完全功能化并得到认可，内部成员间的互动从相互了解与理解，深化为紧密协作，共同致力于高效完成当前工作。团队成员一方面积极工作，为实现项目目标而努力；另一方面成员之间能够开放、坦诚地进行沟通，互相帮助，共同解决工作中遇到的困难和问题，创造出更高的工作效率和满意度。在这一阶段，项目经理工作的重点应是：

1）授予团队成员更大的权力，尽量发挥成员的潜力。

2）帮助团队执行项目计划，集中精力了解成本、进度及工作范围的具体完成情况，以保证项目目标得以实现。

3）做好对团队成员的培训工作，帮助他们获得职业上的成长和发展。

4）对团队成员的工作绩效做出客观评价，并采取适当的方式给予激励。

（5）解散阶段。随着节事活动项目接近尾声，多数项目团队面临解散，团队成员出现不稳定因素，大家都在考虑自己的未来。这时必须改变工作方式才能完成最后各种具体任务，项目负责人要告诉各位成员还有哪些工作需要完成。

在解散阶段，项目负责人最好采取措施收拢人心，稳住队伍，同时也要考虑成员以后如何安排的问题，甚至给成员推荐新的工作。

在实际工作中，由于节事活动项目的特点，通常缺乏充裕的时间经历团队的"形成"和"磨合"，需要团队一成立就高效、规范地开展工作。这就要从两个方面来着手：一是在项目负责人和成员的选拔上，要考虑各自的从业背景、工作经验、教育背景、年龄、性格等，优先考虑有项目管理背景和工作经验的人。二是通过组织灵活、高效的项目团队启动会议，尽快使项目团队进入规范化阶段。

### 2. 节事活动项目团队工作环境与氛围建设

节事活动项目团队的工作环境和氛围对于是否能高效地完成项目非常重要。为形成良好的氛围，要增强团队的凝聚力、提高团队成员的士气并解决好工作中的冲突。

（1）形成团队凝聚力。团队凝聚力是指团队对成员的吸引力，成员对团队的向心力，以及团队成员之间的相互吸引。团队凝聚力不仅是维持团队存在的必要条件，而且对团队潜能的发挥有很重要的作用。一个团队如果失去了凝聚力，就不可能完成组织赋予的任务，本身也就失去了存在的条件。团队凝聚力的产生有内外两方面的因素：内在因素来自成员与团队本身（领导方式、团队目标、奖励方式等），外在因素来自环境的压力。

（2）提升团队成员士气。团队士气就是团队精神，团队精神能够使团队成员齐心协力，拧成一股绳，朝着一个目标努力。对团队中的个人来说，团队要达到的目标即自己必须努力的方向，从而使团队的整体目标分解成各个小目标，在每个队员身上都得到落实。

（3）化解团队冲突。节事活动项目团队在发展过程中，面对复杂的社会环境和繁重的工作压力，加之成员性格、经历等个体差异，团队工作中的冲突在所难免。冲突有利于暴露项目中存在的问题，经过激烈讨论，团队能有效地探寻并制订出解决方案。但如果不能及时处理冲突，就会破坏团结，导致团队士气不足、项目经理威信下降，甚至项目工作无法开展。

## 三、节事活动项目管理策略

### 1. 团队管理

（1）角色界定法。角色界定是深受团队建设者喜爱的一种方法。贝尔宾（Belbin）1981年提出了8个重要角色（见表6-3），后来他把"主席"换成"协调者"，把"公司工人"换成"实施者"，但是这些角色本身的意义没有改变。贝尔宾是通过一系列模拟练习得出角色定位。贝尔宾认为，成功的团队是通过不同性格的人结合在一起的方式组成的，成功的团队中必须包括担任不同角色的人。

表6-3　8个角色的行动与特征

| 角色 | 行动 | 特征 |
| --- | --- | --- |
| 主席 | 阐明目标和目的，帮助分配责任和义务，为群众做总结 | 稳重、智力水平中等、信任别人、公正、自律、积极思考、自信 |
| 左右大局者 | 寻求群体讨论的模式，促使群体达成一致，并做出决策 | 有较高的成就感、极易激动、敏感、没有耐心、好交际、喜欢辩论、具有煽动性、精力旺盛 |
| 内线人 | 提出建议和新观点，为行动过程提出新视角 | 个人主义、谨慎、知识渊博、非正统、聪明 |
| 监测\评估者 | 分析问题和复杂事件，评估其他人的成就 | 冷静、聪明、言行谨慎、公平客观、理智 |
| 公司员工 | 把谈话和观念变成实际行动 | 吃苦耐劳、实际、宽容 |
| 团队员工 | 为别人提供支持和帮助 | 喜欢社交、敏感、以团队为导向、不具有决定作用 |
| 资源调查者 | 介绍外部信息，与外部人员谈判 | 有求知欲、多才多艺、喜欢交际、直言不讳、具有创新精神 |
| 实施者 | 强调完成既定程序和目标的必要性，并且完成任务 | 力求完美、坚持不懈、勤劳、注重细节、充满希望 |

（2）构建统一的价值观。团队建设的核心是在团队成员之间就共同价值观和某些原则达成共识，因此，建设团队的主要任务是达成团队共识。魏斯特（West）提出了达成团队共识的 5 个方面，并以此作为指导团队建设的原则。

1）明确。必须明确建立团队的目标、价值观及指导方针，而且经过多次讨论。

2）鼓动性价值观。这些观点必须是团队成员相信并且愿意努力工作去实现的。

3）力所能及。团队共识必须是团队确实能够实现的；确定不现实或无法达到的目标是没有用的，因为这只会使人更想放弃。

4）共同愿景。所有团队成员都支持这一观点是至关重要的，否则他们可能遭遇各自目标相互矛盾或无法调和根本冲突的困境。

5）未来潜力。团队共识必须具有在未来进一步发展的潜力；拥有僵化、一成不变的团队共识是没有意义的，因为人员在变、组织在变，工作的性质也在变，需要经常重新审视团队共识，以确保它们能够适应新的情况和新的环境。

（3）任务导向法。以任务为导向的方法，强调团队要完成的任务。按照这一方法，团队必须清楚地认识到某项任务的挑战，然后在已有的团队基础上研究完成此项任务所需要的技能，并发展成具体的目标和工作程序，以保证任务的完成。

卡特森伯奇（Katzenbach）及史密斯（Smith）强调，在表现出色的团队中，任务导向法尤显重要。他们在现实组织环境中找出了建设高效团队的 8 条基本原则。

1）确定事情的轻重缓急，并确定指导方针。

2）按照技能和技能潜力而不是个人性格选拔团队成员。

3）对第一次集会和行动予以特别关注。

4）确立一些明确的行为准则。

5）确定并牢牢掌握以任务为导向的目标。

6）定期用一些新的事实和信息对团队成员加以考验。

7）尽可能多地共度时光。

8）利用积极的反馈、承认和奖励所带来的力量。

（4）人际关系法。人际关系法通过在成员间形成较高程度的理解与尊重，来推动团队的工作。T—小组训练是此方法的早期实践形式。

> **案例 6-2** 如何构建高效项目团队
>
> **1. 加强项目团队领导**
>
> 组建一支基础广泛的团队是建立高效项目团队的前提，在组建项目团队时，除考虑每个人的教育背景、工作经验外，还需考虑其兴趣爱好、个性特征以及年龄、性别的搭配，确保团队队员优势互补、人尽其才。
>
> 项目经理要为个人和团队设定明确而有感召力的目标，阐明实现项目目标的衡量标准，让每个成员明确理解他的工作职责、角色、应完成的工作及其质量标准。设立实施项目的行为规范及共同遵守的价值观，引导团队行为，鼓励与支持参与，接受不同的见解，珍视和理解差异，进行开放性的沟通并积极地倾听，充分授权，民主决策。营造以信任

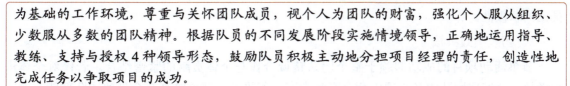

为基础的工作环境，尊重与关怀团队成员，视个人为团队的财富，强化个人服从组织、少数服从多数的团队精神。根据队员的不同发展阶段实施情境领导，正确地运用指导、教练、支持与授权4种领导形态，鼓励队员积极主动地分担项目经理的责任，创造性地完成任务以争取项目的成功。

### 2. 鼓舞项目团队士气

项目团队的士气依赖队员对项目工作的热情及意愿，为此，项目经理必须采取有效措施激发成员的工作热情与进一步发展的愿望，创造出信任、和谐而健康的工作氛围，让每个成员都知道，如果项目成功了，每个人都是赢家，个人的价值也得到了实现，否则便是双输，而且，任何人都不会比团队更聪明、更有战斗力。鼓励成员相互协调、彼此帮助，开诚布公地表达自己的思想，设身处地地提供反馈来帮助自己和队员与项目一道成长。提倡与支持不断学习的气氛，使团队成员有成长和学习新技术的机会，能够取得职业和人生上的进步。庆祝团队达到的里程碑，肯定与赏识个人与团队的成功。

灵活多样且丰富多彩的团队建设活动，如组织项目队员周末聚会、室外拓展、团队旅游等，是培养和发展个人友谊、鼓舞团队士气的有效方式。另外，通过定期召开项目团队会议，也能充分讨论关于建设高效团队的有益话题。例如：作为一个项目团队，我们应该怎样工作？哪些因素妨碍团队工作？如何克服？怎样改进才能使团队工作更有效？

### 3. 提高项目团队效率

建设高效项目团队的最终目的是提高团队的工作效率，项目团队的工作效率依赖于团队的士气和合作共事的关系，依赖于成员的专业知识和掌握的技术，依赖于团队的业务目标和交付成果，依赖于依靠团队解决问题和制定决策的程度。高效项目团队必定能在领导、创新、质量、成本、服务、生产等方面取得竞争优势，必定能以最佳的资源组合和最低的投入取得最大的产出。加强团队领导，鼓舞团队士气，支持队员学习专业知识与技术，鼓励队员依照共同的价值观去达成目标，依靠团队的聪明才智和力量去制订项目计划、指导项目决策、平衡项目冲突、解决项目问题，是取得高效项目成果的必由之路。

### 2. 团队激励

激励是驱使一个人做某件事的内在动力。节事活动项目团队成员的成绩表现，既取决于个人能力，也取决于他们对工作的投入程度。而有效的激励是提升工作投入度的重要手段。激励理论两个代表性观点如下。

（1）马斯洛的需求层次理论。马斯洛将人的需求分为五个层次，从低到高分别是生理需求、安全需求、社交需求、尊重需求、自我实现需求，只有较低层次的需求满足后，才会产生更高一层的需求。

（2）赫茨伯格的双因素理论。双因素理论把工作因素分为保健因素和激励因素两大类。

1）保健因素包括工作环境、工资待遇、工作环境等。这些因素对激励来说是中性的，但若得不到满足，就变成负激励。

2）激励因素是激发团队成员工作满足感的积极因素，如成就感、被认可、使命感等。在节事活动项目团队建设中，应充分利用激励因素，为员工创造更好的发展空间，以此提升员工的积极性。

**3. 团队绩效考核**

节事活动项目的成功仰赖于整个团队精诚合作与个体贡献的紧密结合。若仅对个体进行考核，会造成团队成员心理失衡，影响大家的积极性，严重时甚至会导致团队效能下滑。

（1）建立团队绩效评估体系。团队绩效评估体系包括团队成员个人工作表现考评、团队整体协作表现考评、团队在组织中的贡献度考评。

（2）绩效考核的方法。绩效考核的方法主要包括：①业绩考核法。该方法根据具体的工作任务和量化指标对成员进行考核。②目标管理法。目标管理法是一种结果导向的员工业绩考核方法，其核心思想在于通过设定明确、可衡量的目标，并对员工实现这些目标的情况进行评价，以此来激励员工提高工作绩效。③360度评价法，即在团队中实施全方位、全过程的评价，调动团队所有成员以及各个方面积极参与，收集多方反馈，以全面了解团队成员的工作表现。

## 单元三　节事活动项目人力资源管理

节事活动项目人力资源管理是根据项目目标，采用科学的方法，对项目组织成员进行合理选拔、培训、考核、激励，使其融入组织，保持并激励他们对本组织的忠诚与积极性，提高他们的工作绩效并做出相应的调整，充分开发他们的潜能，从而保证高效实现项目的目标。

节事活动项目人力资源管理工作主要包括人力资源计划、人员配备计划、人员招聘与培训。

### 一、节事活动项目人力资源计划

**1. 节事活动项目人力资源计划的概念**

节事活动项目人力资源计划是指节事活动项目组织为实现其发展目标，通过科学的分析，对所需人力资源进行供求预测，并制定必要的政策和措施，以满足项目在需要的时间和需要的岗位上获得必要的成员。

**2. 节事活动项目人力资源计划的编制原则**

（1）双赢原则。人力资源计划不仅是面向节事活动项目的计划，也是面向员工的计划。项目的发展和员工的发展是互相依托、互相促进的关系。优秀的人力资源计划一定是能够使项目和员工达到共同发展的计划。

（2）整体性原则。在制订人力资源计划时，必须以节事活动项目的总体目标为核心，确保所有工作都紧密围绕这一中心展开。同时，各部门之间的计划安排也需要相互协调、紧密配合，以确保整个项目的顺利推进。

（3）灵活性原则。人力资源计划需要面向未来，充分考虑项目组织内外部各种可能的影响因素。在制订计划时，要预留足够的调整空间，以便在实际情况发生变化时能够迅速做出调整，确保计划的灵活性和适应性。

**3. 节事活动项目人力资源计划的主要内容**

（1）组织规划。组织规划包括选择组织结构类型，确定各单位的分工协作及报告关系，并进行相应的权力分配。

（2）制订人员配备计划。根据项目范围计划、项目进度计划和组织规划，预测出项目在整个实施过程中各阶段所需要的各类人员数量。

（3）制订团队成员的开发计划。根据项目目标制订针对项目团队成员的培训计划、绩效考评计划、激励计划等。

（4）计划执行的控制。项目组织将节事活动项目人力资源计划付诸实践，并根据实施结果进行评估与修正。

## 二、节事活动项目人员配备计划

节事活动项目人员配备计划是一项极其重要的工作，尤其是对于大型节事活动项目，人员配备计划安排得是否妥当，不仅对项目人工成本有影响，而且也会影响项目组织工作的效率。

### 1. 人员配备计划的内容

根据人力资源总体规划的要求，制定出节事项目在整个实施过程中人力资源配备的规划和安排。具体内容包括人员配备计划需要多少岗位、每个岗位的职责和具体任务是什么、每个岗位对人员有哪些资格要求、配备的人员从哪里来，以及有什么具体的安排和打算。

### 2. 人员配备原则

根据节事活动项目的岗位数量和要求，对所需人员进行恰当而有效的配备，必须坚持以下几个重要的人员配备原则。

（1）用人所长。用人所长是指在用人时不能够求全责备，管理者应注重发挥个体的长处。

（2）因事择人。因事择人是指应以所设岗位和工作的实际要求为选拔标准，精心挑选符合标准的各类人员。

（3）量才为用。量才为用是指根据个体的能力和素质的不同，合理安排不同难度与要求的工作。从组织内部人力资源的角度来考虑，只有根据个体的特点来安排工作，才能使人的潜能和工作热情得到最大限度的激发。如果学非所用、大材小用或小材大用，不仅会严重影响组织效率，也会造成人力资源计划的失效。

（4）动态平衡。动态平衡意味着需持续评估个人的能力成长与岗位需求变化，使那些能力发展充分的人去从事组织中更为重要的工作，同时也要使能力平平、不符合岗位要求的人得到识别及合理调整，最终实现人与岗位、工作的动态平衡。

## 三、节事活动项目人员招聘与培训

### 1. 人员招聘

人员招聘是运用各种各样的方法和手段使节事活动项目组织获得足够、高质量的人力资源的过程。这项工作的好坏直接关系到节事活动项目的成功与否，因为项目所有的工作都是由人来完成的。人员招聘的目标就是要获得项目所需的人力资源。

（1）人员招聘的方式。

1）内部招聘。内部招聘是从节事活动项目组织所在公司或团体的内部人员中招聘所需人力资源。优点：调动公司内部员工的积极性；对人员了解全面，准确性高；不需要培训，成本较低。缺点：人员来源局限。

2）外部招聘。外部招聘是从节事活动项目组织所在公司或团体以外招聘所需的人力资源。优点：人员来源广泛，选择面宽，能带来新的思想和方法，尤其可以招聘到公司原来没有的特殊人才。缺点：节事活动项目组织者对招聘来的人员不了解，存有一定的风险，而且外来人员进入角色相对较慢。

（2）人员招聘的方法。内部招聘一般采用的方式包括发布公告、管理层指定和查阅档案选拔；外部招聘一般采用的方式是发布广告、就业中介介绍、网络招聘、上门招聘和接收各方推荐。

（3）人员选拔的方法。应聘者提出申请后，由招聘者进行筛选。选拔过程包括审查申请表、笔试、面试、全面评估、人员甄选、工作模拟、心理测试等环节。节事活动项目在选拔人员时要考虑其特殊性，选择招聘途径时可内外结合。对临时性专业人员需要量大的项目可考虑外部招聘，主要形式包括人员推荐、依托职业介绍机构与人才交流市场、求职者登记、选拔应届毕业生、公开招募等。

### 2. 人员培训

节事活动项目组织员工发展（或开发）工作的首要任务是员工培训，多数是短期和针对性很强的专业培训。

培训计划是培训工作的指南，应根据人力资源配备计划、项目进度计划、工作说明书及工作规范等文件的要求，做出项目目标实现过程中对项目组织各类人员的培训安排。培训计划的主要步骤包括评估培训需求、确定培训目标、选择适当的方法、合理安排时间，并设计科学的评价培训效果的方式和实践环节。节事活动项目员工培训的主要形式有两种：一是岗前培训；二是在岗培训。

（1）节事活动项目组织员工培训的主要内容。

1）活动基础知识与流程。

①节事活动概论。介绍节事活动的定义、分类、发展历程及未来趋势，让员工对节事活动有全面的认识。

②活动策划与流程。详细讲解节事活动的策划原则、方法、实施步骤及策划书的撰写技巧，确保员工能够独立完成活动策划工作。

2）专业技能培训。

①市场营销。教授市场调研、目标市场选择、营销计划制订及执行评估等技能，提升员工在市场推广和品牌建设方面的能力。

②项目管理。培训项目进度管理、质量控制、成本预算及风险管理等技能，帮助员工有效管理活动项目。

③安全管理。强调活动现场的安全管理措施，包括应急预案制定、安全设备使用及事

故处理等,确保活动安全进行。

3)团队协作与沟通。

①团队建设。通过团队建设活动和拓展训练,增强员工之间的信任与合作,提升团队的凝聚力和向心力。

②有效沟通。培训员工如何进行有效沟通,包括倾听、表达、反馈及解决冲突等技巧,确保团队内部信息畅通无阻。

4)客户服务与应急处理。

①客户服务。教授员工如何提供优质服务,包括服务态度、沟通技巧及客户需求满足等方面,提升客户满意度。

②应急处理。培训员工在突发事件中的应对能力,包括快速响应、紧急疏散及危机公关等技能,确保活动顺利进行。

5)职业素养与法律法规。

①职业素养。强调员工的职业道德、职业操守及职业形象等方面,提升员工的整体职业素养。

②法律法规。培训员工了解与节事活动相关的法律法规知识,确保活动合法合规进行。

6)实践操作与案例分析。

①实践操作。通过模拟演练和实地操作等方式,让员工亲身体验活动筹备和执行的各个环节,加深对理论知识的理解。

②案例分析。选取成功和失败的节事活动案例进行分析,让员工从中吸取经验教训,提升解决问题的能力。

(2)节事活动项目组织员工培训的方法。根据项目的实际状况和培训项目、培训对象的具体情况,选择灵活的培训方式,是保证培训取得预期成效的重要条件。鉴于节事活动项目高度强调应用性和实践性,为了提高培训质量,达到培训目的,往往需要各种方法配合起来灵活使用,尤其要重视使用讲授法、角色扮演法、案例分析法、讨论法等4种常用方法。在培训时应根据培训方式、培训内容、培训目的,灵活选择一种或多种方法,以实现最佳培训效果。

1)讲授法。讲授法是传统教育方法之一,也是目前常用的培训方法,即由讲授者通过语言表达,系统地向受训者传授知识,期望这些受训者能记住其中的重要观念与特定知识。

2)角色扮演法。角色扮演法是一种于培训活动中所采用的方法,其向一组学员呈现一个特定情景,要求他们分别扮演不同角色并进行现场演绎,而其余学员则作为观众进行观摩。角色扮演法给受训者提供了一个机会,可以在一个逼真且没有实际风险的环境中去体验、练习各种技能,并能够得到及时的反馈。角色扮演法适合用于对员工进行人际关系协调的培训。

3)案例分析法。案例分析法就是把在实际生活中已经发生并记录下来的案例提供给员工进行剖析、研究,在讨论的基础上提出自己的见解,并要求有鲜明的论点和较为充分的论据。案例分析法的突出特点是注重启发和挖掘员工的分析、判断和决策能力,促使其运用新知识、新方法思考问题,达到借鉴经验教训、分析前因后果、提高处理问题能力的目的。

案例分析法是一种在静态中深入剖析具体案例的方式，使员工能够融入模拟的角色。其适用对象多为中层以上的管理者。

4）讨论法。讨论法是由培训者提出讨论题并设一定的限制条件，组织和引导员工开展讨论并给予指导，最终得出正确结论的培训方法。

**案例 6-3　第十四届冬运会志愿者招募条件及要求**

（1）自愿参加第十四届全国冬运会志愿服务。
（2）年龄在 2005 年 7 月 1 日前出生，身体健康。
（3）遵守中华人民共和国法律法规，无违法犯罪记录。
（4）具有奉献精神，工作热情、尽职尽责、遵纪守法，热心志愿服务事业，具有基本的体育运动常识。
（5）能够参加赛前的培训及相关活动。
（6）能够在第十四届全国冬运会组委会安排的时间和岗位全程服务，部分岗位需要提前半年熟悉岗位，并到岗服务。
（7）具有良好的沟通交流能力，母语不是汉语的申请人应具备熟练的汉语交流能力。
（8）具备志愿服务岗位必需的专业知识和技能。
（9）具有一定志愿服务经历的申请人或近两年参加过体育文化等大型活动的志愿服务者优先。
（10）本次招募以海拉尔区、牙克石市、扎兰屯市、赤峰市、喀喇沁旗、乌兰察布市、凉城县等各赛区所属高校优秀志愿者为主，辅助招募其他地区和社会志愿者。

○ 学生活动 6-2

活动主题：认识节事活动项目人力资源管理。
活动目的：掌握节事活动人力资源的管理方法。
活动形式：小组讨论。
活动内容：以当地一项节事活动为例，分小组讨论如何招募、培训人力资源。讨论之后，每个小组指派一名代表阐述见解。

# 实训项目八　节事活动项目员工模拟招聘实训

| 工作任务 | 模拟节事活动项目招聘现场，学生在现场模拟应聘，并回答相关招聘提问 |
|---|---|
| 实训提示 | 组织分工：教师将学生每 5～7 人分为一组，组成招聘面试小组，招聘节事活动项目部门经理、营销人员、客服人员和策划人员，每名学生根据职务选择进行面试应聘<br>任务研究：教学关键在于让学生深入掌握节事活动项目职位职责要求，面试程序和步骤，适应面试现场所提出的问题和回答的技巧，同时理解节事活动项目所需要的人才规格，加强自身锻炼<br>注意事项：学生在应聘的过程中，应由教师事前准备好企业面试时提问较多的问题，同时归纳节事活动项目对人才能力的要求 |

## 模块六　节事活动组织与团队管理

（续）

| | | 实训建议 |
|---|---|---|
| 三维度 | 方法能力 | 沟通能力、职业解析能力 |
| | 专业能力 | 面试沟通能力、职务解析能力 |
| | 社会能力 | 面试应聘能力、沟通交流能力 |
| 工作6要素 | 工作环境 | 实训室 |
| | 工作对象 | 职位面试应聘 |
| | 工作内容 | 制订应聘计划和应聘简历 |
| | 工作手段 | 小组讨论、面试应聘 |
| | 工作组织 | 节事活动项目招聘工作小组 |
| | 工作结果 | 招聘到满意的节事活动项目成员 |
| 工作6步骤 | 第一步：信息 | 节事活动项目职位职责信息、应聘技巧信息、企业招聘技巧信息 |
| | 第二步：决策 | 个人能力与职位职责权衡 |
| | 第三步：计划 | 团队协商、个人能力协调、应聘沟通技巧 |
| | 第四步：实施 | 团队策划、职位职责设计、面试沟通 |
| | 第五步：检查 | 教师对学生的职位职责设计进行指导，并指导面试的沟通技巧 |
| | 第六步：评估 | 针对每名学生的面试情况进行评价和指导 |

## 思考与练习

### 一、不定项选择题

1. 节事活动组织的特点包括（　　　）。
   A．专业化　　　　　　　　　　　　B．一次性
   C．灵活性　　　　　　　　　　　　D．统一协调性
2. 节事活动组织设计的基本原则包括（　　　）。
   A．因事设职与因人设职相结合　　　B．权责对等
   C．目标统一　　　　　　　　　　　D．统一安排
3. 节事活动项目团队的概念包含的要素有（　　　）。
   A．共同的目标　　　　　　　　　　B．合理分工与协作
   C．高度的凝聚力　　　　　　　　　D．团队成员相互信任
   E．高效地沟通
4. 节事活动项目团队的特征包括（　　　）。
   A．成员来源的广泛性　　　　　　　B．成员工作的双重性

C. 成员工作的变动性 　　　　　　　D. 经理权力的有限性
E. 团队的临时性

5. 节事活动项目人员配备原则包括（　　　）。
A. 用人所长原则 　　　　　　　　　B. 因事择人原则
C. 量才为用原则 　　　　　　　　　D. 动态平衡原则

## 二、填空题

1. 节事活动组织结构类型主要有_____、_____和_____。
2. 节事活动企业常用组织结构有策划部、业务部、_____、_____、_____、_____、_____和_____。
3. 节事活动项目团队是为了实现_____而协同工作的一组个体的集合。
4. 项目团队从组建到解散，一般可分为5个阶段，即_____、_____、_____、_____和_____。
5. 节事活动项目人力资源管理工作主要包括_____、_____和_____。
6. 节事活动项目人力资源计划的编制原则是_____、_____和_____。
7. 节事活动项目人员招聘的方式主要包括_____和_____两种。
8. 节事活动项目员工培训的主要形式包括_____和_____两种。
9. 节事活动项目培训主要使用_____、_____、_____和_____等4种常用方法。

## 三、名词解释

节事活动组织　　节事活动项目团队　　节事活动项目人力资源管理

## 四、简答题

1. 简述节事活动组织设计的基本原则。
2. 简述节事活动企业常用组织结构。
3. 简述节事活动项目人力资源计划的编制原则。
4. 简述节事活动人力资源管理工作的主要内容。
5. 简述节事活动项目团队的特征。

## 五、论述题

论述节事活动项目人员的招聘与培训。

# 模块七　节事活动进度管理

### 知识目标
掌握节事活动进度管理的概念和方法；了解节事活动进度计划编制的特点；掌握节事活动进度计划的主要内容；掌握节事活动项目计划的主要内容；了解项目进度控制的概念、原理及影响因素。

### 技能目标
具备节事活动项目全过程的管理能力；具备节事活动项目计划制订能力；具备灵活应用节事活动项目进度管理方法的能力；具备对节事活动项目进度计划变更调整的能力。

### 素养目标
培养合理安排时间的能力。

## 案例导入

**2023 年宁波时尚节暨第 27 届宁波国际服装节工作进度安排**

第 27 届宁波国际服装节于 2023 年 10 月 19—21 日在宁波市举行，活动由中国纺织工业联合会、宁波市人民政府、中国服装协会、浙江省经济和信息化厅联合主办。本届服装节的工作进度安排如下：

1. 4 月底前

调研起草 2023 年宁波时尚节暨第 27 届宁波国际服装节总体方案及工作方案；确定经费预算；拟订各项活动初步工作方案。

2. 5—7 月

筹备工作全面启动；有关文化、经贸活动方案进一步细化；2023 年宁波时尚节暨第 27 届宁波国际服装节招商、招展、宣传工作全面展开；编印服装节简报；确定环境宣传总体方案；各部门于 6 月底之前上报活动方案。

3. 8 月

拟订重要活动实施方案；印发 2023 年宁波时尚节暨第 27 届宁波国际服装节工作大纲；启动重点嘉宾邀请工作。

4. 9 月 1—18 日

印发重要活动实施方案；重要来宾邀请函全部发出；逐步加大宣传力度；对各部门工作落实情况和存在问题进行一次全面检查，对一些重大问题进行协调解决；召开服装节组委会全体会议。

**5. 9月19日—10月17日**

筹备工作进入倒计时。进一步加大新闻和环境宣传力度，组织本市及国内外有关新闻媒体开辟服装节专栏和专题，配合做好有关宣传活动；重要嘉宾和客商名单落实；确定服装节重要活动操作手册和现场指挥方案；9月底之前主体建筑竣工；确定领导活动安排，完成重要活动讲话稿；对服装节活动场馆和各项活动进行全面检查。

**6. 10月18日**

国内外嘉宾抵甬，下午举行新闻发布会，晚上举行2023年宁波时尚节暨第27届宁波国际服装节大型主题文艺演出。

**7. 10月19—21日**

按工作大纲和实施方案及操作手册全面展开和实施本届服装节各项活动。

**8. 11—12月**

汇总整理2023年宁波时尚节暨第27届宁波国际服装节的文件、资料，编制经费决算，完成总结、评比和表彰工作；完成财务审计与绩效考评工作。

【思考】根据案例资料中的工作进度，绘制各项工作甘特图。

# 单元一 节事活动进度管理概述

## 一、节事活动进度管理概念

节事活动进度管理是指在节事活动项目实施过程中，对各阶段的进展程度和项目最终完成的期限所进行的管理，是为了保证节事活动在规定时间内得以完成的一系列管理活动与工作。节事活动进度管理主要工作包括节事活动分解和定义、活动排序、每项活动及整个项目的合理工期估算、项目进度计划制订、资源共享分配以及项目进度监控。在节事活动项目的进行过程中，进度问题是最为普遍，同时也是最为突出的问题。

## 二、节事活动进度管理方法

节事活动项目管理过程中，尤其是前期筹备过程中有大量细致的工作，而且每项工作都相互交叉，因此必须对每项工作开始的时间、需要的时间以及完成的时间做出详细的规定和安排。节事活动项目的举办时间有严格的规定且不能随意更改，所以，节事活动计划都要以举办时间为基点，以推导的方法制订进度计划，以控制各项工作的进度。

项目进度管理概述（上）

项目进度管理概述（中）

项目进度管理概述（下）

**1. 节事活动项目描述**

在制订节事活动进度计划时，首先要确认和描述节事活动的特定范围和内容，将其组成要素加以细分，以便更好地管理和控制。制订节事活动进度计划时，应根据立项规划书的活动目的、宗旨，策划方案的主题、范围及可行性，结合方案中的调研信息、活动项目的假设及约束条件等来描述活动项目团队成员和利益相关者为完成项目成果而必须完成的各项具体安排。

**2. 节事活动项目分解**

（1）节事活动项目工作分解结构。节事活动项目目标确定以后，要编制出完善的进度计划，就要对项目进行分解，就是把整个节事活动项目分成便于执行的各个具体任务。项目分解是编制进度计划、实施进度控制的基础。

项目分解采用的工具是工作分解结构图。工作分解结构（Work Break-down Structure，WBS）就是将整个节事活动项目分解成便于管理的具体活动。通过这种方法可以把一个项目分解为由任务、子任务、工作包等构成的等级式结构，就好像直接来源于项目行动计划的一种树状图，是一个随项目工作由粗到细的分解过程。工作分解结构图将项目的各项工作及其内容确定下来，最后以图表的形式列出，即编制一个项目工作列表或图，它也是工作分解和工作定义的最终结果。某活动的4级工作分解结构模型如图7-1所示。

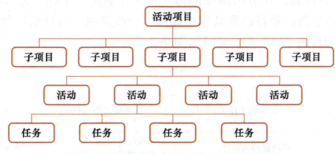

图7-1　某活动的4级工作分解结构模型

（2）制定WBS的过程。

1）根据此次节事活动项目目标召开会议，集体讨论主要工作事项。

2）分解节事活动项目的各项工作。WBS的典型层级包括：总项目、子项目或主体工作任务、主要工作任务、次要工作任务、小组任务或者工作元素。

3）画出相应的树状图，也就是WBS。

4）对每个子项目进行描述，并确定每个子项目的生命周期。

5）将主要的子项目分解成更细、更便于管理的任务。

6）进行反复讨论和严格论证，以验证项目工作分解是否正确、恰当，并根据需要及时调整。

7）在验证分解完全正确后，建立一套标号系统。

8）随着其他计划编制活动的进行，进一步修改WBS。

遵循上述步骤所形成的工作分解结构图定义了整个节事活动项目中所有的项目范围。包含在WBS中的每一项工作都必须得到妥善执行。因此，节事活动项目分解过程十分重要，是决定项目成败的关键。节事活动项目经理和各个职能经理以及项目小组的每个成员都应该积极参与到项目分解工作中，以使其更符合节事活动项目管理的需要。

在节事活动项目中，第一层级按节事活动项目的工作流程分解，而第二层级和更低层级则按工作的内容划分。某公司2024年元旦庆祝活动WBS举例如图7-2所示。

# 节事活动管理实务

图 7-2 某公司 2024 年元旦庆祝活动 WBS 图

WBS 编码旨在为项目工作分解图中的每一项工作确定一个独一无二的编码。编码可以采用多位数字，具体位数视项目的复杂程度而定。一般来说，项目越复杂，采用的编码位数越多。某节事活动项目的 WBS 工作编码如图 7-3 所示。

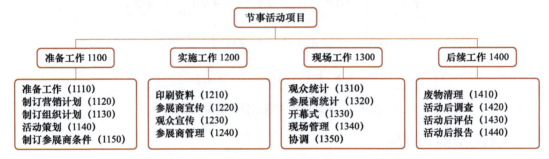

图 7-3 某节事活动项目的 WBS 工作编码

工作分解结构工作编码除了用图形来表示以外，还可以用列表表示（见表 7-1）。

表 7-1 某公司 202× 年元旦庆祝活动 WBS 工作编码

| 202× 年元旦庆祝活动 | | | | 工 作 名 称 |
|---|---|---|---|---|
| 工 作 编 码 | | | | |
| 1. 宣传 | 1.1 | | | 报刊广告 |
| | 1.2 | | | 街头海报 |
| | 1.3 | | | 电视广播 |
| | 1.4 | | | 家庭宣传 |
| | 1.5 | | | 文娱节目 |
| 2. 场地 | 2.1 | | 2.1.1 | 舞台 |
| | | | 2.1.2 | 音响灯光 |
| | | | 2.1.3 | 观众席 |
| | | | 2.1.4 | 节目策划与调查 |
| | | | 2.1.5 | 调查或实地观察 |
| | | | ⋮ | ⋮ |
| 3. 游戏 | 3.1 | | | 游戏项目的设计 |
| | 3.2 | | | 游戏项目的实施 |
| ⋮ | ⋮ | | | ⋮ |

**3. 工作描述**

在对节事活动项目进行分解的基础上，为更明确地描述项目包含的各项工作的具体内容和要求，需要对工作进行描述。工作描述的依据是项目工作分解结构图，其结果是工作（任务）描述表及项目工作列表。

（1）工作（任务）描述表（见表 7-2）。

表 7-2 工作（任务）描述表

| 任 务 名 | 制订节事活动营销计划 |
|---|---|
| 任务交付物 | 节事活动营销计划 |
| 任务描述 | 市场调研、确定目标市场、制定营销方式组合 |
| 考核标准 | 报名参展的目标观众层次和数量达到预定标准 |
| 假设条件 | 制定节事活动目标 |
| 约束 | 节事活动营销预算 |
| 负责人 | 确定节事活动营销组负责人 |

（2）项目工作列表。如果需要对项目所有工作（任务）描述表进行汇总，可以用列表的形式列出所有工作的基本流程，见表 7-3。

表 7-3 项目工作列表

| 工作编码 | 工作名称 | 输 入 | 输 出 | 内 容 | 负责单位 | 协作单位 | 相关工作 |
|---|---|---|---|---|---|---|---|
|  |  |  |  |  |  |  |  |
|  |  |  |  |  |  |  |  |
|  |  |  |  |  |  |  |  |

项目工作列表中每一项的具体含义如下：

1）工作编码。每个工作编码是唯一的。
2）工作名称。各项任务的名称。
3）输入。完成本任务的前提条件。
4）输出。完成本任务之后需交付的成果。
5）内容。本任务的工作内容及具体流程。
6）负责单位。负责本任务的单位或部门。
7）协作单位。完成本任务的协作单位和部门。
8）相关工作。与本任务相关的下一层次工作。

工作（任务）描述表和项目工作列表应该清楚列明每项任务的最终输出结果、此项工作为下一步的工作创造什么条件，以及此项任务开始之前必须具备哪些条件。这样就可以使项目小组人员清楚项目工作分解结构图中每项任务之间的前后联系和先后顺序，从而为进度安排做准备。

#### 4. 制定工作责任分配表

工作责任分配就是将所分解的工作落实到有关部门和个人，并且明确界定有关部门（或者个人）对各项工作的责任和地位。工作责任分配表可以明确每个部门和每个项目成员在项目中的职责、职位，还可以表明项目组织内部各部门之间、人与人之间的项目关系。

责任分配表可以有多种表现形式。责任人在项目中地位的差异可以用图例符号来表示。但不管用何种形式来表示，基本的格式都是表格或者矩阵。列项用 WBS 编码标明分解后的各项任务，横项则列出项目组的各部门或各负责人员，在横项与列项相交的空格内则用图例符号表示任务和各部门或各成员之间的关系。

#### 5. 确定工作先后顺序

根据工作（任务）描述表或者项目工作列表可以看出，在节事活动项目中有很多工作的执行必须有一定的前提条件，依赖于一定工作的完成。确定工作先后顺序是制订进度计划的前提，项目管理人员必须知道每项工作之间的关系，再结合完成每项工作所需要的时间，确定节事活动项目各项工作的先后顺序，依据如下。

（1）节事活动工作（任务）描述表中或者项目工作列表中的详细内容，包括但不限于任务描述、考核标准、假设条件、约束、输入、输出等信息。

（2）各项活动之间的必然联系。活动之间的必然联系是基于客观规律所形成的任务间的先后顺序关系。例如，策划组在进行节事活动策划之前必须进行可行性研究，确保策划方案具有可行性之后，节事活动才能实际操作。

（3）节事活动项目之间人为设定的依据关系。节事活动项目中有很多活动并没有严格的先后顺序，有些活动可以交叉进行。对于这些活动，不同的项目管理者根据不同的节事活动项目，可以有不同的顺序安排。因为这种活动安排带有明显的人为性和主观性，因此也被称为"软逻辑关系"。

（4）节事活动项目的约束条件。节事活动项目的顺序可以使用图形表示，也可以用文字表示。不管以什么方式来表示，在决定以何种顺序安排节事活动项目时，都需要针对每项活动回答3个问题：①该活动开始之前，有哪些活动已经完成？②哪些活动可以与该项活动同时开始？③哪些活动只有在该活动完成之后才能开始？在明确了这3个问题之后，就可以合理地安排项目活动顺序并绘制项目顺序图，从而可以全面描述节事活动项目中各活动之间的相互顺序和关系。

#### 6. 进度安排

把节事活动项目分解为各个子任务，并确定各项工作及活动的先后顺序与所需时间后，就可以安排项目的时间进度。项目进度安排是项目控制的重要依据，它是以项目工作分解结构、先后顺序、时间为依据，详细安排工作的开始时间、终止时间的一种有效的项目管理方法。

项目进度安排的结果是项目进度的具体呈现，其主要内容是明确工作的计划开始时间和终止时间。编制项目计划的主要目的是对节事活动项目进度实施控制。编制项目进度计划的方法有以下几种。

（1）甘特图。甘特图是美国学者甘特于 20 世纪初发明的一种最早的预算计划方式，这种方法使用棒图或者条形，表示项目活动顺序并安排和计划项目的工期。甘特图把项目活动按照纵向排列展开，而横向则表示项目或时间和工期，并把每项活动持续时间的长短用棒图的长短来表示。甘特图简单、明了、直接、易于制作，至今还在项目管理的进度计划中被普遍使用。图 7-4 是用甘特图表示的某节事活动项目的进度安排。

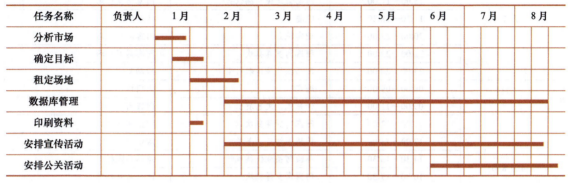

图 7-4　节事活动项目进度安排甘特图

（2）里程碑计划。项目中的里程碑事件是对整个项目有着重大影响，决定项目成功与否，并对其他工作有着重要参考价值的重大事件。里程碑计划是以项目中某些重要事件的完成或者开始时间作为基准形成的计划，是一个战略计划或者项目框架。通过里程碑计划可以对项目进度有宏观上的把握，是编制更细进度计划的基础。节事活动管理中会有很多里程碑事件，如节事活动目标的制订、营销计划的制订、参展商和观众的宣传等。表 7-4 是以某个表演活动中里程碑事件的起始时间为基准制订的里程碑计划。

表 7-4　某个表演活动的里程碑计划

| 时间 | 目标描述 |
| --- | --- |
| 2023 年 5 月 | 完成节事活动项目的总体策划 |
| 2023 年 6 月 | 完成节事活动项目报批工作 |
| 2023 年 7 月 | 完成主要演员、场地、宾馆的签约、预订工作 |
| 2023 年 9 月 | 完成表演项目首轮征集，找到 4 家以上赞助商 |
| 2023 年 10 月 | 首轮广告宣传行动结束，再次征集 4 家以上赞助商 |
| 2023 年 11 月 | 表演节目第二轮征集，完成广告权拍卖活动 |
| 2023 年 12 月 | 最终确定和报批表演节目，完成彩排活动 |
| 2024 年 2 月 | 完成第二轮广告宣传活动并举办活动 |
| 2024 年 3 月 | 完成结项报告，处置所有剩余财产 |

（3）日程表。日程表是指根据日期安排活动顺序及内容的表格。多数节事活动项目的管理者都离不开日程表。在计划的初期，日程表的内容比较明了，时间的分配只局限于活动项目的具体构成因素，随着活动日期的临近，日程表变得更为详尽，如某个工作人员的变动等。活动开始之际，日程表上已清楚确定每个人员的任务和责任。

# 节事活动管理实务

**案例 7-1** 2023 年芒市阿昌族阿露窝罗节日程安排

地点：芒市风平镇风平村委会龙昌移民村

| 日期 | 时间 | 内容 | 地点 |
| --- | --- | --- | --- |
| 4月7日 | 14:30—17:30 | 来宾报到 | 活动室 |
| | 14:30—17:30 | 迎宾 | 大门口 |
| | 15:00—17:00 | 阿昌族传统祈福仪式 | 阿露窝罗广场 |
| | 17:30—18:30 | 晚餐 | 活动室 |
| | 20:00—22:00 | 迎宾晚会 | 阿露窝罗广场 |
| | 22:00—23:00 | 阿露窝罗舞狂欢 | 阿露窝罗广场 |
| | 23:00—24:00 | 阿昌族传统山歌对唱 | 活动室 |
| 4月8日 | 08:00—09:00 | 迎宾 | 大门口 |
| | 09:00—11:00 | 开幕式、文艺演出 | 阿露窝罗广场 |
| | 11:00—12:00 | 阿露窝罗舞狂欢 | 阿露窝罗广场 |
| | 12:00—13:00 | 民族团结餐（午餐） | 活动室 |
| | 14:30—16:30 | 体验阿昌族民族风情 | 龙昌移民村 |
| | 16:30—17:30 | 阿露窝罗舞狂欢 | 阿露窝罗广场 |
| | 17:30—18:30 | 晚餐 | 活动室 |
| | 19:30—20:30 | 阿露窝罗舞狂欢 | 阿露窝罗广场 |
| | 20:30—23:30 | 阿昌族春灯文化表演 | 阿露窝罗广场 |
| | 23:30—24:00 | 阿昌族传统山歌对唱 | 活动室 |
| 4月9日 | 09:00—10:00 | 闭幕式 | 阿露窝罗广场 |
| | 10:00—11:30 | 阿露窝罗舞狂欢 | 阿露窝罗广场 |
| | 11:30—12:30 | 午餐 | 活动室 |

### 三、节事活动进度管理特点

#### 1. 影响节事活动进度管理的因素

节事活动项目是开放的项目，各方面都受到外界的强烈影响。影响节事活动项目进度的因素有很多，归纳起来主要有以下几个方面。

（1）政治、经济和社会等因素。政治和社会因素既可能促进节事活动项目的举办，也可能影响甚至叫停一项节事活动的举办。有时经济形势也对节事活动产生消极影响，如失业率的不断增加。

（2）人的因素。节事活动是人与人之间的互动甚至狂欢，主要表演者的迟到或者缺席会极大地影响活动的演出效果，参与者的行为也会影响活动的进度安排。

（3）天气因素。对于持续时间较长的室外节事活动，恶劣的天气可能会推迟这类活动的举办，或者效果难尽人意。

（4）供应商因素。节事活动举办过程中需要的食物、酒水、饮料和必要的设施设备等，如果不能按期运抵活动现场或者运抵后发现其质量不符合有关标准的要求，都会对进度产生影响。

（5）承办单位自身管理水平因素。现场的情况千变万化，承包单位的施工方案不当、计划不周、管理不善、解决问题不及时等，都会影响活动项目的进度。

**2. 节事活动进度管理的内容**

节事活动进度管理包括3个方面的内容，理解这一点对节事活动具有重要意义。

（1）时机。节事活动项目涉及面广，举办意义重大，往往还具有某种政治和社会意义，因此必须选择一个好时机来举办。例如，选择一个好时机来举办可以锦上添花，即便在不利的环境中，选择适当的时机来举办也可以雪中送炭、重振信心或重振当地经济。在确定举办时间时最好考虑以下因素。

1）谁是目标观众。这一点非常重要，因为人们在不同的季节和时间可能会有不同的期待和打算。例如，在中国，清明节是祭祖的时间，人们的情感肃穆且庄重，此时不宜举办欢快热烈的节事活动。

2）活动内容。如果室外活动项目较多，选择在相应的季节举办比较好。

3）场地是否能拿到。这对节事活动是非常关键的，因为节事活动往往需要宽大的场地，而在某一地区这类场地的数量可能十分有限。当策划好一切，准备租用场地时，你可能会发现，场地在数月之前，甚至数年之前都已经出租出去了。

4）组织者偏好。这主要是源于一种惯例，可能在当初举办时组织者基于对气候、宗教等各个方面的考虑而喜欢选在某个时候办。例如，夏季奥林匹克运动会和世界杯足球赛一般都选在夏季，即使主办地有时酷暑难耐。

5）是否有竞争性活动。如果当地同时或相近时间还有规模比较大的活动甚至是类似活动，如大型音乐会，主办方要考虑到自己的竞争能力和观众的承受能力，否则或许会自讨苦吃。即使不是在当地举办的活动，甚至是远隔万里的活动，也可能对本地的活动造成致命的影响。例如，世界杯足球赛对所有其他活动都可能具有破坏性的影响。

（2）时点。如果举办时机还是一个比较偏大的时间概念，举办时点就非常具体了，它是指节事活动以及节事活动的各项子活动的具体开始时间。可以设想一下，2024年冬运会将在什么时间开幕、最重要的比赛将在什么时候登场等。这种设想可以是小组讨论和创意的结果，有时也可能是人们的普遍共识。例如，很多具有倒计时性质的活动都会选择在一个特定的时刻开始。这个时刻会有多具体？对节事活动而言，这个时刻要细化到小时，甚至分钟、秒，这对活动成功至关重要，并需要仔细考虑并巧妙构思创意。

（3）时段。它是指一项节事活动及其各项子活动持续时间的长度。时段的含义对活动组织者和观众是不一样的。对于观众，时段仅仅意味着一项活动要持续多长时间；而对于组织者，除了规划活动时间外，还要兼顾准备时间和撤场时间，以及如何在较长的一段时间内维持观众的兴奋点和新奇感，不能为了凑时间而安排活动。

## 单元二　节事活动进度计划编制

### 一、节事活动进度计划编制特点

节事活动进度计划编制就是根据项目活动定义、项目活动排序、项目活动工期和所需要资源的估计，对项目进行分析，编制项目时间计划的工作，其目的是明确和控制项目活动时间，保证项目能够在满足时间约束条件的前提下实现其总体目标。

节事活动项目的特点决定了节事活动进度计划编制与一般的项目计划不一样，这体现在以下几个方面。

**1. 进度计划有多个版本**

节事活动因为时间跨度长，所以其进度计划会有多个版本，主要包括以下几种。

（1）总体进度计划。这是一个总的活动大纲，相当于"进度宪法"，所有活动进度安排都必须依据这个"宪法"来制定。这个进度计划中规定最明确的就是活动的开幕时间和闭幕时间，必须精确到分秒，而其他时间节点则有的严格，有的可能比较宽松。

（2）过程进度计划。节事活动不但举办时间长，申办、筹备甚至收尾时间都可能很长，因此可以根据不同的阶段制订各自的进度计划。

（3）分项进度计划。这是指在总体进度计划的框架下，对活动的各个子活动或各项准备工作制订的进度计划。

（4）滚动计划。滚动计划是在总体进度计划的框架下，按照"近细远粗"的原则制订一定时期内的计划，对近期活动计划可以订做得精确一些，而对远期活动计划可以订得粗略一些，以便随着活动的进行而不断调整。

（5）多个利益主体计划。节事活动的进度计划受各方面影响较大，因此必须让各利益相关方都有自己的时间表，并符合总体进度计划的要求。

这些计划可能包括面向所有利益相关者的版本、对外公布的版本和内部使用的版本等，各版本之间必须紧密衔接，不能出现冲突和矛盾。

**2. 进度计划要满足特殊利益相关者的需要**

节事活动项目有众多的利益主体参与其中，各个利益主体又可能对节事活动有不同的影响力和诉求。因此，在编制进度计划时不能单纯地从技术、执行的角度出发，要对主要利益相关者有所照顾。这方面的例子有很多，简要介绍如下。

（1）满足政府的要求。节事活动的举办一般要得到政府的批准，而政府可能希望借助节事活动达成政治或者社会经济发展的目的。例如，如果某个领导人决定要出席，节事活动的举办时间或许就要根据其活动日程灵活调整。

（2）满足媒体的要求。节事活动离不开媒体，特别是新媒体，它们往往是节事活动的主要赞助商，是活动收入的主要来源；媒体也是节事活动吸引各方关注的主要渠道。所以节事活动的进度安排有时要屈从于媒体，特别是考虑到实况转播的需要。

（3）满足特殊观众的需要。满足特殊观众的需求是新媒体在内容策划与播出时段选择上的重要考量。新媒体需要深入分析其最重要的客户群体，即那些对特定内容有高度兴趣与需求的观众。以体育赛事为例，观众观看比赛的时段偏好——无论是白天、晚上还是凌晨，都是节事策划中不可或缺的关键要素。

再如，如果策划的节事活动希望有大量青少年参加，最好时机是寒暑假。因为这一时期青少年空余时间最为充裕，选择这一时期举办活动能更有效地满足这一特殊观众群体的需求，提高活动的参与度与影响力。

**3. 明确项目所有活动时间表**

节事活动项目进度计划能够清楚地显示关键活动、关键路径以及里程碑事件的时间要求,有利于项目团队把握时间控制的关键点。时间表是各方力量均衡的产物。各职能部门在审核时间表时,会从各部门的角度考虑其可行性,如财务部门会核算其成本,法律部门会判断其合法性,稽核部门会考虑其合规性,人力资源部门会考虑人员配置等,从而系统地保证项目顺利实施。时间表在最终得到决策层的批准后,将成为项目组和职能部门之间的沟通桥梁和控制工具。

#### 4. 明确资源调配时间

一份清晰的进度计划同时也是调配资源的时间表,因为它从一开始就可以告知在节事活动项目实施的过程中哪些资源可以共享使用,哪些资源需要筹备,哪些资源必须保证供应等基本信息。

#### 5. 时间进度计划要与应急计划联系起来

节事活动由于参与人数众多,观众可能要等候很长时间才能有参与的机会,一旦不能按时举行,就应该立刻启动应急计划,以免引发观众情绪上的波动。

## 二、节事活动进度计划的主要内容

合理的节事活动进度计划是项目经理成功开展项目进度管理的前提和保证,因此节事活动进度计划的编制对项目进度管理的成败至关重要,关系到整个项目是否能够按计划正常、有序地进行以及是否能够取得预期的成效。

#### 1. 节事活动进度计划细节

节事活动进度计划是项目进度管理的根本依据,是项目进度管理计划制订的前提。节事活动进度计划通常包括以下内容。

节事活动进度计划

1)每项活动的历时。
2)每项活动计划开始时间和结束时间。
3)每项活动必须开始和完成的最早时间。
4)每项活动必须开始和完成的最迟时间。
5)每项活动的松弛时间。
6)关键路径和关键活动。
7)里程碑事件等。

节事活动进度计划的明确并不仅仅是指项目经理对进度计划明确,更重要的是,要通过有效沟通、召开项目会议等途径,使团队的成员、客户、其他利益相关者都了解项目进度计划。一份公开、明确且获得各方认可的进度计划,将成为有关各方共享的文件,同时也对有关各方执行计划形成潜在的制约力量。

#### 2. 衡量节事活动实际进度

项目经理要明确采用哪种项目追踪形式(是亲自参与还是授权下属)来确定项目进度计划的实施情况、评估项目实际进度并撰写项目状态报告。

对于项目追踪过程,要大体做出如下计划和说明。

(1)明确各个团队成员在项目追踪过程中的任务和职责。项目经理可以适当授权给团队成员,因为这可以使项目经理从日常事务中解脱出来,专心处理项目的重大问题,集中精力去做最有意义和最关键的工作。同时，授权有助于培养团队成员的才干，使其有机会独立处理问题，调动其工作热情。

（2）明确开展项目追踪的具体流程。项目团队成员应严格按照自己的任务和职责进行项目追踪，定期向上级汇报项目的进展情况，再由项目经理将收集到的项目进展情况进行汇总。项目经理可以确定项目关键活动的完成时间，并与项目进度计划中的时间进行比较，确定项目的完成情况。

（3）规范项目状态报告的编写。项目经理应指定专门人员撰写项目状态报告。项目状态报告的撰写一定要规范，无论是格式还是内容都要前后一致、连贯、清晰明了。项目状态报告的撰写频度可以根据项目周期的长短来确定，也可以和客户协商后决定。项目状态报告不仅要写明项目的实际进度情况，同时还要附有相应进度的项目工期计划，使客户可以清楚地了解项目进度的偏差。

项目追踪报告可能存在疏漏和不足，如项目团队成员的汇报可能并不完全真实。所以，项目追踪的开展一定要建立在真实记录、诚实汇报的基础上。只有这样，才能确保项目状态报告的可行性和可比性，为项目进度管理提供一个可靠的信息来源。

### 3. 评鉴节事活动进度计划的实际完成情况

节事活动项目进度管理的一个重要课题就是确认项目实际进度与基准进度之间的差距，并度量这种差距是否达到需要采取纠偏行动的程度。一般来说，项目进度的偏差有两种情况：项目实际进度快于基准进度，或者项目实际进度落后于基准进度。比较多的情况是项目实际进度落后于基准进度。在这种情况下，项目进度管理的任务就比较艰巨了，项目经理必须仔细分析项目实际进度落后于基准进度的原因。一般来说，造成这种差距的原因有可能来自以下几个方面。

（1）项目团队成员没有严格按照项目进度计划来执行项目，导致有些活动甚至全部活动都超出了项目进度计划规定的时间，造成整个项目的实际进度过慢。

（2）项目的资源供应或资源计划并不能完全满足项目按进度计划顺利执行的要求，即使团队成员本身能够按时完成项目，但资源无法按时供应也会导致项目的实际进度落后于基准进度。

（3）项目进度计划本身制订不合理。在有些情况下，团队成员本身在执行计划上并不存在问题，只是由于项目进度计划对团队成员的工作能力要求过高，使团队成员根本无法按时完成项目。

无论出现哪种情况，由于活动进度都是对外公开的，而且任何一项活动都会涉及服务提供者和观众，所以出现偏差时必须明确应采取哪些措施予以解决。

○ 学生活动 7-1

活动主题：节事活动进度计划编制。
活动目的：能够学会节事活动进度计划编制。
活动形式：小组讨论。
活动内容：以当地一项节事活动为例，让学生根据节事活动的策划方案编写进度计划，并用甘特图表示出来。

## 单元三 节事活动进度控制

### 一、节事活动进度控制的概念

节事活动进度控制是指在既定的时间内,编制出最优的进度计划,在执行该计划的过程中,经常检查既定情况,并将其与计划进度相比较,若出现偏差,便分析产生的原因和对时间的影响程度,找出必要的调整措施,修改原计划,不断地循环,直至竣工验收。节事活动项目进度控制的总目标是确保节事活动项目既定目标的实现,或者在保证质量和不因此而增加实际成本的条件下,适当缩短时间。

### 二、节事活动进度控制的原理

#### 1. 动态控制原理

节事活动进度控制是一个不断变化的动态过程。在项目的开始阶段,实际进度按照计划进度的规划进行,但由于外界因素的影响,实际进度的执行往往会与计划进度出现偏差,产生超前或滞后的现象。这时通过分析偏差产生的原因,采取相应的改进措施,调整原来的计划,使二者在新的起点上重合,并通过组织管理作用的发挥,使实际进度继续按照计划进行施工。同样,在一段时间后,实际进度和计划进度会出现新的偏差。如此反复。

#### 2. 系统原理

节事活动进度控制是一个系统性很强的工作。进度控制中计划进度的编制受许多因素的影响,不能只考虑某一个因素或某几个因素。进度控制组织和进度实施组织也具有系统性。因此,节事活动进度控制应该综合考虑各种因素的影响。

#### 3. 信息反馈原理

信息反馈是节事活动进度控制的重要环节,实际进度通过信息反馈给基层进度控制工作人员,在分工的职责范围内,信息经过加工逐级反馈给上级主管部门,最后到达主控制室,主控制室整理统计各方面的信息,经过比较分析做出决策,调整进度计划。节事活动进度控制不断调整的过程,实际上就是信息不断反馈的过程。

#### 4. 弹性原理

影响节事活动进度计划的影响因素很多,因此进度计划的编制应留出余地,使计划进度具有弹性。进行进度控制的时候就应该利用这些弹性,缩短有关工作的时间,或改变工作之间的搭接关系,使计划进度和实际进度吻合。

### 三、影响节事活动进度的因素

为了对节事活动项目进度进行有效控制,必须在进度计划实施之前对影响项目进度的因素进行分析,进而提出保证项目进度计划顺利实施的措施,以实现对项目进度的主动控制。影响节事活动项目进度的因素有很多,归纳起来,主要有以下几个方面。

### 1. 相关单位的影响

影响节事活动项目进度的单位不只是承办单位。事实上，只要是与项目有关的单位（如政府有关部门、设计单位、物资供应单位、资金贷款单位，以及运输、通信、供电等部门），其工作进度的滞后必将对施工进度产生影响。因此，控制施工进度仅仅考虑承办单位是不够的，必须充分发挥监理的作用，协调各相关单位之间的进度关系。而对于那些无法进行协调控制的进度关系，在进度计划的安排中应留有足够的机动时间。

### 2. 条件的影响

在节事活动项目过程中，一旦遇到高温、暴雨、洪水等方面的不利因素，必然会影响到节事活动项目进度。此时，承办单位应利用自身的技术组织能力予以克服。主办单位应积极疏通关系，协助承办单位解决那些自身不能解决的问题。

### 3. 各种风险因素的影响

节事活动风险因素包括政治、经济、技术及自然等方面的各种可预见的因素。政治方面的风险有战争、内乱、罢工、拒付债务、制裁等；经济方面的风险有延迟付款、汇率浮动、换汇控制、通货膨胀等；技术方面的风险有项目事故、标准变化等；自然方面的风险有地震、洪水等。

### 4. 管理水平的影响

节事活动现场的情况千变万化，如果承办单位的实施方案不当，计划不周，管理不善，解决问题不及时等，都会影响项目的施工进度。

正是由于上述各种因素的影响，节事活动项目进度计划的执行过程难免会产生偏差，一旦发现进度偏差，就应及时分析产生的原因，采取必要纠偏措施或调整原进度计划，这一调整过程是一种动态控制的过程。

## 四、节事活动进度计划变更步骤

由于节事活动具有独特性和较强的创新性，利益相关者的需求随着时间的推移和环境的变化往往会发生各种变化，节事活动项目所需的各种资源价格、种类也可能发生各种变化，因此项目实施将面临各种风险。节事活动项目在启动以后将面临很强的不确定性，各个相关方常常由于各种原因要求对项目进度控制计划进行修改，甚至重新规划，这一类修改或变化统称为变更。节事活动项目变更发生在项目的范围、进度、质量、费用、风险、人力、资源、沟通、合同等众多方面且相互影响，计划变更分为以下几步。

### 1. 提出变更要求

节事活动项目管理计划中包括管理与控制项目进度计划，其中的绩效报告提供有关进度绩效的实际信息，清晰揭示了哪些任务已按时完成、哪些任务还没有完成，并详细记录变更请求，即基于项目当前的进度状态提出变更要求。对于节事活动而言，任何一方不能单独提出变更并予以执行，主要利益相关者必须重新协商和确定新的时间表。

### 2. 审查变更要求

在节事活动项目设立之初，除了要有完善的项目进度控制计划、团结协作的项目团队之外，还要有一个相对独立的协调和监督小组来协调和监督项目的进度。当提出项目变更要求的时候，监督小组要对变更要求进行审查，以确保变更的权威性和公正性。

首先，审查引起节事活动项目进度变更的因素是否如变更请求所描述的那样，对变化因素的评价是否公允，以便确定是否有必要变更计划。其次，明确是否有必要对原计划进行修改，还是仅需采取一些进度补救措施。在计划的执行过程中对进度计划进行变更，不但会打乱原有进度安排，还会造成对项目管理其他方面的影响。因此当遇到变更请求时，首先应考虑启动应急计划或采取应急措施，观察是否可以消除变化所带来的不利影响，然后再考虑调整进度计划。

#### 3. 确定将要进行的变更，改变原项目进度计划

如果节事活动项目的实际执行情况和原先的项目进度计划不符，又没有相应的应急计划和应急措施可以采用，那么原先的项目进度计划就不再适用，需要对其进行变更。同时还应该指出的是，节事活动项目计划的变更和采用应急计划及计划的备选方案还是有所不同的。一项周密的计划在制订过程中，必然会考虑有可能出现的意外状况，并且针对出现率较高的意外情况制订应急计划，以便在出现意外时启动应急计划或者备选方案。

#### 4. 制订新的计划

在以上决策基础上，审视原有的节事活动项目进度计划，明确原有计划需要变更的部分，尽快制订出新的项目进度计划，让大家有章可循。

计划的制订和修改都需要遵循一定的原则，采取特定的科学方法。为了节约时间和费用，此时制订的计划无须像制订初始计划那样按部就班，而是根据计划的不足之处，着重针对需要变更的部分进行变更。

### 五、节事活动进度控制方法和措施

#### 1. 节事活动进度控制方法

节事活动项目进度控制方法主要是规划、控制和协调。规划是指确定节事活动项目总进度控制目标和分进度控制目标，并编制其进度计划。控制是指在节事活动项目实施的全过程中，进行项目实际进度与项目计划进度的比较，出现偏差及时采取措施调整。协调是指协调与施工进度有关的单位、部门和工作组之间的进度关系。

对项目进展情况进行控制的方法主要是跟踪检查。对进度计划的执行情况进行跟踪检查是计划执行信息的主要来源，是进度分析和调整的依据。跟踪检查的主要工作是定期收集反映项目实际进度的有关数据，收集的数据应当全面、真实、可靠，不完整或不正确的进度数据将导致判断不准确或决策失误。为了全面、准确地掌握进度计划的执行情况，应认真做好以下 3 方面的工作。

（1）定期收集进度报表资料。进度报表是反映项目实际进度的主要方式之一。进度计划执行单位应按照进度管理制度规定的时间和报表内容，定期填写进度报表。管理者通过收集进度报表资料掌握项目实际进展情况。

（2）现场实地检查项目进展情况。管理者应深入现场，随时检查进度计划的实际执行

情况，这样可以加强进度监测工作，掌握项目实际进度的第一手资料，使获取的数据更加及时、准确。

（3）定期召开现场会议。定期召开现场会议，通过与进度计划执行单位的有关人员面对面交谈，既可以了解项目实际进度状况，同时也可以协调有关方面的进度关系。

**2. 节事活动进度控制措施**

节事活动项目进度控制采取的主要措施有组织措施、技术措施、合同措施、经济措施和信息管理措施等。

组织措施主要是指落实各层次的进度控制人员、具体任务和工作责任；建立进度控制的组织系统；按照节事活动项目的结构、进展阶段或合同结构等进行项目分解，确定其进度目标，建立控制目标体系；确定进度控制工作制度，如检查时间、方法、协调会议时间、参加人员等；对影响进度的因素进行分析和预测。技术措施主要是采用加快进度的技术方法加快项目进度。合同措施是指在与分包单位签订合同时，确保合同时间与有关进度计划目标相协调。经济措施是指实施进度计划的资金保证措施。信息管理措施是指不断地收集实际进度的有关资料，并对其进行整理统计，与计划进度比较，定期向组织单位提供比较报告。

○ 学生活动 7-2

活动主题：节事活动进度计划的变更步骤。

活动目的：学生能够掌握影响节事活动进度的因素及其变更的程序。

活动形式：小组讨论。

活动内容：以"第六届海南岛国际电影节"为例，假设出现意外情况，请根据具体情况变更节事活动项目的步骤。（设立背景：2018年4月13日，习近平总书记在庆祝海南建省办经济特区30周年大会上郑重宣布，党中央支持海南全岛建设自由贸易试验区，逐步探索、稳步推进中国特色自由贸易港建设。《中共中央、国务院关于支持海南全面深化改革开放的指导意见》明确提出支持海南举办国际电影节，海南岛国际电影节应运而生。海南岛国际电影节由国家电影局指导，中央广播电视总台与海南省人民政府共同主办，致力于加强国际电影文化交流与合作，推动电影产业发展，促进电影创作繁荣。）

## 实训项目九　节事活动项目工作进度计划表的制定

| 工作任务 | 广州某公司拟策划主办华南地区食品博览会，根据节事活动项目启动阶段的工作任务，利用工作进度计划制订的方法，在一个月的时间内编制出项目启动小组的工作进度计划表，要求明确具体工作描述与责任人 |
|---|---|
| 实训提示 | 组织分工：教师将学生分成5～8人一个小组，每小组选出1人担任项目经理，1～2人担任经理助理<br>任务研究：详细分析节事活动项目启动工作中的细目任务，并形成准确描述<br>注意事项：学生们可能刚刚接触节事活动启动工作，对很多具体工作并不了解，本次实训的重点在于训练学生对项目管理各要素的把握，教师应从学生掌握项目管理要素的方法和项目操作程序的应用能力方面进行引导 |

(续)

| | | 实训建议 |
|---|---|---|
| 三维度 | 方法能力 | 正确运用项目管理要素的能力，计划中应充分体现项目管理要素的合理应用与正确的工作程序 |
| | 专业能力 | 掌握节事活动项目工作的实施要点，能完整运用项目管理要素，能利用正确的团队工作方法和工作程序进行节事活动项目启动运作 |
| | 社会能力 | 良好的沟通能力、团队合作能力、问题解决能力 |
| 工作6要素 | 工作环境 | 实训室或户外草坪 |
| | 工作对象 | 节事活动项目启动工作计划 |
| | 工作内容 | 制订工作计划表 |
| | 工作手段 | 桌面调研、小组讨论、方案写作 |
| | 工作组织 | 节事活动项目启动工作小组 |
| | 工作结果 | 节事活动项目启动工作计划表 |
| 工作6步骤 | 第一步：信息 | 节事活动项目启动工作的内容、食品市场信息、项目管理方法等信息 |
| | 第二步：决策 | 以项目经理为团队核心，形成有效的团队工作计划步骤与决策方法 |
| | 第三步：计划 | 人员分工与时间控制 |
| | 第四步：实施 | 人员分工实施过程与团队决策结果 |
| | 第五步：检查 | 由小组选派1～2名学生进行小组工作过程与工作结果介绍 |
| | 第六步：评估 | 教师根据项目工作的方法，组织全体学生对各组计划方案所体现的项目要素完整性和团队工作配合度进行评价 |

## 思考与练习

### 一、不定项选择题

1. 编制项目进度计划的方法有（　　　　）。
   A．甘特图　　　　B．里程碑计划　　　　C．日程表　　　　D．图标
2. 节事活动进度管理的内容包括（　　　　）。
   A．时机　　　　B．时点　　　　C．时段　　　　D．其他
3. 进度计划要满足特殊利益相关者的需要，包括（　　　　）。
   A．满足政府的要求　　　　B．满足媒体的要求
   C．满足特殊观众的需要　　　　D．满足一般观众的需要

### 二、填空题

1. 编制项目进度计划的方法有_____、_____、_____。

2．节事活动进度控制原理有_____、_____和_____。

3．节事活动进度控制采取的主要措施有_____、_____、_____、_____和_____。

4．进度计划有多个版本，主要包括_____、_____、_____、_____和_____。

### 三、名词解释

节事活动进度管理　　节事活动进度控制

### 四、简答题

1．简述节事活动进度管理特点。
2．简述影响节事活动进度管理的因素。
3．简述节事活动进度计划编制特点。
4．简述节事活动进度计划主要内容。
5．简述节事活动进度计划变更步骤。

# 模块八　节事活动赞助

## 知识目标

掌握赞助及节事赞助的基本概念；了解节事赞助的特点及原则；了解国内外节事赞助的发展概况；了解赞助方案的考量因素和原则；掌握节事赞助方案应包含的内容；掌握节事赞助的实施步骤；掌握节事赞助专业知识。

## 技能目标

具备灵活运用不同节事赞助形式的能力；具备在节事赞助活动中对原则的把握能力；能制订节事赞助方案；具有在不同节事活动中灵活应用的赞助方案能力；能够根据节事活动的特点及赞助商的情况，编制赞助方案；具有有效实施节事赞助的能力；能针对节事赞助中出现的具体问题，及时提出解决方案。

## 素养目标

培养奉献精神、服务精神和创新开拓精神。

## 案例导入

### 奥运会赞助商的"掘金"大战

巴黎奥运会拥有15个全球合作伙伴、7个高级合作伙伴、13个官方合作伙伴，以及44个官方供应商。据外媒披露，巴黎奥运会获得12.26亿欧元赞助金额。而除了成为奥运会赞助商之外，许多国内品牌则选择以赞助中国体育代表团或各项目代表队的方式，加入了奥运的"掘金赛场"。

根据巴黎奥运会官方网站的信息，奥运会的赞助商共分为四档：Worldwide Partners（全球合作伙伴）、Premium Partners（高级合作伙伴）、Official Partners（官方合作伙伴）和Official Supporters（官方供应商）。其中，最高一级的奥林匹克全球合作伙伴，又被称为"TOP计划"。该赞助计划始于1985年，每4年为一个签约周期，包含一届夏季奥运会和冬季奥运会。加入"TOP计划"的企业，将获得在全球范围内使用奥林匹克知识产权（如奥林匹克五环图案标志、奥林匹克旗、奥林匹克格言、奥林匹克徽记、奥林匹克会歌）的权利。同时，这些企业还将拥有广告优先权，以及奥运会期间参与赞助圣火传递、奥林匹克公园、赛场产品专卖、展销、促销的权利，并享有全球范围内产品、技术、服务类别的排他权利。入围"TOP计划"的赞助商业务范围涵盖了各大领域，阵容可谓豪华，其中也包括如阿里巴巴这样的中国企业。成为奥运会的顶级合作伙伴，对于企业而言无疑具有极高的推广价值，但同时也意味着高额的赞助支出，因此每一届奥运会都设置赞助商的不同层级，以吸纳更多的企业加入。比如巴黎奥运会有 7 家高级合作伙伴企业，包括奢侈品巨头 LVMH 集团、零售巨头家乐福集团等大众耳熟能详的品牌。此外，巴黎奥运会还有 13 家官方合作伙伴企业，以及 44 家官方供应商企业。从总体数量上看，已经超越东京奥运会。

奥运会的赞助商席位，对于众多企业而言都具备强大的吸引力。除此之外，诸多企业也会通过其他方式与奥运产生联系。比如 2023 年 10 月，安踏就与国际奥林匹克委员会签约，成为国际奥委会未来四年的官方体育服装供应商，合约期至 2027 年。而不少中国本土企业则选择与中国奥运代表团或各运动队达成合作，与其一同登上巴黎奥运会的舞台。比如 2023 年 12 月，盼盼食品就宣布将作为 2024 年巴黎奥运会中国体育代表团官方赞助商，陪伴中国体育健儿征战巴黎奥运会。这也是盼盼食品继 2022 年北京冬奥会、2023 年杭州亚运会后，再次亮相国际大型体育赛事的舞台。而在近期，中国女排也与奇瑞汽车签约，后者正式成为中国女排的官方合作伙伴。在奥运会官方赞助商费用水涨船高的当下，单独与某代表团或单项运动队签约无疑是一个具有性价比的方式——2023 年 7 月，LVMH 集团成为巴黎奥运会高级合作伙伴，为了这个席位，LVMH 集团给出了 1.5 亿欧元（约合 12 亿元人民币）的高额价码。

随着奥运会商业价值的不断开发，奥运会赞助商席位在享受排他性权益的同时，也变得越来越贵。但如今随着体育市场的开发，赞助的渠道也在变得越来越广。在巴黎奥运会期间，全球企业都使尽全身解数，在尽量多的观众面前"露脸"。当运动员们在赛场上全力拼搏时，商业界也上演着一场没有硝烟的大战。

【思考】假设你是这场大型赛事的组织者，为了确保体育赞助方案的成功运作，你认为应如何进行？

在我国，赞助已经成为节事活动营销的一种普遍方式，其双赢的结局吸引着无数的赞助商和节事活动组织者。从赞助方角度看，它是整个企业宣传营销战略的重要组成部分；从被赞助的节事活动组织者角度看，它是主要的资金来源和物质基础。赞助方为大型活动提供资金、场地、设备、基础设施、物资、服务、技术等诸多方面的支持，提高了节事活动的规模、档次，保证了节事活动的顺利举行。反之，节事活动凭借其影响力和吸引力提高了赞助方的企业形象、品牌认知，并增加了赞助方产品销售的潜在机会。

# 单元一　节事赞助概述

赞助存在于我们生活的方方面面，涵盖体育活动、文艺演出、电影首映式、音乐会、艺术展、电视制作、特别节庆活动、城市庆典、烟火表演、博物馆运营等多种场合的赞助活动。这都在提醒我们这样一个不容忽略的事实——赞助活动日益深入体育、演出、节事活动等社会、经济和文化领域，正在成为现代社会无处不在的一种商业形式，成为这些领域市场化、产业化的重要环节。

## 一、节事赞助的定义

赞助是指赞助方（企业或个人）拿出自己的资金、实物、智力、劳务等，对其他单位或个人（受赞助者，以下简称"受赞方"）进行帮助和支持。确切地说，它是指赞助方为了实现自己的目标而向受赞方（包括体育、艺术、娱乐、公益活动、博览会和节日庆典活动）提供资金支持，而受赞方则给予赞助方冠名权、名称使用权、广告展示、专利许可和促销机会等权益作为回报的一种商业行为。通过这种等价交换，双方各得其所，实现共赢。赞助是继广告、促销和公关等传统沟通手段之后，行之有效的新型营销沟通手段。

节事赞助是赞助行为在各种节事活动中的应用。对于节事活动的组织者来说，赞助是一种新兴的营销沟通工具，可以带来可观的资金支持，是节事活动得以顺利进行的重要保障之一。对于赞助企业来说，企业利用节事活动这个平台为企业宣传促销，有助于企业在更大的范围内提高品牌知名度和美誉度。

## 二、节事赞助的特点

### 1. 隐含性

赞助，属于广告的范畴，但是一种软性、间接的广告行为。它的诉求点隐含在赞助之中，不像硬广告那样具有明显的商业性，所以在人们看起来就显得比较隐蔽、含蓄，但广告的效果丝毫不比硬广告差，甚至超出硬广告许多。例如，大家看奥运会时，当运动员满场跑的时候，电视镜头也紧随运动员在不断地进行跟踪，运动员跑到哪里，镜头就跟到哪里，在运动员奔跑、电视进行跟踪的同时，场地上的广告也自然而然地进入镜头，而且有时是重复地进入镜头，它是强制性地进入你的视野，使你不知不觉反复地看到这些企业的广告和标志，无形之中就记住了这些广告的内容，起到了广告宣传的作用。这种广告宣传的作用，不像硬广告那样令人反感，而是非常自然、潜移默化、反复地被观众所接受，正是因为这种隐含性和非商业性，在当今信息爆炸的时代，赞助才显示出独特的传播魅力。

### 2. 丰富性

赞助的回报方式多种多样，根据项目的不同而各具特色，涵盖主办单位、协办单位、冠名商、指定产品供应商、赞助商、供应商、装备商等多种身份。这些回报通过报刊、电视、广播、场地广告、招贴画、会刊等多元化媒体渠道，以广告的形式回馈给赞助商。同时，结合多样化的促销活动和公关策略，形成全方位的沟通手段，进行广泛宣传。若能在此基础上融入富有创意的情节化、故事化和参与性设计，将进一步提升赞助活动的吸引力，使其更具感染力和广泛的影响力。

### 3. 直观性

赞助还有一个最大的特点，就是直观性。不仅可以在活动现场、电视、广播及报刊等媒介上直接看到或听到相关信息，而且通过口碑传播，信息的传播速度和范围都极为迅速和广泛。例如，当人们兴致勃勃、滔滔不绝地谈论某个活动或者赛事的时候，自然而然地就会触及企业的名称或者产品。

### 4. 依附性

广告、促销和公关等沟通手段都是企业单方面的意愿和行为，效果好坏完全取决于企业的能力和操作艺术。相比之下，赞助活动则展现出不同的特性。它不仅由企业自身的意愿和行动决定，还涉及被赞助方、中介机构以及媒体等多方的共同参与，形成了一个紧密相连的整体。在这个整体中，任何一方的行动都会对其他方产生影响。因此，企业赞助的效果优劣，取决于这四方面能否紧密合作、协同努力。如果任何一方缺乏配合或配合不力，都会显著降低赞助的效果。所以，要取得良好的赞助效果，企业必须与其他三方紧密依存，确保协调工作扎实到位。

### 5. 整合性

要使赞助取得最佳效果，必须打整体战、配合战。无论是冠名赞助还是其他形式的赞助，能够直接展现在公众面前的赞助诉求，往往只有企业品牌、商品名称和企业标志等信息。这些信息虽然重要，但仅凭这些信息无法让人们全面了解企业的情况，还必须配合其他沟通手段，以达到企业的目标。

### 6. 领先性

在赞助、广告、促销、公关等沟通手段中，赞助排在第一位，起主导作用，广告、促销、公关起补充、配合作用。在诸多沟通手段当中，赞助是"龙头"，其他沟通手段是"龙身"和"龙尾"，"龙头"摆动，才能带动"龙身"和"龙尾"，起着牵一发而动全身的作用。例如，在大型节事活动和赛事中，赞助权是首要获取的，只有拥有了赞助权，才能获得与之相关的广告、促销和公关等权益。对于商家而言，赞助提供了一个重要的平台和契机，使得广告、促销和公关活动能够得以展开，进而制造声势、扩大影响，最终形成高潮，产生轰动效应，达到良好的宣传效果。

### 7. 风险性

赞助是一项系统工程，包括许多子系统，从策划到完成，持续的时间比较长，涉及的单位、人员比较多，不确定因素也比较多。在这个过程中，任何一个环节出了问题，都会给赞助带来负面影响，因而有一定的风险性。具体来说，参与赞助的四方中，若有一方未能积极配合；或者遭遇气候等不可控因素导致原计划无法完全实施；又或者电视曝光力度因某些原因减弱甚至取消，这些情形都可能为赞助活动带来风险。总体来看，赞助所面临的不确定因素相较于广告、促销、公关等其他沟通手段要更为复杂多变。因此，在进行赞助活动之前，必须进行深入细致的调查研究，全面考虑各种因素，做好充分准备，并采取相应的预防措施，以有效应对潜在的风险。

## 三、节事赞助的原则

### 1. 活动合法原则

公司计划赞助的对象或活动，本身必须是正当的、合法的，是对社会公众有益的，这项原则是最基本的原则。

### 2. 目标明确化原则

目标明确化原则是指尽可能地通过指标来实现目标，并使之具体化和定量化。例如，可以用一些指标来表述，如知名度、信誉度、媒体曝光度、媒体的收视（听、看）率、广告的覆盖率等。

### 3. 排他性原则

排他性原则是指在同一节事活动中，通常只容许同一行业的一家企业参与，以增强特定企业、产品的唯一性和形象的行业垄断性，有效地保护赞助商的权益。就赛事组织部门而言，赞助排他性原则的施行，不仅提高了赛事赞助的总体水平，也使赞助关系更长期、更稳定，从而形成赞助的"双赢"局面。奥运会产品的专营权对于商家来说，意味着自己的产品可以将竞争对手排除在奥林匹克市场之外，形成独家的垄断局面，这对商家有着巨大的吸引力。奥运会开发部门通过加强对排他性的法律保护，来保障赞助商的权益。虽然这项措施削减了可吸纳的合作伙伴数量，却提高了商家的参与热情，从而抬高了赞助的底价和总体金额。

### 4. 多元化原则

设计多元化的赞助"菜单"供不同企业选择。赞助权益的大小可根据赞助金额的多少来确定，要让企业了解提供什么样的赞助可以享受什么样的权益，满足不同层次企业需求，增加赞助企业数量。

### 5. 双赢原则

"赞助活动"是一种产品，要讲究设计与包装，要站在对方的角度，给对方实实在在的回报。这样才能够吸引对方参与，既要考虑"核心产品"（如活动本身），还要重视附加产品，如策划制作活动专题节目、安排明星参加赞助活动、企业新产品发布会等。

### 6. 媒体参与原则

赞助活动能够成功，关键因素是能够获得媒体的关注和宣传，必须高度重视、积极运作。比如，要联合报纸、杂志、电台、网络等媒体，共同举办一系列声势浩大的推广活动，增加活动的曝光率，提高"产品"的精彩度和市场销售能力。

### 7. 广泛化原则

广大的赞助商是节事活动资金充足的前提，也是活动内容和形式可以扩展的保证。为此，应该努力吸引不同行业的赞助商参与节事赞助活动，为双方都获得收益，既可以为节事活动提供有力的资金或物质保障，又可以为企业进行有效直接的宣传，发挥节事活动广泛的影响力。

### 8. 操作规范性原则

节事活动虽然是一种动态的吸引物，但又必须在动态中寻求某种确定性和规范性，从招募到实施的整个过程都要达到规范化标准，这也是节事活动获得巨大效益的先决条件。

### 9. 市场化原则

节事活动进入市场化运作必须遵循市场规律，注入"成本与利润""投入与产出"的理念。众所周知，源源不断的资金来源是节事活动的根本和保证，也是节事营销得以传承的基础。但资金来源不能仅依赖政府的财政投入，应该确立"投资—回报"机制，同时，逐步提高知名度和影响力，吸引大企业、大财团以及媒体的参与，形成"以节事养节事"的良性循环发展模式。

### 10. 产业化原则

节事赞助应涵盖项目策划、资金筹集、广告宣传、会务管理、展览安排、场地布置、彩车设计制作、观礼台搭建以及纪念品开发等多个环节。所有这些环节都应通过招标投标和合同契约等有序竞争的方式进行，并逐步形成新兴的"节事经济"和"节事产业"，而节事产业化反过来更能促进营销的深入和发展。

## 四、节事赞助的表现形式

### 1. 现金

现金赞助是指赞助单位通过现金或支票等资金方式向受赞助方提供经济支持的形式。受赞助方可以根据自身的实际需求，在一定限制条件下对这些资金进行支配和使用。

### 2. 实物

实物赞助是赞助商以实物形式向节事活动主办方提供赞助的方式。实物可以是节事活动用品，如胸卡、胸牌带、资料袋、礼品等，也可以是节事活动所需要的办公用品等。实物赞助不仅可以及时满足受赞助者的需要，而且不易被对方挪作他用。

### 3. 义卖

义卖赞助单位或个人将自己所拥有的某件物品进行拍卖，或是划定某段时间将本单位或个人的商品向社会出售，然后将全部所得以现金的形式再捐赠给受赞助者。此种赞助的赞助额事先难以确定，但其影响较大，并且易于赢得社会各界的支持。

### 4. 义工

义工赞助指赞助商或个人派出一定数量的员工，前往受赞助者所在单位或其他场所提供某种服务，这些服务包括节事活动期间的礼仪服务、邮政服务等。

## 五、国内外节事赞助发展概况

全球赞助活动日趋复杂化、专业化，赞助行为正在加速融入各类企业市场营销的主流，逐渐成为品牌营销的重要内容，并且在创造和发展品牌资产方面起着越来越重要的作用。1896年的首届现代奥林匹克运动会，以发行纪念邮票的形式完成比赛资金的筹集，可谓是体育赞助的最早形式。美国洛杉矶奥运会建立起来的商业赞助方法沿用至今，目前奥运会"TOP 计划"可以说是全世界最高级别的赞助计划。此外，其他赞助形式如文娱演出赞助、大型论坛节事活动赞助、节庆活动赞助、社区文娱活动赞助等形式也在不断兴起。在国外，很多大型活动资金来源主要依靠广告收入、赞助收入和政府投入。其中，企业赞助也是重要支持。企业赞助已经成为大型活动重要的资金筹措方式，大型企业几乎每天都会收到寻求赞助的信函。鉴于此类企业通常都有赞助方面的资金预算和筛选标准，他们往往会与特定活动的举办机构保持长期的战略合作关系。此外，政府部门以及其他机构也可以参加赞助活动，地方政府可通过批准、投资基础设施建设来支持某些节事活动，旨在追求更广泛的社会效益。

在国内，"旅游节事活动"特指那些在20世纪80年代以来，以发展旅游为名义，在传统基础之上结合现代城市精神而创办的系列节事活动。这些节事活动在发展初期多由地方政府和旅游部门联合推动，目前正面临由政府单一筹资渠道向多元筹资渠道的转变。部分节事活动已经开始比较成功的市场化筹资尝试。例如，青岛国际啤酒节、广西南宁民歌节、大连国际服装节、昆明旅游节等，这些节事活动目前在收入来源上主要依靠企业赞助、广告费用、摊位出租、门票收入、政府资金等多元渠道。就我国目前大型活动赞助现状来说，主要集中在体育赛事、文化演出等方面，针对旅游节事活动的赞助比较少。这与我国企业对赞助的认识和我国旅游节事活动的影响力有关。

## 案例 8-1　体育赞助有什么优势

体育赞助与其他体育营销方式的根本不同在于体育赞助是购买在一定周期内、以一定形式、合法使用体育资源拥有方的无形资产的权利，例如赛事的标志、名称、运动员的形象、俱乐部的集体形象等。体育赞助具体有四个优势。

### 1. 通过体育赞助能够更有针对性地接触目标群体

由于不同的体育运动对装备、配套设施的要求不同，参与成本不同，吸引的爱好者群体特点也不同。例如高尔夫、网球、帆船等运动由于器材、场地、装备成本的原因，一直是有效触及高收入群体的良好平台；而足球运动一向受众明显偏男性，因而在足球赛事转播期间，汽车、轮胎、剃须刀的广告都是常客。如果需要针对某一地域范围、某一时间段，同样可以甄选影响这一地域、这一时间段的赛事等，提高营销投资的针对性。

### 2. 通过体育赞助可以在富有情感的情境中与目标群体进行对话

对跑步爱好者而言，一场马拉松不仅是一场赛事，而是他为之努力、为之欣喜抑或沮丧的一场人生体验；对于网球爱好者而言，温布尔登网球锦标赛不仅仅是几天的球技较量，更是期待已久的一场世界顶级水平的网球盛宴；对于父母而言，一场青少年高尔夫赛事是孩子人生中的重要里程碑。体育赞助为赞助商搭建了一个平台，使他们能够围绕这些充满热情、梦想与欢乐的情感纽带，与目标受众展开对话。而那些表现出色的赞助商，恰恰精通此道，他们深刻洞察所赞助项目与追随者之间的深厚情感联系，推出的宣传活动往往直击心灵，令人印象深刻。

### 3. 体育赞助可以为各个营销渠道提供支持

体育赞助并非全然独立于其他营销渠道，而是可以融合在各个营销渠道中，丰富各个营销渠道的表现手段，可以丰富私域内容、销售沟通内容、广告题材、公关活动内容、促销品主题，包括经销商活动、员工活动，甚至是运用于新产品的开发、扩展销售渠道。策略性的多渠道整合运用体育赞助，不仅不会削弱原有渠道的效果，反而会给各个渠道强有力的支持。

### 4. 体育赞助可以形成相对竞争优势

体育赞助普遍采用产品类别排他原则，即在同一个产品类别内只有一家赞助商，同时大型体育赛事的赞助往往涉及多年的长期合作。这就为赞助商在一定时间内获取了营销资源上的相对竞争优势，特别是具有全球性、全国性影响力的大型体育赛事或体育巨星都属于稀缺的营销资源，在适合本产品类别特性的前提下垄断此类资源对于竞争对手来说会形成竞争压力。这样的相对竞争优势随着合作时间越来越长还可以不断积累，当某一个赞助商与某一项体育赛事或运动员的赞助关系保持很长时间以后，其他企业想替代要付出的成本越来越高，因为在目标群体头脑中对于原支持关系的印象会越来越根深蒂固。

## 单元二 节事赞助方案

### 一、赞助方案的考量因素

确定赞助方案需要考虑的主要因素可以使用一组英文字母"CEDAREEE"来概括,每个字母代表一个因素。

(1)客户群(Customer Audience)。赞助方需明确活动是否拥有共同的目标市场。目标市场的细分匹配是赞助合作的初步基础。为准确评估活动的吸引力,赞助方还需了解具体的市场细分概况及潜在目标市场的大小。例如,李宁体育用品公司精准定位大学生群体,未盲目追求北京奥运会合作伙伴的高额投入,而是通过赞助学生喜爱的NBA明星及中国足球运动员,利用爱国情怀推动本土品牌"李宁"的发展。

(2)曝光潜力(Exposure Potential)。活动的曝光潜力是衡量目标市场覆盖程度的关键指标,涵盖现场观众数量、传播受众以及活动报道的观众、听众和读者等。此外,赞助方自身的市场开发能力也影响曝光潜力,这往往取决于活动的类型、规模及其新闻价值。为了精确预估赞助活动的市场覆盖范围,赞助方在做出决策之前,应当全面评估总体费用以及目标市场的品质。

(3)分销渠道群体(Distribution Channel Audience)。部分赞助方要求赞助活动能提供分销渠道收益,以实现目标市场覆盖。例如,拥有批发业务的赞助方会寻求"推动式"促销方法,激励分销链上的销售终端。这种促销要么直接惠及分销商,要么将利益传递给消费者,旨在创造更多销售。赞助方可通过设定销售目标作为激励,当目标达成时,为分销商提供活动门票或邀请函;或将门票分配给经销商,以更有效地接触终端消费者。无论哪种方式,经销商都受到激励,而活动则成为推动销售的关键。

(4)相对于竞争对手的优势(Advantage Over Competitors)。上述诸多因素不仅为赞助活动提供了强大助力,还显著增强了赞助商的竞争优势。为了有效地触及目标市场并激发分销渠道的活力,赞助商能够通过宣传和推广活动获得显著的竞争优势,这一优势在评估赞助机会时应被视为一项重要的额外考量因素。在衡量竞争对手从赞助机会中获益的潜力时,需要综合考虑多方面的因素,而不仅仅是简单地关注竞争对手是否被拒绝参与某一赞助项目。

(5)所需资源和投资事宜(Resource Investment Involvement Required)。赞助商需考虑赞助所需的资源投入,包括赞助资金及服务和产品的准备。这涉及早期评估,不仅决定目标市场的覆盖方式,还估算覆盖成本。

(6)节事活动的独特性(Event's Characteristics)。节事活动的独特性构成了其与众不同的吸引力,这些特质在赞助商决策过程中占据核心地位。赞助商通常会仔细评估活动的独特性,例如其主题、规模、受众定位以及创新性等方面,因为这些因素能够显著提升品牌曝光度和市场影响力。

(7)活动组织者的声誉(Event Organization's Reputation)。活动组织者的声誉在赞助决策中扮演着至关重要的角色。具有良好声誉和丰富经验的组织者能够确保活动的顺利进行，并且在过往的活动中表现出色，这直接影响到赞助效果的实现。赞助商倾向于信赖那些能带来稳定收益和积极形象的组织者，以最大化其投资回报。

（8）娱乐和招待机会（Entertainment and Hospitality Opportunities）。赞助活动通常会提供各种娱乐和招待机会，如 VIP 待遇、专属活动、高端餐饮服务等，这些为赞助商提供了额外的品牌展示和客户互动平台。通过这些精心设计的环节，赞助商能更有效地触达目标受众，提升品牌形象，并在愉悦的氛围中深化与客户的联系与交流。

在实际确定赞助方案时，以上 8 大因素都可进一步划分为更加详细的内容，以便使赞助方案具体化。

## 二、赞助方案的原则

赞助方案的原则包括以下 8 项。

### 1. 目标匹配性原则

原则阐述：赞助活动应与企业的品牌定位、市场战略及发展目标高度匹配。在选择赞助对象时，需深入分析其受众群体、行业影响力及活动主题，确保赞助活动能够有效触达目标市场，传递品牌价值。

实施要点：明确赞助目的，筛选符合品牌调性的合作伙伴或项目，确保双方价值观相符，共同提升品牌形象。

### 2. 预算合理性原则

原则阐述：制定赞助方案时，应充分考虑企业的财务状况与营销预算，确保赞助投入在可控范围内，避免过度支出影响企业正常运营。

实施要点：进行详细的预算规划，包括赞助费用、后续营销成本、预期收益等，确保投入产出比合理，实现成本效益最大化。

### 3. 互利共赢性原则

原则阐述：赞助应建立在互利共赢的基础上，通过资源共享、优势互补，实现双方价值的共同提升。

实施要点：明确双方的权益与义务，设计合理的合作机制，确保赞助方与被赞助方均能从合作中获得实际利益，促进长期合作关系的建立。

### 4. 风险评估与管理原则

原则阐述：对赞助活动中可能遇到的各种风险进行全面评估，并制定相应的应对策略，确保活动的顺利进行。

实施要点：识别市场、财务、法律、声誉等方面的潜在风险，建立风险预警机制，制订风险缓解与应急处理方案，降低不利影响。

### 5. 宣传效益最大化原则

原则阐述：充分利用赞助活动的平台与资源，创新营销手段，扩大品牌曝光度，提升品牌知名度和美誉度。

实施要点：制订全面的宣传计划，结合线上线下渠道，通过社交媒体、公关活动、媒体报道等多种形式，实现宣传效益的最大化。

### 6. 透明度与诚信原则

原则阐述：在赞助合作过程中，保持高度的透明度和诚信原则，确保信息的真实性与沟通的顺畅性。

实施要点：建立有效的沟通机制，及时分享合作进展与成果，处理合作中的分歧与问题，维护双方的信任与合作关系。

### 7. 长期合作潜力原则

原则阐述：注重培养长期合作潜力，通过持续投入与深化合作，构建稳定的合作关系，共同探索新的发展机遇。

实施要点：定期评估合作效果，及时调整合作策略，寻找新的合作增长点，为双方的长远发展奠定基础。

### 8. 合法合规性原则

原则阐述：在赞助活动中严格遵守国家法律法规，确保合作过程的合法性与合规性，避免法律纠纷。

实施要点：提前进行法律审查，确保赞助协议、宣传内容等符合相关法律法规要求，建立健全的法务保障体系，为合作提供坚实的法律支撑。

## 三、赞助方案的内容

### 1. 活动介绍

基本信息：活动名称、举办日期与时间、地点。

目的与内容：阐述活动的宗旨及核心环节。

连续性：明确活动是属于传统持续型还是单次举办型。

独特卖点：概述活动与众不同的特色与吸引力。

阵容介绍：介绍主要活动及参与人员的背景与资历。

重要人士支持：介绍政治与经济界关键人物的态度与承诺。

历史数据：提供同类活动的历史数据，包括上座率、收视率、媒体影响力及过往赞助者名单。

### 2. 目标受众分析

受众预测：定义并预测观众与媒体（特别是电视）受众的范围、分布情况及数量。

兴趣激发：说明如何吸引并维持受众对活动的关注。

### 3. 活动主办、协办和承办单位简介

知名单位：直接列出知名度高、透明度强的单位名称。

其他单位：简要介绍其他单位的背景、荣誉与成就。

### 4. 赞助厂商定位

行业匹配：指出适合赞助本活动的行业与类型。

形象融合：分析活动与赞助企业形象的一致性。
受众契合：评估活动目标受众与赞助企业目标客户的重合度。

**5. 赞助方案**

赞助形式：明确赞助的类型，如冠名、主要赞助、装备供应等。
费用详情：列出赞助金额及可能产生的其他费用。

**6. 回报方案**

具体回报：详细列出不同赞助级别的具体回报内容。

**7. 同步沟通策略**

沟通措施：详细说明在广告、促销、现场销售、公关等方面的沟通措施，包括方式、数量、地点等。
空间条件：提供赞助商开展活动的空间条件，包括面积、位置、时间等，并明确是否提供现成场所。
联系建立：探讨赞助者与其商业伙伴及目标顾客建立联系的可能性。
费用说明：明确上述措施是否免费，如需付费则列出金额。

**8. 媒体效益**

活动包装：规划活动的宣传与推广策略。
媒体合作：说明与媒体（特别是电视）的合作模式。
媒体承诺：列出已获得的媒体支持与合作承诺。
报道计划：制订报道与转播计划，包括曝光频率、时间与平台。
持续接触：探讨与媒体保持持续联系的可能性，如新闻发布会等。

**9. 潜在赞助者名单**

意向赞助者：列出有意向或已达成初步协议的赞助者名单。

**10. 中介机构/承办者评估**

资质与能力：评估中介机构或活动承办者的权力、信誉及专业能力。

**11. 效益评估承诺**

评估承诺：提供关于赞助效益评估方面的承诺。

当然，任何赞助方案都无法做到面面俱到，涵盖每一个细节，但至关重要的是要确保其核心要点突出，卖点具有吸引力且令人印象深刻。同时，回报条款应当简明清晰，易于理解。此框架仅作为一个基本指导，具体实施时还需依据项目的实际情况进行灵活调整与优化。

○ **学生活动 8-1**

活动主题：节事赞助方案认知。
活动目的：掌握节事活动赞助方案的写法。
活动方式：分组讨论。
活动内容：以当地某一节事活动为例，写一份节事活动赞助方案。

## 单元三　节事赞助实施

### 一、节事赞助实施步骤

#### 1. 建立专门机构、收集相关资料

（1）作为节事的赞助活动机构，其规模大小可根据活动的具体情况决定。一般来讲，赞助机构可考虑设置行政管理部门、业务开发部和财务部。

（2）赞助前信息的收集、整理、分析工作，影响着整个赞助计划的拟订。资料收集工作对赞助活动能否成功影响重大。

（3）收集的资料应该包括企业（赞助商）的资料、赞助案例。可查阅相关统计报表、年鉴报刊资料和网站，并辅以问卷调查、电话访谈及面访等方法。

#### 2. 评估节事活动价值

节事组织者要对节事活动进行自我评估，并列出节事活动的赞助价值。赞助价值是指活动能够为赞助商带来的各种利益和回报，包括但不限于以下几个方面：提升品牌知名度、提供市场推广的良机、促进与客户的深入互动、助力企业履行社会责任以及增强员工的团队士气。详尽的赞助价值说明有助于吸引赞助商，为活动带来更多的资金和资源，进而增强活动的整体表现和成效。节事活动主要评估内容如下。

（1）节事活动的主题是否精准且具备市场价值。

（2）节事项目中是否包含新颖、富有创意且有趣的活动，以吸引潜在赞助商。

（3）是否有知名人士出席，统计其数量，以评估对赞助商的吸引力。

（4）哪些媒体将参与活动报道，媒体对活动的态度如何。

（5）评估活动所需的各种支持，包括资金、设施、服务及志愿者等。

（6）观众的主要来源及其需求，特别是专业观众的来源。

（7）潜在赞助商的范围及对赞助商的具体要求。

（8）赞助商的数量和级别。

（9）赞助商如何支持活动。

（10）是单一赞助商还是多个赞助商。（避免相同类别行业中赞助商之间的潜在冲突）

#### 3. 拟订赞助目标、设计赞助"产品"

（1）赞助目标要有一定的可操作性，要做到明确、具体、合理。

（2）实际操作中，赞助目标包含多个方面，如资金目标、实物目标、服务目标和媒体参与目标等。

（3）"赞助活动"也是一个产品，也要讲究设计和包装。既要考虑核心产品（如活动本身），还要重视"附加产品"，如策划制作活动专题节目、安排知名人士参加赞助企业新产品发布会等。

**4. 撰写赞助方案**

（1）具有吸引力的赞助方案是节事赞助成功的关键，能够吸引住对方的兴趣，获得多方赞助商。

（2）赞助方案的制订要把握一定的技巧和原则，包括内容、文字、美工设计、促销及措施等方面的要求。

（3）赞助方案内容比较详尽，包含诸多环节和要素，其中卖点要突出，回报条款要简明。

**5. 定义潜在的赞助商**

寻找潜在赞助商是一项费时且需要耐心的工作。任何有业务往来的公司都可能成为节事活动的赞助商。组委会应该结合节事活动的自身特点，寻找潜在的赞助商，需要综合考虑的主要问题如下。

（1）选择该赞助商的依据及其能为活动带来的具体利益，这些利益可能包括现金赞助、实物捐赠、人力支持或服务提供等。

（2）赞助商的目标消费群体是否与本活动的目标受众相契合。

（3）活动的预计参与人数。

（4）赞助商宣传、展示及参与活动的最佳时机和途径。

（5）促销活动的机会点，如利用参与者的资料信息进行精准营销（同时需严格遵守个人隐私保护的相关规定）。

（6）结合潜在赞助商所在企业的目标市场定位和经营目标，精心筛选并列出与本次活动相匹配的潜在合作公司名单。

**6. 研究潜在的赞助商，开发赞助机会**

潜在赞助商是指既符合节事活动要求，又具备赞助意愿的企业。在决定是否要和潜在赞助商合作之前，需要对潜在赞助商进行全方位了解。了解潜在赞助商的信息渠道有公司年报、报纸杂志及合作伙伴等。

在了解赞助商的过程中，需重点关注以下几个方面。

（1）赞助商的经营理念、愿景及思路。

（2）赞助商的企业规模、财务状况。

（3）赞助商过去所赞助的活动类型、收益情况以及最近媒体是否有对该赞助商的报道。

（4）该赞助商所在行业的发展趋势以及与节事主题的关系。

（5）该赞助商产品的目标群体是否可以成为节事活动的潜在顾客。

（6）该赞助商在企业形象、宣传推广、顾客关系和经济发展方面的目标。

（7）赞助的决策者是谁。

通过对潜在赞助商的分析与研究，可以获得更多、更好的赞助机会。

**7. 撰写赞助建议书**

赞助建议书是为了进一步让赞助商了解本节事活动的主要情况、节事活动赞助价值所在、节事活动的宣传方式、赞助商的权益、主办方的义务、赞助方案等详细情况。

**8. 包装赞助造势、出售赞助"产品"**

（1）任何好的产品都需要宣传，都需要对准目标市场输出大量信息。同样一个节事活动，包装造势好的，效果就好；否则效果就差，甚至会浪费资源。

（2）确定目标赞助商是出售产品的第一步，在若干备选赞助方中，主办方挑选出与本活动最相配的目标赞助商。

（3）寻找赞助商可以通过多种途径，对重点客户要送专函。

（4）向企业递交赞助方案要掌握一定的技巧，这是吸引赞助商的重要艺术。

### 9. 面谈签约协议、组织实施

（1）接触赞助商首先要给对方好的印象，其次要采取各种方式充分展示节事活动的卖点。注意在谈判中一定不能乱许诺，以免产生分歧和纠纷。

（2）认真对待签约，赞助协议是法律文书，是双方权利和义务的确认。

（3）实施的过程就是对合同的履行过程，也是赞助商权益的实现过程。

### 10. 重视赞助评估、计算赞助投资的回报

（1）效果评估是整个赞助活动的最后环节，也是赞助活动不可缺少的一部分。赞助商想要看到的是他们在节事活动上的投资能够得到量化的回报。作为节事活动的策划者，同样也需要利用这些信息吸引更多、更大规模的赞助。评估投资回报的方法主要有 3 种：①评估人们对赞助商产品和服务的认知程度和态度的转变；②评估赞助商产品或服务销售的增长；③比较在覆盖范围相似的媒体做广告的价格成本。

（2）进行赞助活动的评估工作，大致上要抓住以下 4 个方面的重点问题：①将实施效果与先期计划进行对比；②掌握社会各界对赞助活动的认同程度；③及时发现赞助活动的长处与短处；④了解赞助活动在实施过程中出现的问题。

（3）效果评估包括 4 方面的工作：撰写评估报告、建立专项档案、召开总结会和答谢活动各方。

> **案例 8-2** 体育赛事赞助商协议样本
>
> 本协议系：（赞助公司）与（赛事组织者）之间达成的（赛事名称）（以下简称"赛事"）赞助协议。本协议中的"公司产品"仅指赞助公司生产的，双方就其达成协议的产品类型（即产品类别名称）。对赞助公司生产的其他产品，本协议无效。
>
> 协议双方
>
> 甲方：（赞助公司） 乙方：（赛事组织方）
>
> 地址： 地址：
>
> 电话： 电话：
>
> 传真： 传真：
>
> 邮箱： 邮箱：
>
> 1. 甲方将成为预定于____年____月____日举办的_____（赛事名称）的冠名赞助商。此赞助商资格具有排他权，如无特殊协定，任何其他公司、机构不得同时成为该赛事冠名赞助商或以类似名义来宣传。
>
> 2. 作为对享受本协议所规定的权力和服务的报偿，甲方应向乙方缴纳总数为____元（人民币）的赞助费。赞助费用分三次付清，付款时期不得迟于____年____月____日、

____年____月____日和____年____月____日。

　　3. 在_____（赛事名称）举办期间，每场比赛乙方均向甲方赠送_____张门票，观赛座位位于VIP区域。此外，甲方还可按票面价格向乙方购买不得超过体育场馆座位数总数_____%的门票，座位将被安排在优越的观赛区域，乙方将尽可能早地将门票交予甲方。

　　4. 乙方确定标准赛事名称及标志时，须将甲方公司名称冠于赛事名称之前。所确定的赛事名称须经甲方同意。

　　5. 在同类产品中，只有甲方产品的广告可出现在举办赛事的体育场馆内。在举办赛事的体育场馆内，不得公开销售甲方同业竞争者的产品或利用这些产品提供服务。

　　6. 在不与体育场馆的规定及原先所订合同相冲突的情况下，乙方应尽量为甲方创造条件，维护甲方在体育场馆内设置广告牌幅、销售商品的同类排他权。

　　7. 甲方将于____年____月____日（或相近日期）召开赛事新闻发布会。届时，除非另经双方同意，除了提及甲方的赞助商身份外，不得对甲方做另外宣传。

　　8. 本协议条款自甲乙双方签字确认之日起生效，有效期至____年____月____日。

　　9. 协议双方应负责对本协议进行保密。除非有特别规定，协议的任何一方不得将本协议的内容、条款向第三方泄露。

　　10. 如该协议的执行涉及甲乙双方代理人的参与，乙方代理人的佣金应完全由乙方负责支付，甲方无义务支付。同样，甲方代理人的佣金完全由甲方负责支付。

　　11. 在履行协议的过程中，如发现争议，双方应友好协商解决。协商不成的，按本协议约定的下列方法之一进行解决：（A）提交____（仲裁委员会名称），根据该委员会仲裁程序暂行规定进行仲裁。该委员会的决定是终局的，对双方均具有约束力。仲裁费用，除另有规定外，由败诉一方负担。（B）向签订协议所在法院提起诉讼。

　　12. 协议双方可本着真诚合作的原则就办理保险、免责、行为准则、商标保护等事宜商谈更详细的协议条款，列为本协议附件。本协议履行期间，甲乙双方因履行本合同而签署的补充协议及其他书面文件，均为本协议不可分割的一部分。但协议正本的生效不以附件生效为前提。

　　本协议一式两份，甲乙双方各执一份，经由甲乙双方签字、盖章后生效。

| | |
|---|---|
| 甲方名称： | 乙方名称： |
| 法人代表： | 法人代表： |
| 盖章单位： | 盖章单位： |
| ____年____月____日 | ____年____月____日 |

## 二、节事赞助专业知识

**1. 选择节事赞助商的一般标准**

尽管不同层次的赞助商对节事活动贡献的价值不同，但选择各个层次的赞助商也有一些共同的标准。

（1）资质标准。赞助企业必须是具有相当实力的国内或国际知名企业，为行业内的领先者；具备较强的经济实力，发展前景良好，财务状况健康，有充足的现金流来支付赞助费用。

（2）保障标准。企业应能提供保障节事活动顺利举办所需的成熟稳定、先进可靠、充足的产品、技术、服务。

（3）价格标准。所报价格应是同行业竞争者中出价最高或次高的。

（4）品牌标准。企业具有良好的社会形象和企业信誉；其品牌形象与节事活动的品牌形象相得益彰。

（5）推广标准。企业市场营销、广告投放量应达到一定规模，以充分利用节事活动市场营销平台，同时帮助宣传和推广节事活动。

### 2. 节事赞助商的赞助层次

（1）特别赞助商。特别赞助商一般具有较高的知名度和美誉度，拥有较强的市场意识和先进的品牌管理理念，资金实力很强，特别是能够反映节事活动主题的代表性企业应该具有参与的优先权。节事活动的特别赞助商可分为特级赞助商（战略单位）、一级赞助商（合作单位）、二级赞助商（协作单位）等不同层次。一般情况下，特级赞助商通常只有一家，赞助费用最高，其回报也很高；其他级别的赞助商数量依次增多，赞助费用依次减少，其回报也相对减少。节事活动特别赞助商的常见回报有以下类型。

1）参与权回报。免费参节名额（赞助商可邀请客户参加）；安排企业领导人作为特别贵宾参加大会的开幕式及各大会议，并在节事活动中发表演讲；对节事议程提出建议；可使用大会全部代表数据库等。

2）特别活动回报。安排企业管理者出席节事中的各种活动，并可享有"首席VIP席位"；组委会还可协助安排赞助企业领导人与出席节事的政要单独会见等特别活动。

3）企业宣传回报。赞助企业名称出现在媒体的宣传报道中；赞助企业的某一相关产品可以作为节事活动的指定用品；在节事宣传手册鸣谢页中出现赞助企业标识并刊登企业简介或企业广告等。

4）现场宣传回报。可在礼品袋、指路牌、吊旗等宣传用品上呈现赞助企业标识，礼品袋中可放入企业宣传材料；可在会场外醒目地点设置企业宣传展区（规格、地点及方式需由组委会统一计划，制作、搭建和拆除等相关费用由赞助商自理）等。

（2）其他赞助商。其他赞助商是相对于特别赞助商而言的，即指节事活动的分项组织，主要有：①项目赞助，如重庆火锅节的开幕式；②物品赞助，如工作人员的饮水、生活日用品、办公设备（复印机、传真、电脑、数码产品、软件）等；③服务赞助，如志愿者培训、工作人员培训、现场工作义工等项目；④宴会赞助。

### 3. 节事活动赞助的项目结构

节事活动赞助的项目结构一般有3种。

（1）独家单一结构。只有一个赞助商，结构很简单，被认为是独家赞助，是一个独家且具有排他性的框架。

（2）分层等级结构。当拥有多个赞助商，同时每个赞助商的地位按照等级排列时，其结构可以通过一个金字塔的层次来表示。每个层次上有一个或多个等级。每层上至少有两个赞助商，但是没有赞助商数量的上限要求。每个赞助商获得相同或不同的权利。即使在同一层次上的赞助商也可能以不同的支付形式赞助，但是每个层次上的地位是相同的。

（3）扁平结构。当拥有多个赞助商，同时每个赞助商拥有相同的地位时，结构呈扁平状。赞助商的赞助形式和获得的权利可以相同，也可以不同。

### 三、节事赞助实施的注意事项

（1）不能孤立地看待节事赞助活动，节事赞助是一项系统工程，涉及范围广、时间长，要充分做好各主体的协调和管理工作。

（2）赞助是一项连续性的活动，从赞助活动开始到赞助商收回全部利益需要1～2年的时间。关键时期的赞助活动可以像广告一样，充分利用各种机会或提供额外支持，以促进赞助方自身的品牌发展。

（3）赞助协议要有一定的灵活性，虽然赞助双方是一种伙伴关系，友好是必要的，但是不能因为过于礼让而签订缺乏细节的协议，最终导致关系破裂。

（4）最好将节事和产品相结合。如果两者能够在内容和形式上充分相结合，将会起到事半功倍的效果。还可以学习国外的成功做法，针对某一新产品创造一些节事活动。

（5）媒体宣传及深度合作。深化节事赞助活动的社会影响，必须利用媒体，或与媒体进行深层次合作，将媒体作为事件的合作方或新闻焦点进行操作。

○ 学生活动8-2

活动主题：节事赞助认知。

活动目的：明确节事赞助对赞助方、被赞助方的作用。

活动方式：分组讨论。

活动内容：通过网络查询"2024年巴黎奥运会品牌赞助项目内容"相关资料，分析被赞助方能从该赞助商获得哪些益处，以及潜在赞助商能从该赞助项目中获得哪些回报。

## 实训项目十　节事赞助的实施训练

| 工作任务 | 2025年学校举办迎新晚会，主办方需要选择1家能赞助1万元人民币的活动冠名赞助商，要求企业在本市具有一定知名度，企业形象良好 | |
|---|---|---|
| 实训提示 | 组织分工：教师将学生分成5～8人一个小组，每组选出1人担任项目经理，1～2人担任经理助理<br>任务研究：详细分析节事活动赞助的实施步骤<br>注意事项：节事活动赞助是一项系统工程，涉及范围广、时间长，要充分做好各主体的协调和管理工作，同时老师要提醒学生不得忘记签订赞助协议 | |
| | 实训建议 | |
| 三维度 | 方法能力 | 沟通能力、分析判断能力 |
| | 专业能力 | 能够正确运用选择节事活动赞助商的方法和步骤，沟通交流能力 |
| | 社会能力 | 营销能力、判断能力 |
| 工作6要素 | 工作环境 | 实训室 |
| | 工作对象 | 潜在的节事活动赞助商 |

(续)

| | | 实训建议 |
|---|---|---|
| 工作 6 要素 | 工作内容 | 选择节事活动赞助商 |
| | 工作手段 | 桌面调研、小组讨论、方案写作 |
| | 工作组织 | 节事活动赞助招商工作小组 |
| | 工作结果 | 节事赞助策划书和建议书，选到合适的赞助商 |
| 工作 6 步骤 | 第一步：信息 | 从报纸杂志等途径获得多家企业的相关信息 |
| | 第二步：决策 | 企业和学校迎新晚会的受众目标要一致 |
| | 第三步：计划 | 企业和学校协商 |
| | 第四步：实施 | 签署赞助协议 |
| | 第五步：检查 | 由小组选派 1～2 名学生进行小组工作过程与工作结果介绍 |
| | 第六步：评估 | 教师根据项目工作的方法，针对每个小组的节事活动赞助情况进行评价和指导 |

# 思考与练习

## 一、不定项选择题

1. 节事赞助的特点是（　　　　）。
   A．隐含性、丰富性　　　　　　B．直观性、依附性
   C．整合性、领先性　　　　　　D．风险性
2. 节事赞助的原则是（　　　　）。
   A．活动合法原则、双赢原则
   B．目标明确化原则、媒体参与原则、市场化原则
   C．排他性原则、广泛化原则、产业化原则
   D．多元化原则、操作规范性原则
3. 节事活动特别赞助商的常见回报类型有（　　　　）。
   A．参与权回报　　　　　　　　B．特别活动回报
   C．企业宣传回报　　　　　　　D．现场宣传回报
   E．注意包装
4. 选择节事赞助商的一般标准是（　　　　）。
   A．资质标准　　B．品牌标准　　C．价格标准　　D．保障标准
   E．推广标准

## 二、填空题

1. 赞助是指赞助方拿出自己的_____、_____、_____、_____等，对其他单位或个人进行帮助和支持。
2. 节事赞助的表现形式是_____、_____、_____和_____。

3．节事赞助最基本的原则_____。

4．节事赞助商的赞助层次分为_____和_____。

5．1896年的首届现代奥林匹克运动会，以_____的形式完成了比赛资金的筹集，这可以说是体育赞助的最早形式。

### 三、名词解释

赞助　　节事赞助　　排他性原则　　多元化原则

### 四、简答题

1．简述节事赞助的原则。

2．简述赞助方案的内容。

3．简述节事赞助的实施步骤。

4．如何寻找潜在的赞助商？

# 模块九　节事活动财务管理

**知识目标**

了解节事活动财务管理的对象、内容和目标；熟悉节事活动财务管理的特点；了解节事活动预算的作用；了解节事活动财务预算管理对象；掌握节事活动预算工作的基本步骤。

**技能目标**

掌握节事活动的收入预算与筹资预算的方法；掌握节事活动利润规划的方法；掌握节事活动利润控制的措施。

**素养目标**

培养开源节流的意识。

## 案例导入

### 某购物中心周年庆企划活动经费预算

**一、活动构想**

以业态化的"满百送"活动为主线，配合创新营业项目推广和简单有效的多样性现场活动，营造热烈的活动气氛，同时辅以创意性的媒体选择，力求以小搏大，实现传播效果倍增，达成销售目标。

**二、活动时间**

2024年10月1—14日

**三、活动名称**

名动金陵周年庆，灵机妙趣奖不停

**四、活动构架（略）**

**五、活动内容（略）**

**六、活动费用预算**

1. 主力营业推广活动

创新家居馆抵用券：10 000份×0.1元/份=1 000元

防风门上方周年庆标志雕刻：5 000元

墙面喷绘周年庆标志雕刻图案：4 000元

观光电梯楼层图：1 000元

周年庆热烈气氛布置：8 000元

### 2. 场外活动

舞狮表演：3 场 ×3 500 元/场 =10 500 元

音乐会：2 场 ×2 800 元/场 =5 600 元

厂家品牌推广秀背景板：1 000 元

### 3. 主顾客特别企划

VIP 卡：10 000 张 ×1.5 元/张 =15 000 元

VIP 申请表：10 000 张 ×0.2 元/张 =2 000 元

VIP 章程说明：10 000 张 ×0.3 元/张 =3 000 元

公交 IC 卡卡套：30 000 份 ×0.3 元/份 =9 000 元

### 4. 媒体费用

2024 年 9 月 27 日周末彩色半版：6 300 元

2024 年 9 月 28 日东方文化周刊：6 000 元

2024 年 9 月 30 日晨报 10.5 彩通：6 588 份 ×2 元/份 =13 176 元

2024 年 9 月 30 日快报 10.5 彩通：10 500 份 ×2 元/份 =21 000 元

2024 年 10 月 2 日晨报 10.5 彩通：10 500 元

2024 年 10 月 4 日周末彩色半版：6 300 元

2024 年 10 月 5 日东方文化周刊：6 000 元

电视、广播：

缤纷都市：2024 年 9 月 30 日—10 月 7 日：8 240 元

城市物语：2024 年 9 月 30 日—10 月 8 日：10 000 元

电台：（2024 年 9 月 30 日起）600 元/（天·家）×10 天 ×2 家 =12 000 元

DM 海报：3 000 份 ×0.4 元/份 =1 200 元（含派送费）

软广告：2 000 元

媒体费用合计：102 716 元

### 5. 其他费用

其他费用：40 000 元

上述费用因设计细节变化另案呈报，原则上以不超出上述费用为主。

总费用：207 816 元（广告费用视具体营业状况调整）

**【思考】** 请根据上述材料，分析其他不可预计费用中还有哪些费用项目？

对于节事活动项目的投资者来说，除社会效益以外，费用和利润是他们最关心的问题。如果缺少严格的财务管理项目，节事活动的开支会远远超过预算，最终造成项目无法按照计划实施，甚至亏本。所以，不论是在节事活动项目筹备期，还是在项目中期甚至项目收尾期，进行项目的财务管理十分重要。节事活动财务管理目的在于尽一切可能多方创收并处处节支。

## 单元一　节事活动财务管理概述

财务管理是对企业资金运动全过程进行决策、计划和控制的一系列活动，是一项综合性的管理工作。节事活动财务管理为节事活动的开展筹集必需的资金，并通过价值形式对节事活动进程中的各个方面和环节进行计划和控制，实现项目资源的优化配置，促进节事活动的顺利进行和投资效益的不断提高，在整个节事活动管理中发挥着重要的作用。

## 一、节事活动财务管理对象

节事活动的资金运动主要包括资金的筹集、耗费和回收3个环节，其中资金的筹集和回收是节事活动的现金流入，而资金的耗费则是节事活动的现金流出。

### 1. 资金的筹集

资金的筹集又称筹资，是节事活动资金运动的起点，也是节事活动最初的现金流入。节事活动的涵盖范围相当广泛，有的项目持续一天、几天或几周，如一些体育赛事、节日庆典等活动；有的项目则可能持续几个月甚至长达数年，并且投资巨大，如世博会等项目。不同规模的节事活动，其筹资方式也不同。一般情况下，中小型节事活动主要通过主办方自身的经营积累和项目的收入来解决项目运营的资金问题；大型节事活动由于资金需求巨大，还需要通过政府和企业资助、银行借贷等多种方式筹措资金。

### 2. 资金的耗费

资金的耗费是指节事活动的成本费用支出，是节事活动运营过程中耗费的活劳动和物化劳动的货币表现，导致节事活动经济利益流出。节事活动的支出项目包括市场开发费、节事活动营销费、现场布置费、承包商费用、交通运输费、通信费和人员工资与津贴等。

### 3. 资金的回收

资金的回收是指节事活动主办方提供产品和劳务后，以主营业务收入或其他业务收入形式收回的资金，它是节事活动管理过程中所形成的经济利益流入，是节事活动利润的主要来源。资金回收的数量通常大于资金耗费的数量，两者的差额即为该项目的总收益，包括税金、利息和净利润等。节事活动的收入项目主要包括政府拨付财政专项经费、门票收入、主办方筹款收入、捐赠收入、赞助收入、各种特许和销售收入等。

需要说明的是，不同的节事活动其资金运动流程是不同的。有的节事活动其资金在项目开始前就以赞助资金等形式筹集，在项目进行过程中才发生资金耗费，如节日庆典等小型节事活动项目；有的节事活动则需要大量的前期投入，然后在项目运营过程中逐步收回资金，如奥运会等大型节事活动项目。

总之，财务管理是对节事活动资金全过程进行决策、计划和控制的系列活动，其实质就是运用价值形式对节事活动的运营活动实行综合性管理。

## 二、节事活动财务管理主要内容

与财务管理的对象相联系，节事活动财务管理的主要内容包括筹资管理、营运资金管理、成本费用管理和利润管理等方面。

### 1. 筹资管理

节事活动的筹资，是指项目组织者根据节事活动需要，经济、有效地筹措和集中资金的活动。按产权关系，资金分为自有资金和借入资金两种形式。节事活动筹资的基本要求是遵循国家法律和政策的规定，贯彻经济效益的原则，从数量和时间上满足项目的需要，同时降低资金成本，控制财务风险，提高筹资效益，最终实现财务管理的目标。

筹资决策是筹资管理的核心，所要解决的问题是如何经济、有效地取得节事活动所需要的资金，包括筹资渠道、筹资方式、筹资风险和筹资成本等问题，要求选择最合适的筹资方式，且在风险和成本之间权衡得失，使筹资风险和筹资成本相匹配，确定最佳的资本结构。

**2．营运资金管理**

节事活动的营运资金是指在节事活动进行过程中快速周转的资金。营运资金有广义和狭义之分。广义的营运资金又称毛营运资金，是指占用在流动资产上的资金；狭义的营运资金又称净营运资金，是指流动资产减去流动负债后的余额。通常，营运资金的管理既包括流动资产的管理，又包括流动负债的管理。

**3．成本费用管理**

控制成本费用是实现目标利润的重要手段。节事活动的成本费用管理，是指项目主办者为保证项目目标的实现而制定成本预算，并对项目实施过程中发生的成本费用进行检查、监督和控制，努力将实际成本控制在预算范围内的管理过程。

节事活动的成本费用管理包括编制成本计划、审核成本支出、分析成本变化、研究降低成本的途径和采取成本控制措施等5方面内容，前两方面是对成本的静态控制，比较容易操作；后三方面是对成本的动态控制，比较难以实现。具体而言，成本费用管理要做好以下工作：建立成本和费用的责任中心，制订预算成本或标准成本，分析实际成本与预算成本的差异，纠正偏差，编写成本控制总结报告等。

**4．利润管理**

利润是指节事活动的经营净成果，是节事活动的收入减去成本后的余额。节事活动的利润管理主要包括利润规划和利润控制等方面的内容。在节事活动进行前，项目组织者应通过合理的利润规划制订出最优的目标利润。通过最优目标利润的制订，一方面明确项目财务目标，使节事活动的全部财务工作围绕目标利润展开；另一方面可以为最终的项目经营绩效考核提供标准。在节事活动开展过程中，要对影响目标利润的各项因素进行控制，同时采取各种措施增加利润，以保证目标利润的实现。在节事活动结束后，要对各项财务数据进行分析，评价节事活动的经济效益，并为今后其他节事活动的开展提供财务资料。

## 三、节事活动项目财务管理的特点

节事活动项目一般投资巨大，财务管理工作也较为复杂和困难。具体来讲，其不同于一般项目财务管理的特点如下。

**1．收入来源多样化**

节事活动项目根据举办目的、主办方等因素的不同，可以有不同的收入来源，而且比例也不同，如赞助商、门票收入等。

### 2. 收入时间多样化

节事活动项目一般具有较长的生命周期，在申办、筹备、举办、收尾各阶段都可以获得各种收入，换句话说，这些收入可以来自活动全过程。例如，活动期间使用过的带有特殊意义的物品、表演道具等，可以通过拍卖等形式获得意想不到的收入。

### 3. 预算管理精细化

节事活动项目财务管理的首要特点是预算管理精细化。这意味着在项目启动之初，需根据活动规模、预期目标、历史数据等因素，科学编制详细的财务预算，包括收入预算、支出预算及现金流预算等。预算需细化到每一项具体活动、每一个成本科目，确保预算的准确性和可操作性。同时，实施过程中需严格执行预算，建立预算调整机制，灵活应对不可预见因素，保证项目资金使用的合理性和效率。

### 4. 利益回报形式多样

随着政府出资越来越慎重，以及大型节事活动商业化运作趋势不断强化，吸引赞助商并为赞助商提供合理回报已成为大型节事活动项目财务管理的重要内容。一般来说，赞助商都希望借助活动来展现公司的历史和声望，增加产品和公司的知名度，创建产品或公司形象等，因此活动组织者必须能创新性地开发出一系列利益回报形式，并通过绑定来形成一揽子回报方案，用来说服赞助商。

### 5. 成本控制与效率要求高

成本控制是提高项目经济效益的重要手段。节事活动项目财务管理需注重成本控制，通过优化采购策略、控制人力成本、提高资源利用效率等方式，降低总成本。同时，关注成本效益分析，确保投入与产出相匹配，提高项目运行效率。此外，还应关注成本变化趋势，及时调整成本控制策略，以应对市场变化带来的挑战。

## 四、节事活动财务管理目标

节事活动财务管理目标是指项目理财活动应当努力达到的境界或水平。财务管理目标是指导节事活动理财活动的方向，是评价节事活动经济效益的基本标准，是项目理财活动的出发点和归宿。财务管理目标制约着资金运动的基本特征和发展方向，因此必须明确财务管理的目标，以完善财务管理，实现资金运动的良性循环。

### 1. 以利润最大化为目标

利润是节事活动经营净成果的货币表现。按现代管理科学的观点，利润最大化目标是指在满足投资者必要报酬率的前提下，争取尽可能多的税后利润。这个目标包含对盈利相对水平和绝对水平两方面的要求。

### 2. 以外部效益最大化为目标

节事活动的外部效益，是指通过节事活动的实施对企业未来经营环境的改善程度，包括市场资料的获取、企业商誉的提升、未来产品销量的增加、潜在客户群体的扩大等内容。外部效益最大化目标，就是通过开展节事活动最大限度地改善企业经营的外部环境，即获得最为翔实可靠的市场资料，最大限度地提升产品和企业自身的声誉，最大限度地增加未来客户等。

## 单元二　节事活动财务预算管理

### 一、节事活动预算的作用

节事活动预算本质上是节事活动组织者为有效地调配资源以实现目标所采用的一种系统方法。这种方法的核心在于明确目标、规定实现目标的路径，并按规划的项目方案拨款，克服各种预算（包括企业预算）中普遍存在的缺点，突破会计周期（月度、季度、年度）的时间限制。

财务预算是节事活动财务决策的具体化，是控制整个节事活动资金运动的重要依据。制定财务预算有利于控制节事活动的各项收支，有利于使节事活动资源得到充分利用，从而获得良好的经济效益。

**1. 项目约束的重要手段**

预算是一种分配资源计划，预算分配结果可能并不能满足所涉及的各项活动组织者的利益要求，而是表现为一种约束，所涉及的人员只能在这一约束范围内行动。而且，预算约束的模式也体现了活动上级部门的政策倾向、对节事活动所包含活动的支持力度。

**2. 项目控制的重要依据**

预算作为一种衡量标准，为资源实际使用量和计划使用量之间划定了基线。由于节事活动组织者的任务不仅是完成预定的目标，还要保证节事活动的完成具有效率，即尽可能地在完成目标的前提下节省资源，这样才能获得最大的经济效益。因此，节事活动组织者必须谨慎地控制资源的使用。

**3. 实时控制与灵活调整**

预算在整个节事活动计划和举办过程中起着重要的作用，预算和活动进展中资源的使用相联系。根据预算，节事活动组织者可以实时掌握节事活动进度。组织者应该在节事活动实施中不断收集和报告有关进度和费用的数据，以及对未来问题和相应费用的预计，从而可以对预算进行控制，必要时对预算进行修正。

### 二、节事活动预算管理对象

**1. 节事活动的收入预算**

（1）政府拨付财政专项经费。这类经费主要适用于具有国家或地区影响的大型活动项目。但这种经费划拨一般需要政府的层层审批，在开支上限制很严，并需要接受严格的审计和公众舆论的监督。

（2）各种企事业单位及个人捐赠。具有较强吸引力的公益事业项目，往往能吸引各种形式的捐赠，为活动提供必要的资金支持。

（3）主办方自筹资金。活动主办方在筹备期间可以召开各种宣讲会、推广会和筹备会，通过收取较高价格的门票和积极宣传来筹集一些款项。

（4）赞助商赞助。自从洛杉矶奥运会以来，赞助商成为各类大型活动不可或缺的一个重要经济来源。赞助商可以通过捐赠现金、实物，或者无偿提供场地、设备、服务等各种形式为活动提供财务支持。

（5）门票销售收入。由于大型活动能吸引众多观众，所以门票销售是大型活动的主要收入来源之一。但这里要注意的是，大型活动还应兼顾公益性质，因此对门票销售一定要提前制定好政策，要对特殊群体有所照顾，如老年群体、残疾人群体、青少年、军人等。

（6）特许和销售收入。大型活动可以通过出售转播权、售卖饮食和各种小纪念品等多种方式增加收入。但对于这类销售活动必须掌握一定的原则，既要增加收入，也要维护活动的主题和形象，更不能引发法律纠纷。

**2. 节事活动的支出预算**

（1）市场营销费用。市场营销费用主要包括广告费、专项广告费、宣传手册设计费、宣传手册邮寄费、宣传手册印刷费、公共关系费等。

（2）日常管理费用。日常管理费用主要包括装饰费用、保险费用、现场电话费、法律咨询费、复印费、摄影费、邮费、活动节目单编辑设计和印刷费、报告编制与出版费、按比例分摊的日常管理费等。

（3）职员与志愿者费用。职员与志愿者费用包括职员住宿费、志愿者住宿费、志愿者表彰和奖品费用以及合同工注册费等。

（4）劳务费。劳务费包括视听人员的劳务费、音响人员的劳务费、照明人员的劳务费等。

（5）租赁费。租赁费包括视听设备租赁费、汽车租赁费、照明设备租赁费、音响设备租赁费、现场办公家具租赁费和场地租赁费等。

（6）运输费。运输费包括汽车里程补助费、材料运输费、杂费、宾客交通费和职员交通费等。

（7）评估费。评估费包括咨询师聘用费和评估费等。

（8）注册费。注册费包括注册材料费、入场费等。

对于成熟的节事活动，支出预算可以基于历史数据进行编制，准确度相对较高；对于新的节事活动，则要根据市场调查或者同类项目的市场数据进行测算，需要更多的假设和主观判断，其准确度相对较低。在编制节事活动的支出预算前，要明确支出项目的性质，即明确固定成本项目和可变成本项目。固定成本不随项目参加人数的变动而变动，是可预测的费用项目，如场馆租金等；可变成本随着出席者人数或其他因素的变动而变动，预测较为困难，如注册工本费等。因此，可变成本预算是节事活动支出预算的关键。

**3. 节事活动的筹资预算**

节事活动的资金可以通过多种渠道来筹集，不同来源资金的可使用时间长短、附加条款的限制和资金成本的大小都不相同，这就要求节事活动组织者在筹资时不仅要从数量、时间上满足生产经营的需要，而且要考虑资金成本的高低与财务风险的大小，以便选择最佳的筹资组合，实现财务管理的整体目标。

节事活动初始资金的筹集方式主要有自有资金筹资和借入资金筹资两种。

（1）自有资金筹资。对于节事活动项目而言，自有资金是指项目主办机构自行拨付的款项，即拨款收入。拨款可以采用现金、实物资产等形式。

（2）借入资金筹资。借入资金又称项目的债务资金、负债，按资金可用时间分为短期负债和长期负债。其中，短期负债包括短期借款、应付账款、预收账款和其他短期应付款等；长期负债主要包括长期借款、企业债券、租赁融资和其他长期应付款，是大型节事活动项目的重要筹资方式之一。

### 三、节事活动预算工作的基本步骤

#### 1. 预算信息的获取

预算编制程序是在有限的信息和假设的基础上展开的，信息的正确性和假设的合理性需要在项目的运营过程中加以检验，信息的偏差会导致预算偏离项目的财务目标。偏离的幅度过大，将会导致预算失去意义，所以应根据实际情况及时地获取内部历史信息和外部市场信息，掌握的信息越多，预算的准确度越高。

#### 2. 预算的制定

按照收入和支出项目设置相应的会计科目，并为每个会计科目编号，然后在设定的框架和条件下，预测各个科目的金额。新项目预算的制定方法有两种：一是零基预算，即对每一收支项目的预算都从头开始，分析研究预算期内的实际需要和收益，而后确定其发生额。二是参考同类项目的决算数据确定收支项目发生额。老项目一般根据上届项目决算数、业务量增减变动数和现行价格来制定本次预算。

#### 3. 决算

从广义上看，预算工作中还包括决算环节。决算是对预算实施情况的核算、分析和总结。决算工作的重点是对预算和实际发生额之间差异的分析。预决算的差异分析主要是对导致差异产生的各种因素进行分析，具体包括：

（1）外部环境影响分析。对经营环境、竞争对手以及供给条件等外部因素的影响进行分析。

（2）内部环境影响分析。对组织结构变动、业务流程变动以及人员绩效变化等因素的影响进行分析。

（3）预算过程影响分析。分析预算时没有考虑到的因素或采用的预算方法是否存在缺陷。

预决算的差异分析不仅能为以后的预算打好基础，同时还能反映项目的潜力，为今后项目扩大收入和降低成本提供数据依据。

> **案例 9-1** 近 120 亿欧元！巴黎奥运预算超支近一倍

整个巴黎奥运会都处于预算严重超支，据欧洲主流媒体估计总花销将接近 120 亿欧元。这个数字，几乎是巴黎奥运会最初计划时的两倍——2017 年时任巴黎市长伊达尔戈在申奥时表示，巴黎奥运会的总预算为 66 亿欧元；获得举办权后，巴黎奥组委给出的预算方案几经调整，在巴黎奥运开幕前的最后一版预算方案，是 88 亿欧元。其中，约一半是基础设施费用,即巴黎奥运会场馆修建、奥运村和公共交通等费用,还有一些则是运营费用。而在奥运会开始前后,各种突发情况,都超出了奥组委的预估。目前看来,总花销和申办时预估相比,超支两倍已成定局:以公共支出一项为例,据法国审计院的数字显示,巴黎奥运会公共费用支出最终或将达50亿欧元,而该类目此前的预算数字为24.4亿欧元。

○ **学生活动 9-1**

活动主题：节事活动财务预算管理。
活动目的：掌握节事活动项目预算管理。
活动形式：小组讨论。
活动内容：以当地一项节事活动为例,对此节事活动项目进行财务预算管理。

## 单元三　节事活动利润管理

　　利润是节事活动在一定时期内全部经营活动的净成果,是全部收入与费用相抵后的净额。节事活动在一定时期内通过努力应当达到的利润水平,称为节事活动的目标利润。利润是节事活动正常运营的基础,是评价节事活动经济效益的重要标准。从一般意义上说,企业利润管理包括利润规划、利润控制和利润分配3部分工作。节事活动利润管理,是节事活动组织者制定目标利润,并以目标利润为标准,对节事活动资金运作全过程进行决策、计划和控制,保证财务目标实现的一系列活动。

　　节事活动的利润管理主要包括利润规划和利润控制两部分。在节事活动正式开展前,节事活动组织者应通过科学的收支预测,规划并制订出节事活动的最优目标利润,作为节事活动的财务管理目标。在节事活动的运营过程中,全部财务管理工作都要围绕目标利润展开,应对影响目标利润的各项因素进行检查、监督和控制,并采取各种措施增收节支,提高利润,保证目标利润的实现。

### 一、节事活动的利润规划

　　利润规划是在一定的条件下,通过对未来销售水平、成本水平的合理预测确定目标利润的过程。利润规划是现代科学管理方法之一,项目组织者应当在分析市场需求状况、自身提供服务或产品的能力以及其他辅助产品的供应状况等具体条件的基础上,通过对项目的规模、定价、成本和风险等情况进行分析和测算,合理地制订出目标利润。

　　进行目标利润规划的主要方法是本量利分析法。这种方法以研究成本对业务量的依存关系为基础,研究成本、业务量和利润三者之间的相互关系,也称为成本性态研究,是目标利润管理的基本方法。

**1. 成本性态**

　　成本性态是根据成本与业务量之间的依存关系而做出的一种成本分类。根据成本性态不同,可以将成本分为固定成本、变动成本和半变动成本。

　　(1)固定成本。固定成本是指在一定的产销量(业务量)范围内,其发生总额不随产销量（业务量）的变动而变动，而是保持相对稳定的那些成本费用支出。固定成本总额在一定时期内保持不变，因此随着产销量（业务量）的增加，单位产销量（业务量）所分摊的固定成本将减少。

节事活动的固定成本是指在节事活动项目的既定规模内，不随参与人数的变化而变化的那些成本费用支出，如项目小组成员的工资、宣传广告费、场地租金、设备租赁费、保险费和通信费等，一些大型节事活动的固定成本还包括固定资产折旧和财产税金等项目。

（2）变动成本。变动成本是指在一定时期和一定产销量（业务量）范围内，其发生总额随产销量（业务量）的变动成正比例变动的那些成本费用支出，包括直接材料、直接人工、流转税金和佣金等项目。与固定成本不同，变动成本总额随产销量（业务量）的变动成正比例变动，而单位产销量（业务量）所支出的变动成本则保持不变。

节事活动的变动成本是指在节事活动项目的既定规模内，随参与人数的变化成正比例变化的那些成本费用支出，如注册工本费、资料费、招待费、礼品费、交流研讨会费用和营业税金等。

（3）半变动成本。半变动成本是指在一定的产销量（业务量）范围内，其发生总额随产销量（业务量）的变动而变动，但不成正比例变动的那些成本费用。管理费用和销售费用中的很多项目都属于半变动成本。半变动成本可以按一定的方法分解为固定成本和变动成本两部分。节事活动的半变动成本一般包括交通费、劳务费等。

节事活动涉及的费用科目众多，不同费用在不同节事活动中的性态也有所不同。在进行目标利润规划时，应充分注意节事活动的性质和内容对成本分类的影响，以便合理确定目标利润。

**2. 利润盈亏临界点与目标利润**

（1）利润。利润是节事活动的投资人最关心的一个指标。利润等于总收入减去总成本，利润率是利润与收入的比值，它表示的是每单位的收入得到的收益。图9-1反映出成本、销售和利润三者之间的关系。$F$ 代表固定成本线，$V$ 代表总成本线，$S$ 代表销售收入线。在 $P$ 点，销售收入等于总成本，该项目不亏损，也不盈利，利润为零，又称为盈亏临界点。只有当销售量大于 $P$ 点时，才能获得利润。

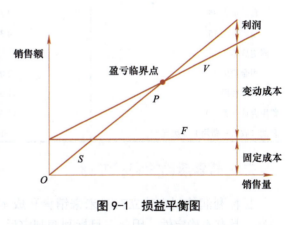

图9-1 损益平衡图

（2）盈亏临界点。盈亏临界点是指节事活动项目的总收入和总成本相等时的状态，此时边际贡献全部用来弥补固定成本，利润为零，即

盈亏临界点的销售量 = 固定成本 /（单价 − 单位变动成本）= 固定成本 / 单位边际贡献

盈亏临界点的销售收入 = 固定成本 /（1− 变动成本率）= 固定成本 / 边际贡献率

式中，边际贡献率也可表示为"（单价 − 单位变动成本）/ 单价"；边际贡献率与变动成本率（变动成本率，即单位变动成本和单价之比）之和为1。

按销售量分析的盈亏临界点，适用于单品种的经营方式；而按销售收入分析的盈亏临界点，则同时适用于单品种和多品种的经营方式。

（3）目标利润。项目的正常销售收入超过盈亏临界点销售收入的部分称为安全边际，安全边际的边际贡献形成项目的税前利润，只有安全边际才能为项目组织提供利润。因此，目标利润的计算公式也可以表述为

$$目标利润 = 目标安全边际 \times 边际贡献率$$

综上，用量本利分析法预测目标利润时，可以使用以下公式：

$$目标利润 = 目标销售收入 - （变动成本 + 固定成本）$$
$$= （单价 - 单位变动成本）\times 目标销量 - 固定成本$$
$$= 单位边际贡献 \times 目标销量 - 固定成本$$
$$= 目标安全边际 \times 边际贡献率$$

表 9-1 为某活动的盈亏平衡点分析。如果出席活动的人数少于 300 人，这项活动就亏本，只有出席活动的人数超过 300 人，这项活动才有利可图。因此，盈亏平衡点的基准点是收入 15 000 元。

表 9-1 某活动的盈亏平衡点分析

| 项目 | 财务状况 | | |
| --- | --- | --- | --- |
| | 亏损 | 平衡 | 利润 |
| 人数（人） | 290 | 300 | 310 |
| 收入（元） | | | |
|   每人 50 | 14 500 | 15 000 | 15 500 |
| 费用（美元） | | | |
|   可变成本 | | | |
|     食品每人 25 | 7 250 | 7 500 | 7 750 |
|     酒水每人 15 | 4 350 | 4 500 | 4 650 |
|   固定成本 | | | |
|     租金费用 | 2 000 | 2 000 | 2 000 |
|     娱乐费用 | 1 000 | 1 000 | 1 000 |
| 费用合计（美元） | 14 600 | 15 000 | 15 400 |
| 利润（收入 - 费用）（美元） | -100 | 0 | 100 |

## 二、节事活动的利润控制

目标利润的制定建立在对未来销售和成本预测的基础之上，其依据是历史数据和市场预期，具有不确定性。因此，目标利润制定后，在项目运营过程中，要对影响目标利润的各项因素进行控制。项目组织者的计划、技术、营销和财务等各部门应通力合作，采取各项措施，增加项目利润，保证目标利润的实现。

**1. 目标利润控制的主要措施**

节事活动作为文化、旅游、娱乐等多领域的综合体现，其成功与否不仅关乎社会效益的实现，更直接影响到经济效益的达成，尤其是目标利润的完成。为了确保节事活动能够达成既定的利润目标，需要采取一系列科学、系统的控制措施。以下从预算编制与执行、成

本控制、收入增加、风险管理、绩效评估、反馈调整、合作管理以及创新策略等八个方面，阐述节事活动目标利润控制的主要措施。

（1）预算编制与执行。预算编制是目标利润控制的首要环节。节事活动组织者应深入分析历史数据、市场趋势及项目特点，合理预测活动成本、收入及利润，制定详尽、可操作的财务预算。预算应明确各项开支的用途、标准及限额，确保资源分配合理有效。预算执行是关键，需建立严格的预算控制制度，确保各项活动严格按照预算计划进行，避免超支现象的发生。同时，建立预算调整机制，灵活应对不可预见因素，保证预算目标的达成。

（2）成本控制。成本控制是目标利润控制的核心。节事活动涉及众多成本项目，如场地租赁、设备购置、人员薪酬、宣传推广等。节事活动组织者应通过优化采购策略、采用节能降耗措施、提高资源利用效率等方式，降低各项成本。同时，建立成本监控体系，实时监控成本变动情况，及时发现并纠正成本偏差，确保成本控制在预算范围内。

（3）收入增加。收入增加是提升利润的重要途径。节事活动组织者应积极探索多元化的收入来源，如门票销售、广告赞助、衍生品开发、品牌合作等。通过提升活动品质、增强观众体验、拓展营销渠道等方式，吸引更多观众和赞助商，提高收入水平。同时，加强市场调研，了解消费者需求，推出符合市场需求的创新产品和服务，进一步提升收入潜力。

（4）风险管理。风险管理是确保利润目标实现的重要保障。节事活动面临诸多风险，如市场风险、财务风险、运营风险等。节事活动组织者应通过识别和分析潜在风险，制定相应的风险应对策略和预案，降低风险对项目的影响。建立风险预警机制，及时发现并处理潜在风险，确保项目平稳运行。同时，加强风险管理教育和培训，提高全员风险管理意识和能力。

（5）绩效评估。绩效评估是衡量项目绩效、指导改进的重要手段。节事活动组织者应建立科学的绩效评估体系，对活动的各个环节和关键指标进行定期评估。通过对比分析实际完成情况与预算目标的差异，评估项目的经济效益和社会效益。根据评估结果，总结经验教训，为未来的项目管理提供借鉴和改进方向。

（6）反馈调整。反馈调整是确保目标利润控制有效性的关键环节。在项目实施过程中，节事活动组织者应不断收集和分析来自各方面的反馈信息，包括观众、赞助商、合作伙伴及内部员工的意见和建议。根据反馈信息，及时调整项目策略和管理措施，确保项目按照既定目标顺利推进。同时，建立快速响应机制，及时应对突发事件和市场变化，保障项目目标的达成。

（7）合作管理。合作管理是提升项目整体效益的重要途径。节事活动涉及众多合作方，如政府部门、赞助商、供应商、媒体等。节事活动组织者应通过加强与合作方的沟通和协调，建立互信共赢的合作关系，共同推动项目的成功实施。同时，明确合作方的职责和权益，建立严格的合同管理制度，确保合作关系的稳定和可持续发展。

（8）创新策略。创新策略是提升项目竞争力和盈利能力的重要手段。在节事活动的策划和实施过程中，节事活动组织者应积极引入创新理念和技术手段，如数字化转型、智能化应用、绿色环保等。通过创新提升活动的品质和吸引力，满足消费者日益增长的需求和期望。同时，关注行业发展趋势和市场动态，及时调整和创新项目策略与管理模式，保持项目的竞争力和生命力。

综上所述，节事活动目标利润控制需要从多个方面入手，采取综合措施确保项目目标的顺利实现。

### 2. 目标利润的实现

利润目标制订后,可以通过增加销售量、提高产品价格、降低产品成本等措施来保证目标利润的实现。

**例**:某公司 2022 年举办的节事活动实现利润 50 000 元,参会门票每张 100 元,单位变动成本 60 元,固定成本总额 20 000 元,2023 年预计目标利润为 2022 年的 1.2 倍。试分析公司实现目标利润的途径。

**解**:(1)如果其他条件不变,该公司可通过增加参会人数实现目标利润。

2022 年的参会人数 =(20 000+50 000)/(100−60)=1 750(人)

2023 年的目标利润 =50 000×1.2=60 000(元)

2023 年需要达到的参会人数 =(20 000+60 000)/(100−60)=2 000(人)

2023 年该节事活动项目需要增加 250 人参会才能达到目标利润。

(2)如果其他条件不变,该公司可以通过降低单位变动成本来实现目标利润。

$$1\,750=(20\,000+60\,000)/(100-V)$$

$$V=54.29(元)$$

当单位变动成本下降 5.71 元时,可以实现目标利润。

(3)如果其他条件不变,该公司可以通过降低固定成本的方式来实现目标利润。

$$1\,750=(F+60\,000)/(100-60)$$

$$F=10\,000(元)$$

当固定成本下降 10 000 元时,可以实现目标利润。

(4)如果其他条件不变,在提高服务质量的前提下,该公司可通过提高参会费(即单价)的方式来实现目标利润。

$$1\,750=(20\,000+60\,000)/(P-60)$$

$$P=105.71(元/人)$$

当参会门票(单价)提高 5.71 元时,可以实现目标利润。

以上为项目组织采取单项措施实现目标利润的例子。在实际工作中,单独采取某一方面的措施可能无法实现目标利润,这时应综合运用多种措施,以实现目标利润。

## 实训项目十一　节事活动项目财务预算实训

| 工作任务 | 某节事活动项目组办方自己筹资 40 万元,接受赞助商赞助 150 万元,预计门票收入 30 万元,请根据本地区展览场馆和广告服务等市场价格,制定节事活动项目财务预算方案 |
|---|---|
| 实训提示 | 组织分工:教师将学生每 6 人分为一组,设组长一名,分组进行节事活动项目财务预算管理操作<br>任务研究:教学关键在于让学生熟悉节事活动项目财务预算管理的过程,掌握预算中节事活动各财务费用项目的任务和成本<br>注意事项:在进行项目预算前,教师应先提供本地场馆租赁价格、广告价格、人工费用等相关信息,为学生预算实训提供必要的计算帮助 |

（续）

| 三维度 | | 实训建议 |
|---|---|---|
| 三维度 | 方法能力 | 项目分解能力、计算能力 |
| | 专业能力 | 节事活动项目工作分解能力、项目财务预算能力 |
| | 社会能力 | 团队合作能力、价格咨询能力 |
| 工作6要素 | 工作环境 | 网络实训室 |
| | 工作对象 | 节事活动项目工作任务、项目财务预算管理 |
| | 工作内容 | 分解节事活动项目工作内容、制定相应财务预算 |
| | 工作手段 | 小组讨论、项目分解、财务预算 |
| | 工作组织 | 节事活动项目财务预算工作小组 |
| | 工作结果 | 节事活动项目财务预算方案 |
| 工作6步骤 | 第一步：信息 | 节事活动项目分析信息、节事活动项目财务成本信息、财务预算信息 |
| | 第二步：决策 | 项目分解决策、成本决策、预算决策 |
| | 第三步：计划 | 节事活动项目工作分解计划、成本价格咨询、财务预算 |
| | 第四步：实施 | 团队策划、制订计划、市场调查、预算方案 |
| | 第五步：检查 | 教师对各小组的节事活动项目财务预算过程进行指导和检查，尤其是节事活动项目任务分解的过程要明确和精细，同时财务预算要准确 |
| | 第六步：评估 | 各小组派一名代表分享本组财务预算方案，教师与全体同学进行评估 |

# 思考与练习

## 一、不定项选择题

1. （　　）是节事活动资金运动的起点，也是节事活动最初的现金流入。
   A．资金的筹集　　　　　　　　　B．资金的耗费
   C．资金的回收　　　　　　　　　D．资金的运动

2. 节事活动财务管理的目标（　　）。
   A．以利润最大化为目标
   B．以外部效益最大化为目标
   C．以提升企业形象为目标
   D．以塑造节事活动品牌形象为最大目标

3. 对于一场运动会来说，其现金流收入有（　　）。
   A．门票收入　　　　　　　　　　B．电视转播收入
   C．广告收入　　　　　　　　　　D．纪念品收入
   E．企业赞助　　　　　　　　　　F．政府拨款以及其他收入

4. 对于一场运动会来说，其现金流支出有（　　）。
   A．人力费用　　B．设备费用　　C．管理费用　　D．宣传费用
   E．交通费以及其他各种费用

## 二、填空题

1．节事活动的资金运动主要包括_____、_____和_____3个环节，其中资金的_____和_____是节事活动的现金流入，而资金的_____则是节事活动的现金流出。

2．节事活动财务管理的主要内容包括_____、_____、_____和_____。

3．节事活动评估费包括_____和_____。

4．节事活动初始资金的筹集方式主要有_____和_____两种。

## 三、简答题

1．简述节事活动预算的作用。

2．简述节事活动预算工作的基本步骤。

3．简述节事活动财务管理的特点。

# 模块十 节事活动风险管理

### 📋 知识目标

掌握风险和节事活动风险管理的基本概念；了解节事活动风险管理的特性、原则、意义；了解风险识别与风险分析；了解节事活动风险应对和风险监控的概念。

### 🎯 技能目标

具有节事活动风险管理的能力；能对节事活动风险进行定性、定量分析；具有运用节事活动风险应对措施的能力；具有对节事活动风险监控的能力。

### 📖 素养目标

培养家国情怀，增强文化自信；培养团队协作分析问题能力。

## 案例导入

### 大型活动现场突发踩踏事故

2024年7月27日下午，刚果（金）首都金沙萨烈士体育场举行演唱会期间发生踩踏事故，造成至少9人死亡。金沙萨烈士体育场是刚果（金）最大的体育场，可容纳8万名观众。当天的演唱会座无虚席，且观众人数超出了体育场总座位数。2022年10月，在该体育场举行的一场演唱会上曾发生踩踏事故，造成11人死亡。

2022年10月29日晚，韩国首尔龙山区梨泰院发生大规模踩踏事故。当晚，梨泰院举行万圣节派对，附近聚集人数约10万人，伤者大多数是前来参加派对的年轻人。踩踏事故造成159人死亡、近200人受伤。

2014年12月31日23时35分，正值跨年夜活动，众多游客聚集在上海外滩迎接新年。上海市黄浦区外滩陈毅广场东南角通往黄浦江观景平台的人行通道阶梯处底部有人失衡跌倒，继而引发多人摔倒、叠压，致使拥挤踩踏事件发生，事故造成36人死亡，49人受伤。

【思考】结合本案例，分析如何有效应对节事活动风险。

风险管理是节事活动管理的重要组成部分，它贯穿于节事活动项目生命周期的始终。了解和掌握节事活动项目风险的来源、性质和发展规律，强化风险意识，进行有效的风险管理，对节事活动的成功举办具有重要意义。本模块从节事活动风险管理的概念入手，介绍了节事活动组织者如何对威胁节事活动的风险进行识别、估计、评价、应对、监控和防范。

# 单元一 节事活动风险管理概述

## 一、风险与风险管理

### 1. 风险的定义

风险被认为是"最确定的损失或损失暴露的可能性",这里的"损失"可以指所有可能导致损害、死亡、财产损失、公众形象或声誉的损害,甚至法律诉讼的意外活动。

### 2. 风险管理的定义

风险管理是指项目管理机构对可能遇到的风险进行规划、识别、估计、评价、应对、监控的过程,是以科学的管理方法实现最大安全保障的实践活动的总称。通过风险管理,可以最大限度地降低活动的损失,并增加成功的概率。风险管理是一门学问,能够帮助我们了解哪些环节可能出问题,并制定预防措施和应急计划来避免其发生,而不是当问题发生后再进行补救。风险管理的核心不仅在于避免或减少损失,还在于发现有利于发展的机会。

## 二、节事活动风险管理

### 1. 节事活动风险管理的内涵

节事活动,尤其是大型节事活动,因其社会化程度高且参与人数众多,往往伴随大量的风险,节事活动风险管理就是对这些风险进行的管理活动。也就是说,风险管理是对由于突发、非预期的特殊事件所造成的人员、财务风险的不确定性进行预测、识别、分析、量度、评估和有效处理与控制,以最低成本为活动的顺利完成提供安全保障的科学管理方法。

### 2. 节事活动风险管理的特性

(1) 时效性。时效性是指节事活动在不同阶段所面临的风险是不同的,而风险的承担者只在特定的时间内承担这些风险。例如,延期或停办的风险只存在于节事活动的前期准备阶段;而在节事活动的现场,风险则主要是火灾、意外伤害等。

(2) 有偿性。节事活动风险的计划编制、识别、分析、监控和处置都需要耗费大量的人力和物力资源。节事活动风险管理的有偿性主要表现在用来预防或降低未来可能出现的风险所造成的损失,其真正的价值只有在未来才能体现出来。需要注意的是,用于风险管理的投入将来既有可能抵消,也有可能多于风险事件本身所造成的损失。

(3) 动态性。节事活动的风险管理是一个动态的过程。一旦某一节事活动的目标、时间和费用计划确定下来,其风险管理计划也应当随之完成。而在进行风险管理过程中,如果节事活动的时间、费用等因素发生重大变化,相对于这些因素的风险也需要重新进行评估。

(4) 信息依赖性。节事活动风险管理是在收集与分析风险情报和外界信息的基础上进行的,因此具有较强的信息依赖性。换言之,对节事活动风险识别、预测和评估的准确性与节事活动风险管理部门的信息处理能力密切相关。此外,有效的节事活动管理还有赖于节事活动企业与其他负责安全保障部门之间及时地进行信息沟通和紧密合作，共同制订相应的行动计划和风险处理措施。

**3. 节事活动风险管理的原则**

（1）目标一致性原则。战略管理目标是节事活动举办过程中一切活动的出发点和归宿。节事活动风险管理是节事活动管理的一部分，因此其目标的制订也必须与节事活动的战略管理目标相一致。

（2）经济性原则。经济性原则是指要以最合理、最经济的方式达到节事活动安全管理的目标，并把其成本降到最低。换言之，在制订节事活动风险管理计划时要以总成本最低为目标。这就要求节事活动风险管理人员要对各种效益与费用进行科学的分析和严格的核算。

（3）全面性考虑原则。节事活动风险管理的计划和实施应该全面考虑各种法律法规，从而保证节事活动风险管理的每个步骤都具有合法性。此外，在进行风险管理时还应该考虑周围地区一切与项目有关并受其影响的单位、个人等利益相关者对该节事活动的风险影响评价及管理的要求。

（4）适度满意性原则。适度满意性原则是指不管采用何种方法、投入多少资源，节事活动的不确定性风险都是存在的。因此，在风险管理过程中要允许存在一定的不确定性。换言之，只要节事活动的风险管理能达到适当的要求，就没有必要为了一味追求风险管理的效果，而无限制地追加资源投入，以免造成浪费。

**4. 节事活动风险管理的意义**

（1）确保节事活动如期举行。筹备一个节事活动，特别是大型节事活动，需要的时间较长。从策划、立项、收集资料到节事活动开幕，短则需要一年，长则需要三五年，有的大型节事活动（如"世博会"）的筹备时间甚至需要10年以上。在这么长的时间内，一些突发的社会、政治和经济事件都会对节事活动的筹备产生重大影响。有的可能使节事活动延期举办，有的会使节事活动中途夭折。进行有效的节事活动风险管理，可以对一些可控的危机事件提前进行有针对性的预防。而对那些不可避免的风险事件，可以进行风险评估，分析其发生的概率及一旦发生这类事件对节事活动可能带来的影响，并在此基础上，采取必要的应对措施，防止和避免风险损失，最大限度地保证节事活动如期举行。

（2）保证节事活动的安全举办。作为公众性社会活动，一般的节事活动在举办时都伴随着高度集中的人员流动。例如，每年的青岛啤酒节都会有数千名参展商洽谈业务、几百万海内外游客参加节事活动，如此众多的人员在短时间内聚集一堂，节事活动现场的安全问题当然是头等重要的。如果此时发生火灾、事故性停电等情况，后果将不堪设想。对节事活动进行风险管理，可以有效地防止和应对节事活动现场可能发生的各种风险事件，保证节事活动安全举行。

（3）减少节事活动举办方的损失。大型节事活动的前期准备工作十分艰巨，不仅任务量大，而且投入也非常大。一旦突发事件致使节事活动被迫延期甚至取消，其前期投资很难收回，因此会给举办方带来巨大的经济损失。对节事活动进行风险管理，并对一些突发的风险事件建立一套有效的预防措施，可以将节事活动举办方可能面临的风险降到最低，从而最大限度地减少其经济损失。

（4）取得客户的信任。客户是节事活动最重要的资产。因此，对客户负责，使客户满意，为客户营造一个安全的环境是节事活动举办方一直以来追求的目标。如果节事活动现场危机四伏，客户参加该节事活动就会顾虑重重，甚至放弃参展计划。基于对客户高度负责的精神，节事活动举办方有必要对节事活动进行有效的危机管理，尽量将一些可能发生的风险事件消灭在萌芽状态。而对于一些不可控的风险事件，节事活动举办方也要为客户的利益着想，努力采取措施，尽量减少客户的损失。由此可见，对节事活动进行有效的风险管理，是举办方对节事活动进行人本管理的一项重要内容，也是其取信于客户的一项重要手段。

#### 案例 10-1　节事活动现场安全的影响因素

（1）天气影响。由于节事活动一般在室外进行，天气变化对节事活动场地影响非常大，雷雨、狂风、烈日等都会致使活动推迟，甚至取消。因此，在活动举办前应对气候情况进行预测，并做好紧急预防措施和应变对策。

（2）人群风险。节事活动最大的风险来自激动兴奋的人群，特别是年轻人，他们的热情可能导致一些过激行为。在管理时要特别注意这一点，加强现场管理，随时防范人群因兴奋过度而产生的过激行为。

节事活动的另一个人群风险是人流密度过大，容易造成拥挤和踩踏。特别是在举行室外烟花会演时，要考虑到人流的流动方向，对于一些重要观赏点要控制人群的流入。必要时还需安装临时的监视器或摄像头，随时对现场人群进行监控。

（3）舞台安全。舞台安全包括两个方面：一方面是确保舞台的搭建稳固，防止舞台塌陷，尤其是对于一些大型的文艺表演来说，这一点尤为重要；另一方面是严格控制舞台区域的人员进出，防止观众、活动参与者或其他无关人员进入舞台区，影响庆典活动的正常进行。

（4）用电安全。节事活动所需的动、声、光、色设备的用电功率一般较大，而且多为临时拉线，因此，要特别注意活动现场的用电安全，防止出现超负荷用电造成的断电甚至火灾。

（5）观赏区安全。节事活动的观赏区包括体育馆内的固定看台、临时搭建的看台以及广场临时布置的简单观赏区。这三类观赏区的安全管理要求各不相同。

## 单元二　节事活动风险识别和分析

### 一、风险类型与风险识别

**1. 风险类型**

（1）政治文化和宗教民俗约束风险。此类风险是与活动的内容和形式的选择密切相关的。每一个活动都会涉及文化的交流沟通，在选择活动主题时，一定要考虑举办地和目标观众的社会意识形态、社会道德规范、宗教民俗习惯，如果与之相悖，就会出现风险。

（2）法律政策约束风险。即使是组织一次很小规模的节事活动，也需要有一个法律规章明细表，对表中的规章制度都必须仔细理解并严格遵守。节事活动的规模越大，参加的人数越多，影响越广泛，所需要遵守的法规就越多。基本原则就是要仔细研究和咨询，明确保证节事活动顺利进行应当获得的授权和许可。通常，不同的国家、地区，甚至社区，都会对节事活动有一定的限制和要求，活动管理者需要与相关部门在事前进行充分沟通。在户外活动、参加人数众多、有贵宾出席或者有焰火燃放时，事前咨询和沟通就更加重要。如果节事活动是在境外举办，那么涉及食品安全、酒精管理、商品销售许可证、当地用工合规性等问题，都需要寻求专门的法律帮助。

> **案例 10-2**　巴黎奥运会：经济效益与法律风险的双刃剑
>
> 　　LVMH 集团以 1.5 亿欧元的天价赞助费，成为巴黎奥运会的最大赞助商，这一举动不仅彰显企业对于国际体育赛事的重视，也引发了对于奥运经济法律影响的深刻探讨。
> 　　首先，从成本控制角度看，巴黎奥运会的组织者采取了一项明智策略——95% 的比赛场馆在现有或临时搭建的基础设施中举行。这一举措无疑是对过往奥运会巨额建设支出的反思，旨在避免"白象效应"，体现了对公共资金负责任的态度。然而，如何在利用现有资源的同时，确保赛事的顺利进行及观众体验，将是法律与实践层面的一大考验。
> 　　其次，LVMH 集团以及其他法国企业的高额赞助，无疑为奥运会的成功举办提供了坚实的资金支持。然而，天价赞助背后，赞助合同的法律条款、品牌权益保护，以及可能的商业纠纷，都是不容忽视的法律风险。如何在保障赞助商权益的同时，维护好消费者利益，防止过度商业化对奥运精神的侵蚀，是法律界必须面对的问题。
> 　　再者，奥运会作为全球性的体育盛事，其知识产权保护亦是法律关注的重点。从标志使用权、转播权到商品销售，每一个环节都潜藏着侵权的风险。如何有效打击盗版，维护奥运会的品牌价值，是检验法律执行力的重要标尺。
> 　　巴黎奥运会既是一次展现城市魅力、拉动经济增长的良机，也是一个充满法律挑战的舞台。在期待它带来经济效益的同时，我们更应关注其背后的法律风险与合规问题。未来，无论是对于主办方、赞助商还是参与者，如何在法律的框架内平衡经济利益与社会责任，将是一道值得深思的命题。

（3）保安和突发事件风险。风险管理中最关键的环节是保安措施。在举办节事活动现场，活动主办方为了保证活动的成功，往往会运用各种方法来吸引尽可能多的人参加，因此就带来了"过度拥挤"的问题，存在着很大的安全隐患。针对这种情况，还需要采取一些特别的加强措施，如设置障碍物、划定警戒区、严格控制出入口等，保安人员必须随时保持充足的力量以应对各种情况，还要根据现场的规模来管理疏导人群，控制人流的涌入。

　　任何活动的成功举办，都离不开与本地行政机构、公安机关、消防部门、医疗机构，以及电力、供水、通信、排水等公共服务机构的紧密协作。为了确保活动实施的每个步骤和细节都安全无虞，必须在活动筹备之初就高度重视安全防范工作，并积极邀请各合作单位参与到活动的安全保障中来。唯有采取这样的措施，才能为活动的成功举办提供最有力的保障。

（4）财务风险。节事活动财务风险是指在节事活动的各项财务活动中，由于内外部环境及各种难以预计或无法控制的因素影响，在一定时期内节事活动投资者的实际财务收益与预期财务收益发生偏离，从而蒙受损失的可能性。财务风险主要包括投资风险、利率风险、汇率风险、筹资风险和现金流量风险等。对于任何企业投资者来说，财务规划和预算控制都是十分关键的。财务风险管理不仅对活动管理者本身至关重要，对保护企业的财产安全以及保证客户的满意度，也是极其重要的。

（5）人员健康与安全风险。人员安全就是指人们通过采取各种措施来保护人员免遭因预防不力或疏忽大意而导致的人身伤害。通常，它包含了以下几个方面的要求：一是增强人员自身的安全意识，能够采取必要的防范措施；二是对活动设施进行严格检查，保证安全措施到位；三是预先准备好医疗用品，以备不时之需。对于组织者而言，必须将活动的执行人员和参与人员的安全视为整个活动的重中之重。保证人员健康和安全的措施主要体现在以下几个方面：设备检查、消防安全、烟花爆竹管理、枪支控制、医疗服务、酒精与麻醉品检测、餐饮安全、医疗设备维护、装潢安全和动物侵害防范等。

### 案例10-3　樱花节变为"樱花劫"

在2018年武汉东湖樱花节期间，武汉大学校园单日游客量甚至超过20万，过多游客的涌入不仅严重影响学校正常的教学、科研，也对校园环境和安全造成巨大冲击。有游客为了拍照，强行折断樱花树枝；由于游客过多造成道路拥堵，学生在上学路途上需要花费更多时间；人群喧哗，影响到师生上课和午休；大量游客涌入学校食堂，甚至使学生打不到饭吃。这一系列问题，使得原本应是美好赏樱时光的樱花节，变成了"樱花劫"。更令人遗憾的是，部分旅行团与游客的不文明行为，如蛮横无理、强行闯入校园，甚至导致工作人员受伤，进一步加剧了樱花节期间的混乱局面。

（6）不可抗拒的风险。如自然灾害、战争、内乱、政权更迭等灾难性事件，一旦发生往往无法挽救，且后果严重。节事活动是人流、物流和资金流高度密集的活动，对外界的环境安全要求非常高。一般来说，在某个地区举办节事活动首先需要确保当地有着稳定的政治局势。

### 案例10-4　新冠疫情对大型活动的影响和启示

大型活动是人们生活中的重要组成部分，包括体育赛事、文化演出、展览会等。然而，由于疫情的暴发，大型活动受到了极大的影响。

首先，政府和组织者采取取消或延期的方式来应对疫情。许多原本计划举办的大型活动被迫取消或推迟，以减少人群聚集带来的传播风险。这无疑给组织者带来巨大的经济损失，也影响相关产业的发展。

其次，即使一些大型活动得以继续举办，也需要加强防疫措施。如在体育赛事中，观众入场需要核酸检测、体温检测等程序，观众人数也被大大限制。这样一来，活动的氛围也受到了一定的影响，观众的参与感和热情也有所减弱。

然而，疫情也催生一些新的创新形式的大型活动。例如，线上展览、虚拟演唱会等通过互联网和数字技术实现，为人们提供了新的参与方式。这种转变可能会持续影响未来的大型活动形式，使得线上和线下相结合的方式更加普遍。

新冠疫情对大型活动的影响，使得我们对活动运作和交流方式有新的认识。首先，疫情使得我们认识到网络空间的重要性。在疫情期间，网络成为人们进行社会运动、获取信息和参与活动的重要渠道。这启示我们要充分发挥网络的作用，推动网络空间的公共参与和发展。其次，疫情促使组织者探索新的活动形式。在疫情期间，一些组织者迅速转变思路，通过线上平台组织活动，与观众进行互动，为人们提供了新的体验和机会。这也表明组织者需要具备灵活性和创新性，适应复杂多变的环境。最后，疫情的发生让我们重新思考大型活动带来的影响和风险。大型活动的聚集性特点容易引发疫情的传播。因此，我们需要更加关注和重视大型活动的安全和健康问题，在活动举办前制定相应的防疫措施，确保公众的安全。总而言之，新冠疫情对社会运动和大型活动的影响是深远的。虽然疫情给社会运动和大型活动带来了一定的限制，但同时也催生了新的发展机遇。

（7）商业经营风险。经营风险是指由举办方企业在经营层面的问题所引发的节事活动不确定性。常见的经营风险表现形式有节事活动定位不当、主办方招展不力、招商不顺、宣传推广效果不佳、人力资源及人员结构不合理，以及节事活动现场的饮食卫生出现问题等。经营风险一旦出现，很容易给相关节事活动企业的声誉造成影响。不过，经营风险是可以防范和应对的。如果节事活动的举办方企业能够提前做好预防工作，很多经营风险都是可以控制和消除的。

### 2. 风险识别

风险识别就是对所有可能发生的各种风险进行系统归类和全面分析，确定风险来源，并查明何种风险事件可能影响项目。节事活动一般是按一定的程序将具有潜在风险的产品、过程、事件、现象和人员进行分类与识别；在风险发生后，对事件、过程、现象、后果进行观测、记录和分析；最后对风险及损失前兆、风险后果与各种原因进行评价与判断，找出主要原因并进行仔细检查。

## 二、风险分析

风险分析旨在确定每个风险对项目影响的大小，一般是对已经识别出来的项目进行量化估计。

### 1. 三个概念

（1）风险影响。风险影响是指一旦风险发生可能对项目造成的影响程度。如果损失的大小难以直接估计，可以将损失分解为更小的组成部分，再逐一评估这些部分的影响。风险影响可用相对数值表示，建议将损失大小折算成对计划执行时间的影响。

（2）风险概率。风险概率是指风险发生可能性的大小，用百分比表示，是一种主观判断。

（3）风险值。风险值是评估风险的重要参数。风险值＝风险概率×风险影响。例如：

某一风险事件发生的概率是 25%，一旦发生将导致项目计划延长 4 周，那么该风险的风险值就是 25%×4 周 =1 周。按风险值的大小可将项目的前 10 个风险作为控制对象，密切监控项目的前 10 个风险。这种方法很实用。

### 2. 定性分析

根据已有的风险管理计划、已经识别出的节事活动风险、假设数据的精确度和活动的进展状态，可以进行风险的定性分析。对于常见的活动项目或经常举办的项目，其风险和后果往往容易被理解和认识。

定性分析的工具和技术有风险概率和后果、假设测试、数据精确度评价等。定性分析输出结果包括节事活动项目风险的综合评价、重点节事活动风险清单、需进一步分析和管理的清单，以及定性风险分析结果中所呈现的趋势。

### 3. 定量分析

定量分析一般是在定性分析之后进行的，但也有在风险识别之后直接进行的。其分析过程与定性分析基本相同，但要补充定量分析特有的条件和专家判断。常见的定量分析工具和技术包括面谈或专访、敏感性分析、决策树分析、模拟分析。定量分析的输出结果包括：一份量化并明确重要性大小的节事活动风险清单、项目的概率分析报告；项目潜在进度和费用的预测，列出项目预计完成日期、预计费用，以及达到时间和费用目标的概率；根据当前计划及对节事活动风险的了解，可以估算项目时间、费用目标实现的概率，并发现定量节事活动风险分析结果中呈现的趋势。通过多次定量分析，项目团队会发现某种趋势，该趋势可为制订节事活动风险应对计划提供重要信息。

○ **学生活动 10-1**

活动主题：节事活动风险的识别和分析。
活动目的：掌握节事活动项目风险的识别和分析方法。
活动形式：分组讨论。
活动内容：以"重庆欢乐谷音乐节"为例，讨论应该如何有效识别和分析节事活动项目风险。

## 单元三 节事活动风险的应对措施和监控

### 一、节事活动风险的应对措施

#### 1. 风险应对的概念

节事活动风险应对是一个系统工程，需要从多个维度进行综合考虑和部署。通过科学的风险识别与评估、周密的预防措施制定、完善的应急计划编制、高效的监控与响应机制、全面的安全教育与培训、顺畅的沟通与协作管理、严格的法律法规遵守以及持续的风险管理改进，可以最大限度地降低活动风险，确保节事活动的安全、顺利举行。

节事活动风险应对方案是指为了提升项目目标成功实现的可能性，而专门设计的解决方案。这些方案需要紧密贴合节事活动风险的实际情况，包括风险的严重程度以及应对挑战所需的力度。在规划时，要确保应对措施能够迅速且有效地实施，以保证项目的顺利进行。同时，这些方案还必须在项目的具体环境中具备可行性，并得到所有相关参与者的一致认可和支持，最终落实到具体的负责人。在多个备选方案中，需要精心挑选出最佳的节事活动风险应对方案。

**2. 风险应对策略**

节事活动风险应对策略的制定，需要以风险的具体性质以及决策主体对风险的承受能力为依据。这些策略包括回避、承受、降低或分担风险等不同的防范措施。在制定这些策略时，需要综合考虑4个关键因素：可规避性、可转移性、可缓解性以及可接受性。一旦确定了风险应对策略，就可以开始编制详细的风险应对计划。该计划应涵盖已识别的风险及其详细描述、风险发生的概率、负责应对风险的责任人、具体的风险应对策略及行动计划，以及应急计划等内容。

节事活动风险应对策略主要有以下几种。

（1）风险规避。规避节事活动风险是指变更项目计划，以消除节事活动风险源或风险条件，从而保护节事活动目标免受风险的影响，是一种最彻底的风险处置技术。例如，在节事活动中采用熟悉的方法而不是尝试别出心裁的创新方法，有利于规避风险。

（2）风险转嫁。转嫁节事活动风险是指设法将节事活动风险的后果连同应对的责任转移给第三方。转嫁节事活动风险实际只是把节事活动风险管理责任转移给他人，而并非将风险消除，常见的做法如外包服务和购买保险等。外包是把工作委托给别人进行，从而把有关的风险转嫁给对方，而购买保险则是将具体的节事活动风险责任转嫁给保险公司。此类风险应对措施多数通常用于应对那些发生概率小但损失大的风险。

（3）风险减轻。风险减轻是指设法把不利的节事活动风险事件的概率或后果降低至一个可承受的水平。提前采取行动减少节事活动风险发生的概率或者减轻其对项目所造成的影响，比在风险发生后进行补救要有效得多。此类风险应对措施是应对无预警信息项目风险的主要措施之一。

（4）风险接受。采取此项措施表明节事活动项目组已经决定不打算为处置某项节事活动风险而改变项目计划，或者无法找到任何其他应对良策。主动接受风险可以制订一套准备实施的应变计划；被动接受则不要求采取任何行动，留待节事活动风险发生时再做相应处理。最常见的接受风险措施是预留应急储备，包括为已知的节事活动风险留出时间、资金或者资源。

（5）风险预防。事先从制度、文化、决策、组织和控制等多个层面，通过培育核心能力提高企业防御节事活动风险的能力。

（6）应变计划。应变计划应用于项目进行期间发生的已识别节事活动风险。事先制订应变计划可大大降低节事活动风险发生时采取行动的成本。如果节事活动风险影响较大，或者所选用的对策不见得有效时，就应制订一套后备计划。该项计划可包括预留应急款项、制订其他替代方案或者调整项目范围。

## 案例 10-5　重庆火锅节下雨

××年11月31日，由重庆市政府、中国烹饪协会、中国饭店协会主办，为期三天中国（重庆）火锅美食节开幕仪式在南滨路烟雨公园举行。当日，数十万人（次）涌入南滨路开幕式现场，品尝万人火锅宴，火锅宴持续到晚上12点。下午5时，天空开始飘起小雨。但小雨未能抵挡重庆市民吃火锅的热情，上万市民冒雨吃火锅。

得益于事先制订的应变计划，各个企业迅速采取行动，为游客遮风挡雨，例如小天鹅准备了几百件雨衣，几百名食客将雨衣披在身上边淋边吃；骑龙火锅为市民准备了雨伞，几百把小花伞在雨中绽放；秦妈和家福火锅想得最周到，准备了几十个遮雨篷。

据了解，美食节期间万人火锅宴共设有火锅宴席1 100桌，可同时容纳11 000人吃火锅。此外，火锅名宴、名菜、名点也在美食节露面。可以说，事先制订的应变计划为活动的成功举办提供了有力保障。

## 二、节事活动风险监控

节事活动的成功举办离不开有效的风险监控机制。风险监控贯穿于活动的筹备、执行及收尾全过程，旨在及时发现、评估并应对潜在风险，确保活动的顺利进行。节事活动风险监控包括风险因素跟踪、风险变化监测、风险减缓计划调整、新增风险识别、应对措施执行、应急计划制订、监控输出记录及风险数据库更新八个方面。

**1. 风险因素跟踪**

（1）持续跟踪。对已识别的风险因素进行持续跟踪，通过定期检查和即时反馈机制，确保对风险状态的全面掌握。

（2）动态评估。结合实际情况，对风险因素进行动态评估，分析其发展趋势和可能的影响范围。

**2. 风险变化监测**

（1）敏感性分析。对可能影响风险变化的外部环境（如政策法规变动、天气变化）和内部因素（如参与人数变化、资源调配）进行敏感性分析。

（2）实时监测。利用现代信息技术手段（如物联网、大数据分析）进行实时监测，及时发现风险变化的迹象。

**3. 风险减缓计划调整**

（1）灵活性。根据风险变化的情况，灵活调整风险减缓计划，确保措施的有效性和针对性。

（2）优先级排序。重新评估各风险的优先级，优先处理影响大、发生概率高的风险。

**4. 新增风险识别**

（1）持续识别。在活动筹备和执行过程中，保持对新风险的敏感性，通过多渠道信息收集和专家咨询，不断识别新增风险。

（2）快速响应。一旦发现新增风险，立即进行初步评估，并纳入风险管理体系。

**5. 应对措施执行**

（1）明确责任。为每项应对措施明确责任人和执行团队，确保措施的有效执行。

（2）监督执行。对应对措施的执行情况进行跟踪和监督，确保措施按时、按质、按量完成。

**6. 应急计划制订**

（1）情景构建。基于可能的紧急情况，构建详细的应急情景，并制定相应的应急处理流程和措施。

（2）应急演练。定期组织应急演练，提高应对突发事件的能力和效率。

**7. 监控输出记录**

（1）详细记录。对风险监控过程中的所有信息进行详细记录，包括风险因素的变化情况、应对措施的执行效果等。

（2）定期报告。定期编制风险监控报告，向相关方汇报风险状态和管理成效。

**8. 风险数据库更新**

（1）数据整合。将监控过程中收集到的数据和信息进行整合，完善风险数据库。

（2）持续维护。对风险数据库进行持续维护和更新，确保数据的准确性和时效性。

综上所述，节事活动风险监控是一个动态、循环的过程，需要通过各个环节的紧密配合，实现对风险的全面掌控和有效管理。只有这样，才能确保节事活动的安全、顺利举行，达到预期的目标和效果。

○ **学生活动10-2**

活动主题：节事活动风险的应对措施和监控。

活动目的：掌握节事活动项目风险的应对措施和监控。

活动形式：分组讨论。

活动内容：以"重庆火锅节下雨"为例，讨论应该如何有效应对节事活动项目的风险。

## 实训项目十二　节事活动项目风险管理方案实训

| 工作任务 | 某公司承办当地旅游文化节，制定节事活动项目风险管理方案 | |
|---|---|---|
| 实训提示 | 组织分工：教师将学生每3～5人分为一组，设组长一名，分组进行节事活动项目风险管理方案讨论<br>任务研究：教学关键在于让学生熟悉节事活动项目风险管理过程，掌握节事活动可能存在的风险及解决的方案<br>注意事项：教师应先将风险的类型及解决的方法教给学生 | |
| 实训建议 | | |
| 三维度 | 方法能力 | 分析判断能力、预测能力、善于观察并发现问题的能力 |
| | 专业能力 | 节事活动风险管理能力、制订节事活动风险管理方案的能力 |
| | 社会能力 | 团队工作能力、解决问题能力、沟通交流能力、协调能力 |

（续）

| 实训建议 | | |
|---|---|---|
| 工作6要素 | 工作环境 | 实训室 |
| | 工作对象 | 节事活动项目风险的管理 |
| | 工作内容 | 对项目风险的预测，制订节事活动风险管理方案 |
| | 工作手段 | 小组讨论、现场查看、报告协助 |
| | 工作组织 | 节事活动项目风险管理工作小组 |
| | 工作结果 | 节事活动项目风险管理初步方案 |
| 工作6步骤 | 第一步：信息 | 节事活动项目管理小组通过现场查看，收集与分析的相关风险隐含信息 |
| | 第二步：决策 | 以组长为团队核心，形成有效的团队工作计划、实施步骤与决策方法 |
| | 第三步：计划 | 节事活动风险管理方案与步骤 |
| | 第四步：实施 | 团队讨论、制订计划、制订方案、报告写作 |
| | 第五步：检查 | 教师对各小组的节事活动项目风险管理方案进行指导和检查 |
| | 第六步：评估 | 各小组派一名代表分享本组风险管理方案，教师与全体同学进行评估 |

## 思考与练习

### 一、不定项选择题

1. 节事活动风险管理的特性是（　　　　）。
   A．时效性　　　　　B．有偿性　　　　　C．动态性　　　　　D．信息依赖性
2. 节事活动风险管理的原则是（　　　）。
   A．目标一致性原则　　　　　　　　　　B．经济性原则
   C．全面性考虑原则　　　　　　　　　　D．适度满意性原则
3. 制定风险应对策略主要考虑的4个关键因素是（　　　）。
   A．可规避性　　　　B．可转移性　　　　C．可缓解性　　　　D．可接受性
4. （　　　）是活动风险中出现频率最高的风险类型。
   A．法律政策约束风险　　　　　　　　　B．保安和突发事件风险
   C．财务风险　　　　　　　　　　　　　D．人员健康与安全风险

### 二、填空题

1. 风险管理是指项目管理机构对可能遇到的风险进行规划、识别、估计、_____、_____、_____的过程，是以科学的管理方法实现最大_____的实践活动的总称。
2. 节事活动风险管理的特性是_____、_____、_____、责任转移。
3. 转嫁节事活动风险是指设法将节事活动风险的后果连同应对的责任转移给_____。
4. 风险分析旨在确定每个风险对项目影响的大小，一般是对已经识别出来的项目进行_____估计。

### 三、名词解释

1. 节事活动风险管理
2. 节事活动风险识别

3．节事活动风险应对
4．节事活动风险监控

## 四、简答题

1．简述节事风险管理的原则。
2．简述节事活动风险管理的意义。
3．简述节事活动风险的类型。
4．简述应对节事活动风险的策略。

# 模块十一　节事活动现场管理

## 知识目标

掌握现场人员管理的内容；掌握节事活动现场布置的特点；掌握节事活动举办场地区域划分；了解现场后勤管理的内容；了解节事活动结束管理和现场清理的内容。

## 技能目标

具有对节事活动现场人员管理的能力；具有节事活动现场活动统筹安排的能力；具有做好节事活动后勤管理的能力；具备节事活动结束管理的能力。

## 素养目标

增强服务意识，提高随机应变和团结协作能力。

节事活动现场管理（1）

节事活动现场管理（2）

### 案例导入

**精心组织　提升服务全面做好啤酒节服务保障工作**

作为2024年大连啤酒节的协办单位，城投集团、星海湾集团对星海广场会场各项筹备工作精心准备、系统谋划，积极协调各方资源、制定详细的活动方案，全面做好现场管理、服务保障及安全生产等工作，确保为游客提供优质的服务和参节体验。

在现场管理和配套设施方面。星海湾集团制定了啤酒节现场服务管理制度，根据施工团队的搭建计划，及时将广场施工区域进行封闭，规范对施工作业车辆的管理，实行24小时的现场巡检。积极配合参节企业完善水电设施，完成安装配电箱20余个、敷设安装电缆3 000余延长米，安装自来水临时管线1 000余延长米。另外，会场区域还增设了两座临时公共卫生间。

在安全管理方面。星海湾集团把啤酒节安全生产作为筹备工作的重中之重，制定了详细的安全保障工作实施方案和突发事件专项应急预案，并提前开展应急演练；邀请安全生产专家对参节企业开展安全教育培训；每天对啤酒节区域开展安全巡检工作，及时纠正违章作业和不文明施工行为；在搭建完成后，星海湾集团邀请第三方安全咨询机构开展全面安全检查。在啤酒节开幕前，星海湾集团联合住建局和应急局再次对现场进行检查，以确保啤酒节安全举办。啤酒节举办期间，星海湾集团安排安全生产专家现场值守，及时检查并处理出现的安全生产方面问题。

在绿化环卫方面。为确保啤酒节期间干净整洁的环境，全面做好现场及周边道路、绿化带环境卫生保障工作,星海湾集团制定《绿化服务保障方案》《环境卫生保障方案》,在绿化养护、垃圾清运、公共设施清洁等方面进行周密细致的安排,并对全部上岗人员开展文明服务、规范操作等方面培训,全力提升服务人员的专业素养和服务水平,让参节的市民游客感受最美风景和良好体验。

【思考】节事活动现场管理的重要性有哪些?节事活动现场管理有哪些内容?

"现场"是指节事活动各个环节的执行或实施阶段,地点以主办方启用后的节事活动场地为主,也包括其他相关场所,如设施设备管理区域、服务区域等。节事活动的现场管理是指从进场布置的第一天到节事活动结束的这段时间内,节事活动主办方对包括场地、活动、人员、后勤服务在内的各单位按计划进行有序的协调、监督和管理,以确保节事活动方案按计划实施,各项活动顺利开展。节事活动的现场管理是节事活动主办方对节事现场实施的总体管理,时间上从现场布置到现场活动,直至活动结束。

节事活动的前期筹划准备工作往往需要耗费几个月甚至一年以上的时间,才能进入关键的实施阶段,即现场管理环节。现场管理集中在特定、相对较短的时间段,此时积聚了大量的人流、物流、信息流,各种事务显得集中、众多和烦琐。节事活动现场管理质量的高低,在很大程度上决定了该节事活动的美誉度。因此,节事活动的现场管理尤为重要,是节事活动成功举办不可忽视的部分。

节事活动现场管理需要有一个总指挥,一般都由节事活动主办方派出。节事活动主办方可以设立专门的现场营运部门,并指派专人负责实施现场管理,此类人员通常称为"营运经理"或者"营运主任",也可直接由项目经理负责。

## 单元一 现场人员管理

节事活动的魅力在于人们集聚在一起,身临其境地感受期间的节庆气氛。大众性是节事活动的前提,也是节事活动的重要特点之一。节事活动在举办期间,短时间内积聚了大量人员,这些人员可以分为3类:组织者;观众、游客等消费者;邀请来的嘉宾、媒体记者和其他来宾。对于组织者来说,要做好现场接待工作,确保现场工作人员的积极性和工作投入,为节事活动的顺利开展提供人力保障;对于观众、游客等消费者来说,组织者要做好接待服务工作,保证观众、游客在节事活动中获得高质量的服务体验,在提高当地居民和普通观众、游客参与度和积极性的同时,还要保证观众、游客的人身安全和财产安全;对于邀请来的嘉宾、媒体记者和其他来宾,在现场派专人实施服务接待和监督工作,做好安全保卫工作,按照他们的需求提供相应的服务,为他们提供良好的工作环境,确保他们的工作如期开展。

### 一、现场工作人员管理

#### 1. 现场工作人员类型

节事活动项目的举办涉及许多专业人员。

(1)技术人员。技术总监、舞台设计人员、艺术设计人员、灯光设计人员、灯光操作人员、音响设计人员、音响操作人员和演艺管理人员等。

（2）管理和服务人员。场地管理人员、服务接待人员、餐饮管理人员、活动管理人员、安全保卫人员和清洁人员等。

（3）临聘人员。节事活动特别是大型活动需要大量的临时工作人员进行现场管理，如志愿者，包括礼仪员、引导员、裁判员、记分员等；各种协调员，包括媒体协调员、交通协调员、信息协调员、公关人员和急救员等。

> **案例 11-1** 传递火把之光，点亮"志愿"萤火，共享节日盛况
>
> 2024 年 7 月 26 日至 29 日，普洱市景谷傣族彝族自治县"水火交融 共进繁荣"火把节系列活动顺利举行。为切实做好活动服务保障工作，团县委从全县机关、企事业单位、暑期"返家乡"社会实践大学生中招募志愿者 140 余人，组成场地保障、安全保障、"寻味景谷"主题街区 3 个工作组配合县公安局、县市场监管局、县文旅局等相关单位开展志愿服务活动，为各项活动的顺利进行提供有力支持。
>
> 火把音乐节、火把狂欢夜、"民族歌舞笙声传"民族民间传统歌舞大赛、万人跳笙嘉年华等活动的现场，志愿者们忙碌的身影，成为晚会别样的"风景"，他们参与现场布置、秩序维护，始终以热情点燃盛会；在方队游演嘉年华行进路线上，志愿者们默默坚守在道路两侧，为民族风情展示保驾护航，描绘出民族团结、共进繁荣的美好画卷；在"寻味景谷"主题街区和县文体中心广场周围，"红马甲"和"蓝马甲"通力协作，各司其职，以耐心、细致、周到的服务展现热情好客的景谷儿女良好形象。干净整洁的街区环境，井然有序的停车场让广大市民和四方来宾参与节日狂欢、感受民族文化气息、纵享传统风味美食更加开心、舒心、安心。
>
> 古老而又充满活力的火把节，不仅点燃了彝家儿女对生活的热爱与向往，更见证了志愿者们以"奉献、友爱、互助、进步"的志愿服务精神诠释青春最亮丽的色彩。

**2. 现场工作人员管理的内容**

（1）节事活动开幕前进行培训。在节事活动开幕前，要加强员工的培训，由负责节事活动现场管理的"营运经理"或项目经理全权负责，培训的内容包括本次节事活动的基本情况，场地情况，预计到达的观众、游客、嘉宾、媒体人数情况，工作岗位，工作职责，具体分工，活动流程，活动内容及突发情况处理预案等。

（2）加强现场沟通。在活动举办现场，保持信息畅通和实现快速沟通极为重要。负责现场营运的项目经理通过各种途径将各种信息和任务上传领导、下达现场工作人员。节事活动现场的人流、物流和信息流都非常大，管理难度很高，因此要求现场管理和服务团队具有高效的沟通能力，尤其是发生突发状况时，各方面的协调和沟通就显得尤为重要。

活动现场出现的问题很多都需要场地管理方来协同解决，所以负责与场地管理方对接的工作人员，必须提前和场地管理方负责本次活动的主管取得联系，以便在处理现场问题时能够及时沟通，提高办事效率。

（3）组织和管理好临聘人员。节事活动的主办方能够提供的现场工作人员数量有限，而在现场管理中需要更多的执行人员来完成不同区域的工作任务及阶段性工作，活动项目组织者就需要聘用临时人员。临聘人员包括外聘的兼职人员，也包括本公司内部被临时抽调到

现场的员工。临聘人员经过总体培训、分类培训和实地演练后，被分配到礼仪、接待、翻译、裁判、安保等岗位。

要加强对临聘人员的管理，使他们能够很好地服务于活动，要做到同工同酬，让临聘人员享受正常员工的合理待遇。志愿者等虽为临聘员工，但不能忽视对他们的激励措施，不能挫伤他们的工作积极性。当然，临聘人员若不遵守劳动合同规定事项或不胜任工作，聘用方有权解除合同。

### 案例 11-2 杭州亚运会赛会志愿者全球招募公告

为深入践行"绿色、智能、节俭、文明"的办会理念，广泛汇聚海内外各界人士的力量，共同举办一届具有"中国特色、浙江风采、杭州韵味、精彩纷呈"的体育文化盛会，经研究，决定启动杭州亚运会赛会志愿者招募工作。现将有关事项公告如下：

**一、招募主体**

2022 年第 19 届亚运会组委会（以下简称杭州亚组委）是杭州亚运会唯一合法的赛会志愿者招募主体。根据实际需要，杭州亚组委可授权或委托相关社团或组织，协助开展招募工作。

**二、招募规模**

赛会志愿者是指经杭州亚组委及其授权或委托组织招募的，自愿并无偿为亚运会提供志愿服务，愿意接受并参加培训，在指定时间、地点及服务岗位，在工作人员带领和指导下协助参与赛时运行保障工作的人员。

根据规划，杭州亚组委将招募赛会志愿者约 5.2 万名。根据岗位性质和服务领域的不同，赛会志愿者划分为通用志愿者、专业志愿者和骨干志愿者。通用志愿者是指从事秩序引导、信息咨询、接待协助、文化活动、后勤保障等辅助性工作的志愿者。专业志愿者是指从事竞赛服务、语言翻译（含手语、盲文）、礼宾接待、颁奖礼仪、信息技术、媒体运行、代表团随团助理等具备一定专业性要求的辅助性工作的志愿者。骨干志愿者是指具有较强组织管理能力和较高工作热情，熟悉志愿服务工作，能组织并带领志愿者团队开展工作的志愿者。

**三、服务内容及时间**

赛会志愿者主要为杭州亚运会开闭幕式、各项竞赛及活动提供志愿服务，工作地点分别在中国浙江杭州、宁波、温州、金华、湖州、绍兴，服务类别包括竞赛运行服务、注册制证服务、礼宾和语言服务、抵离迎送服务、仪式活动服务、观众服务、媒体运行服务、后勤保障服务、交通出行服务、官方会议服务、亚运村及官方接待饭店服务、信息服务以及其他志愿服务。

赛会志愿服务时间为 2022 年 9 月至 10 月。赛会志愿者上岗时间一般为赛前 7 天至赛后 3 天。对特殊岗位的赛会志愿者可灵活安排上岗时间。长时间在室外服务的赛会志愿者，可视情况安排换岗。

**四、招募条件**

1. 基本条件

（1）遵守中国的法律法规，自愿为杭州亚运会提供志愿服务，接受杭州亚组委的指导和管理。

（2）年满18周岁（2004年9月1日前出生），具备开展志愿服务所需要的身体条件和心理素质。

（3）具有良好的沟通协调能力，能够使用一门外语进行交流，其中非中国国籍志愿者需具备基本汉语表达能力。

（4）能够参加杭州亚组委组织的各类培训及活动。

（5）具备其他能为赛事运行提供服务的基本条件。

### 2. 优先考虑条件

（1）有赛会志愿服务经验。

（2）能够全程服务于亚运会、亚残运会及测试赛。

（3）具备一定的专业知识与技能，包括但不限于口笔译服务、小语种听说、信息技术保障等。

（4）具备其他有助于赛会筹办和运行的专业技能。

### 3. 其他条件

具备适应岗位需求的残障人士申请人，结合测试选拔结果，可合理安排到合适的岗位。

## 五、报名时间和方式

### 1. 报名时间

赛会志愿者申请报名截止时间为北京时间2021年10月31日24:00。

### 2. 报名方式

所有申请人均应登录赛会志愿者招募系统提交申请。

个人申请应实名登录赛会志愿者招募系统进行注册，根据在线报名提示，正确填写个人信息并在网上提交。申请人应提供个人有效身份证件，包括但不限于护照、中国居民身份证、中国军人证件、中国武警证件、台湾居民来往大陆通行证、港澳居民来往内地通行证等。

团体申请应通过杭州亚组委授权或委托的组织报名，由相关组织指导申请人个人在赛会志愿者招募系统报名。

### 3. 报名通道

（1）报名网站：https://www.hangzhou2022.cn（亚运会官方网站）。

（2）报名公众号："杭州2022年亚运会"。

（3）报名小程序：支付宝"智能亚运一站通"。

## 六、选拔录用

### 1. 资格审查

杭州亚组委及其授权或委托的组织，对赛会志愿者申请人的资格条件进行审核。

### 2. 测试选拔

杭州亚组委及其授权或委托的组织采取在线测试、现场面试、远程面试、心理测试、英语语言应用能力测试等方式，面向赛会志愿者申请人进行择优选拔。

### 3. 预录用

杭州亚组委向通过测试选拔的申请人发出预录用通知。

> 4. 签订承诺书
> 对预分配岗位的申请人进行备案。申请人签订服务承诺书。
> 5. 岗位分配
> 兼顾赛会志愿者申请人意愿，根据人岗匹配的需要，进行岗位分配并明确到岗时间。
> 6. 正式录用
> 录用通知书通过线上的方式进行发放。杭州亚组委向被确认为赛会志愿者的人员发放录用通知书。
>
> **七、赛会志愿者的管理与权益保障**
> （1）根据《志愿服务条例》，杭州亚组委明确赛会志愿者的权利与义务。
> （2）杭州亚组委充分尊重赛会志愿者，依法维护其合法权益，为其提供制服及保险等权益及安全保障措施。
> （3）杭州亚组委各竞赛场馆运行团队和非竞赛场馆运行团队制订赛会志愿者排班计划，赛会志愿者应按照排班计划上岗服务。
> （4）杭州亚组委建立赛会志愿者管理制度，对优秀赛会志愿者予以表彰。
> 热忱欢迎全球各界人士报名！
> 如需咨询，请联系邮箱：volunteer@hangzhou2022.cn。

（4）活动现场的执行管理。根据参与活动者身份的不同，可以把现场管理任务分为若干个方面，再分别安排专人来负责每一方面的相关事务，最后由现场管理负责人统一管理各个方面的负责人，协调和控制整个现场的工作。"项目负责人制"有利于整个活动的策划和实施过程顺利、高效地进行，由于节事活动的现场实施时间很长，特别是一些大型的节事现场活动要持续几个月，在实际操作中尽量保证各个任务的操作者能够从开始到结束一直负责本项工作，确保活动的进程速度和效率。

（5）节事活动总结。对于举办时间过长的活动，如需持续好几天或好几周，甚至更长的时间，在每天或者每个系列的活动结束后，还应该召开一次对于当天或者当场活动的总结会议，以便及时总结活动的得失，一方面可以马上处理出现的问题，另一方面可以防止在以后的活动中再次出现类似情况，有利于对接下来的活动进行更加详细的安排。

## 二、观众管理

### 1. 节事活动观众的定义

节事活动观众是指节事活动的消费者，也就是那些支付一定费用，在节事活动中获得一定物质或者精神享受的人群。

观众是节事活动中人数最多的群体，他们的服务需求主要集中在生理需求、心理需求和安全需求3个方面，具体表现为：

（1）观众参与一项节事活动的目的是获得味觉、视觉、听觉和触觉上的享受，希望通过节事活动的氛围和现场布置感受节事活动的气氛。

（2）每个人都有满足好奇心的需要，独特的地方民俗文化、传统艺术以及险峻奇特的旅游资源等都会吸引观众参与其中。

（3）人们在宣泄后需要获得心灵的平静。观众可通过参与节事活动，如"狂欢节"，来满足寻求刺激的心理，达到宣泄的目的。

（4）观众在拥挤的环境中忘我地参与互动，往往会忽略人身和财物的安全，因而需要一个可靠的安全管理系统来保证他们的安全。

（5）对于特殊群体，如残疾观众，更需要在活动场地提供方便的设施和贴心的服务，同时也要考虑满足他们自尊的需求。

#### 案例 11-3　法国全方位安保确保奥运会开幕式安全

为确保巴黎奥运会开幕式安全举行，法国投入空前规模的安保力量。

开幕式当晚，巴黎周边领空暂时关闭，塞纳河上交通暂停，水上水下全面防护。最高峰时，法国投入警力达4.5万人。特警和宪兵部队首次携手合作，约200名突击警察负责塞纳河上的安保，350名宪兵负责空中警戒，约100名来自警察调查和干预大队的警力部署在码头。

参加开幕式的各国领导人和运动员在乘车前往登船区及下船过程中，由宪兵部队全程护送。另外，从当天18时30分至午夜，巴黎上空直径150公里的空域被设为"临时禁飞区"，其间巴黎戴高乐机场、奥利机场以及博韦机场的交通暂时中断。

法国军方不仅在塞纳河部署了战斗潜水员、军犬和情报收集部队，还在水面和水下安装了防护装置。军方还准备了多种高端武器装备，例如可拦截无人飞行器信号的"干扰步枪"等。

#### 2. 节事活动现场观众管理

节事活动的观众流动有两种情况：一种是在较长的时间跨度内观众以较小的流量陆续抵达又陆续离开；另一种是在较短的时间跨度内（如开始前半小时和结束后半小时）观众蜂拥而至，又蜂拥而出。良好的现场观众管理可以使得参与者在一定时间内有条不紊地进入指定场所，避免造成拥堵和时间浪费。快速、有效地疏导观众到场和退场不仅能够提高观众的安全性，也直接增强了观众的心理体验。

节事秩序

大多数节事活动的现场入场为限制入场，这主要考虑到节事活动现场的安全问题；但有些大型节事活动的现场为自由入场，如美食节、服装节、文化节等，人流量比较大，参与者可以随意进出现场。但一般节事活动的普遍操作方式是排队入场。排队入场，即按照一定的顺序排队进入指定现场。按照票券有无，排队入场可分为凭票入场和无票入场；按照现场秩序，排队入场可分为自由入场和限制入场。

（1）观众现场服务管理。

1）现场导引。建立节事活动现场的导引标识系统，是观众服务管理必须进行的一项基础工作。导引标识系统应包括节事活动举办时间、日程、场地布置等内容。根据场地布置情况，以地标、路牌等手段，在通道、入口等公共区域，对活动现场区域、观众休息区、餐饮区、洗手间等进行标识。

> **案例 11-4** 节事活动中经常使用的 6 类指示牌
>
> （1）场地外围的指示牌,用于标识各类车辆的行驶方向和停车场位置。
> （2）现场内的指示牌,用于标识内部方向,如"签到处""目前所在位置"等。
> （3）法律规定的必备指示牌,如"安全出口""地面湿滑""急救设备"等。
> （4）用于标识房间及设施的指示牌,如"洗手间""餐区""儿童游乐区"等。
> （5）赞助商广告牌。
> （6）普通的指示牌,如"欢迎光临"等。

2）观众指南。可以编制包含节事活动信息的海报、参观手册、观众手册和节事活动快讯等观众指南,起到传递节事活动基本信息和推广节事品牌的作用。

3）休憩服务。为观众设立休息区、咨询区、就餐区,主办方适当提供饮料、点心等人性化服务,可以为客人营造积极、值得回味的氛围。

4）秩序管理。节事活动现场的人流量通常很大,秩序管理的重点是通过巡场及时发现问题并及时调整、疏通,以保证节事活动现场的正常秩序。

5）保洁管理。节事活动现场的保洁管理是贯穿节事始终的常规管理,真正做到随时保证现场的整洁并不是一件容易的事。

（2）现场观众流量管理。

1）入口处及出口处一定要宽敞。
2）避免设计可能引起拥堵及逆向移动的死胡同和瓶颈。
3）现场的指示牌一定要足够多,并且必须清楚、明了。
4）将洗手间分散布置在现场的多个角落。
5）在可能的情况下实施人车分流。
6）加强工作人员间的沟通。

（3）现场观众管理的特殊需求。

1）提供的服务要多样化,服务信息获取方便。
2）准备多种火警报警系统,以满足听力障碍顾客的需求。
3）在节事活动期间准备一些专门的交通工具。
4）尽量将栅栏从建筑物的入口处及节事活动现场移除。
5）安装残障人士易使用的厕所和清洗装置。
6）在停车场提供进入节事现场的直达通道。
7）征询残障人士的意见,讨论现场进一步改进的空间。

（4）现场观众的人性化管理。为了使观众在节事活动中获得快乐体验,产生美好感觉和难忘记忆,主办方或承办方在观众组织方面要做到"以人为本",人性化管理理念要贯穿整个活动的管理全过程。

1）在观众组织环节上,主（承）办方需要明确、清晰地告知观众活动的目的、亮点、项目、时间、地点,以及相关的酒店、餐饮、交通安排等服务信息。

2）提高工作效率,减少观众的等待时间。例如,目前各大节事活动主办方都会让观众选择方便、快捷的网上登记手续,并迅速给予反馈,在会场上按照登记类别办理进场手续,极大地提高了服务效率,节约了观众的参与时间。

3)细心体会观众在活动中可能面临的需求,做好事前的准备工作。以日本爱知世博会为例,考虑到活动期间天气炎热,活动主办方在世博会内免费派发折扇,并在露天的通行栈道上铺设喷雾水管,清凉的雾水为观众带来了丝丝凉意。在世博会现场,主办方为有需要的人士准备了电瓶车,用于在各场馆之间穿梭,考虑到电瓶车的喇叭声会使客人反感,主办方专门安排了工作人员跑在电瓶车前请行走的观众避让。这些细微的人性化管理事例不仅为观众带来了高质量的享受,也为爱知世博会带来了更高的知名度和美誉度。

4)安排迎宾员、引座员、接待人员接待客人。帮助观众解决现场遇到的各种困难,使观众迅速融入活动的欢快气氛当中。

作为节事活动的主(承)办方,树立人性化管理理念非常重要,而且这种观念要深入每个员工的内心。同时,为使节事活动向成熟、可持续方向发展,就必须形成一个管理体系,将节事活动中的服务规范化、专业化。在此基础之上,可以更进一步增强节事活动的个性色彩和人文关怀。

### ○ 学生活动 11-1

活动主题:观众的组织和服务能力训练。
活动目的:能够对节事活动的观众进行有效的组织和服务。
活动形式:小组活动。
活动内容:策划一个节事活动观众组织管理和现场服务方案,方案内容包括观众构成、观众特点、观众区功能分区、观众指南、观众入场管理、现场引导、流量管理、现场服务和退场管理等。

### 三、嘉宾、媒体记者及其他来宾的接待管理

明确参与本次节事活动的嘉宾、媒体记者及其他来宾,事先发放邀请函、请柬和入场券。对于邀请作为嘉宾出席节事活动的行业知名人士、政府官员等,以及参与节事活动现场报道的媒体记者、其他来宾,组织者事先落实他们的名单并与他们多方沟通,告知准备的活动时间、地点、内容、注意事项等。在活动举办时,安排专门人员负责他们的接送、问询、陪同。对于嘉宾、官员可派专门的车辆进行接送,驾驶员必须事先经过培训,主办方对交通车辆进行协调和监控,配备的接送人员在途中可向嘉宾介绍活动举办地的各种情况,如当地的风土人情、名胜风景及其他信息。对于媒体记者,要保证交通服务的便捷、高效,并为他们提供节事活动相关资料介绍,为他们提供专门的车辆、停车区域、办公地点,这会给他们留下良好的印象,优质服务可以提升活动的知名度和美誉度。

## 单元二 现场活动管理

节事活动的内容丰富,可使用的场地和空间较大,所容纳和吸引的观众或参与者众多,能带来更大的影响力,因而主办单位选择各种场地举办节事活动的调控和管理难度也就加大了。节事活动的现场活动管理包括对舞台、灯光、音乐和音响、布景和装饰、视觉及特效、

节目和主持人、供电设施等具体事务的管理。

节事活动现场管理必须制订详细的工作计划，如舞台的设计、搭建，声、光、电设备的租用和调试，专业技术工作人员的聘请，都需要指定不同的人员实施、操作，每一个环节都需要周密的前期准备和系统的专业操作。节事活动的场地布置和装饰都必须紧紧围绕活动的主题来展开，舞台、灯光、音乐、视觉及特效等都是为了烘托活动的气氛而设计的。

## 一、节事活动现场布置的特点

节事活动在场地布置上与展览活动和一般大型活动有一些差别，根据节事活动特点，这些差别主要表现在以下方面。

### 1. 场地布置与活动主题相一致

由于节事活动的主题非常鲜明，或是隆重的纪念性活动，或是喜庆的联欢活动，或是竞争性的竞赛活动，或是充满神秘色彩的宗教节日，凡此种种，它们对场地的布置都提出了相应的要求。

庄重严肃的纪念性活动一般在城市的大型广场举行，场地布置应简洁、明快，无须过分装饰，避免出现杂乱无章的背景图画或广告。由于纪念性活动一般是由政府举办的，在场地布置上可用国旗、国徽、党旗、党徽等来烘托气氛，有时还需奏国歌、升国旗，以显示活动的隆重和庄严。这种类型的节事活动往往有国家或政府的重要官员参加，甚至会邀请国外元首或代表，在场地安排上要特别注意其安全状况，对于高层要员的出入通道要优先考虑。

喜庆的节事活动可选择的场地比较多，既可以是商业广场，也可以是运动场，还可以是某条封闭的街道。在场地布置上应突出热烈欢快、喜气洋洋的气氛，其布置形式多种多样，具有创新意识。在装饰上应采用鲜艳亮丽的颜色，如红色、黄色、紫色、天蓝色等。装饰物品通常根据习俗而定，拥有广泛的群众基础，因此往往成为节事活动的标志性装饰物。

大型竞赛活动的场地布置应体现热烈、激动、兴奋的气氛，这种气氛的营造需要通过刺激参与者的视觉、触觉和听觉来达到。因此，在场地布置上要充分利用动感的装饰、激扬雄壮的音乐和富有激情的主持人。同时，为了让观众有机会参与活动，在场地安排上可以设置一些观众活动区，以激发观众参与活动的热情。

### 2. 合理划分功能区，指示标志明显

由于参与的人数众多，在进行场地规划时需要清晰地规划活动场地的功能区，包括活动区、观赏区、展示区、行走通道、停车泊位、绿地、垃圾收集点、流动厕所等。在规划这些功能区前，应预先获悉谁将参加活动，参与活动的人数，活动的具体内容和时间安排，参与活动人员的主要目的。在掌握这些信息后，节事活动主办方即可根据现场情况进行功能区域划分。

划分功能区时，首先要确定活动的轴心，其他区域都围绕轴心进行布置。活动的轴心可能是节事活动的主席台，可以是花车巡游必须经过的街道，还可以是烟花燃放点。其次，规划人群集聚区域，如展示区、观赏区等。最后，规划停车泊位、流动厕所、流动贩卖车、垃圾收集点、休息区等。需要注意的是，垃圾收集点和流动厕所应该设置在下风口且离人群稍远的地方。有时参与节事活动的人成千上万，清晰地标识功能区尤为重要，如将观赏区细分为不同编号的

多个座位区，以便观众能迅速找到座位；要有明显的通往紧急医疗组或厕所的标志。

节事活动轴心的布置非常重要，是节事场地布置的重中之重。为烘托气氛，节事活动举办方常利用充气拱门、飘空气球、彩旗、路灯旗、充气模型、彩球、条（横）幅、花篮等装饰活动轴心。在节事活动中心舞台，还会安排舞狮、放礼炮、乐队演奏、放飞和平鸽等助兴活动，这些活动安排在事前也需要安排场地。

### 3. 预留通道，便于人员进出

大型节事活动现场是否设置座位主要根据活动的性质来决定，一般来说，体验性的节事活动，如登山节、啤酒节、美食节等都不设固定的座位；而观摩性的节事活动，如文艺表演、纪念大会等，一般都会设置固定的观众或听众座位。户外节事活动所用桌椅通常比较简单，可折叠，拆装方便。无论是否设置固定座位，在活动现场都应预留人行通道，以便于人们的进出。

### 4. 加强现场管理与安保

随着节事活动的规模不断扩大，万人以上的节事活动已比比皆是，这使得节事活动的安全成为首要问题。为保证节事活动的顺利进行，节事的承办单位在举办节事活动前应将安全措施的落实情况呈报政府部门进行审核；对举办万人以上大规模的节事活动，要成立节事安全协调小组，以便协调各方力量，落实监察安全措施，及时排除安全隐患。在节事期间需要加强警力，增加安全工作的巡视，并建立相关安全隐患的应急预警机制，做到有备无患，万无一失。

### 5. 现场控制能力强

大量的人流带来兴奋和激动，可以烘托活动主题，然而也可能带来骚乱和失控，因此对于节事活动，主办方要有较强的现场控制能力，能预见和预防可能出现的问题，并及时加以解决。在现场布置上，需要安排较多的人力在不同的位置予以监控。

## 二、节事活动现场管理注意事项

（1）要科学、合理地划分场地的功能区域，如舞台或表演区域、观众和参与者区域、设施设备管理区域和服务区域等。

（2）要做好场地的布置和装饰。场地的布置和装饰必须围绕整个节事旅游活动的主题来展开，灯光、音像、布景及各种特殊效果都是为了烘托活动的气氛而设计的。

（3）在活动开始之前，必须对场地进行认真检查，如检查场地与活动项目的要求是否一致、安全性、游客的舒适度、游客对活动项目的可视性、储藏区、出入区、舞台区及相关区域、设备等情况，以减少意外事件发生的概率。

（4）在活动期间，还应注意随时进行场地及各种设施、设备的维护。

### 案例 11-5　露天体育场布置要求

露天体育场与大型广场的不同点在于它为节事活动提供了一个很好的演出场地。这个场地不仅提供了阶梯状摆放的固定座位，而且下沉式的运动场自然变成了舞台。同时，体育场现成的卫生间、运动员休息室、主观礼台、电力系统等都可以加以利用，为活动提供休息间、嘉宾接待室（观礼台）、观众洗手间等。因此，在体育场举办大型文艺演出往往是活动承办方的首选。露天体育场的布置要求如下。

1. 做好安全防范工作

与在广场上举行活动不同，露天体育场的出入口有限，当发生意外时，人们无法向四面八方散开，而是全部拥堵在出入口，这就有可能带来不堪设想的后果，因此事前应做好充分的安全防范工作，如禁止醉酒者入内、安装安检门、检查随身物品、防止带硬物入场等。有时还会禁止观众自带饮料，主要是防止不法之徒在饮料中装入易燃易爆液体。同时，为了防止发生碰撞意外，还应准备好人群疏导指示牌以及座位引导员。

2. 强调舞台布局与场地利用

体育场内一般均设有400m国际标准的塑胶田径场和足球场，看台可容纳的观众数量也超过2万人，即使仅利用一半（另一半作为背景），观众数量也超过万人。由于体育场内的面积较大，如果舞台搭建得太小，会给人以不够大气和壮观的感觉，因此舞台需要比较宽大。另外，如果把舞台设置在跑道的弯道上，不仅远处的观众无法看到，而且使得舞台只能向场内有限地深入，没有向两侧延伸，导致整个场地看起来比较小气。舞台通常采用多层次的布置方式，这样会显得整个舞台有立体感和空间感，避免单一。除了演出的舞台外，舞台下的场地常常也会被利用起来作为表演场，该表演场主要是用于展示大型团体操、舞蹈、杂技、舞狮、花车巡游等节目，用于烘托现场气氛。

3. 强调色彩、灯光、音响的效果

在体育场举行的大型表演通常安排在晚上举行，为获得热烈、兴奋、激动人心的效果，整个体育场会用大型彩色灯光柱或激光灯、烟花和高功率的音响来控制和调节现场气氛。尤其是对于中心舞台的控制，聚光灯投射效果的应用能快速地将观众的眼光吸引到节目中，同时为下一个节目提供准备时间。灯光的色彩、亮度、闪动的频率及音乐声音的大小等对于体育场现场气氛的调控意义重大。因此，在布置体育场场地前需要按照晚会舞美图，对现代灯光、立体音响的放置要求进行详细的了解。为配合节目的传播，大型表演还可以利用体育场馆中已有的大屏幕、电视转播、电子计时控制等配套设施。对于需要电视直播的活动，事先要进行足够的沟通和配合，必要时还需要彩排演练。

4. 营造观众参与的现场气氛

为了使现场观众沉浸在表演场景中，大型表演承办单位会事先给观众发放小扇子、荧光棒、彩旗、充气棒等营造现场气氛的小物品。当现场气氛比较热烈和兴奋时，观众可以利用这些小物件配合节目进行欢呼，或者和着节奏打拍子。这些小物品在选择时需要考虑到安全问题，应选用一些不具有攻击性、使用安全的物品，防止对观众造成伤害。例如，彩旗棒应采用无锋利尖头的小圆棍，充气棒所承载的压力不足以发生爆炸，电棒的电压应该小于36V。有时为了带动现场气氛，事前还可安排人鼓掌、献花、同台演出等。

5. 严格控制现场秩序

热烈和兴奋的现场气氛是大型表演成功的重要标志，但在管理上，要严防情绪过激者，对于这些人要严格监控，一旦有过激行为，应立即将其带离现场。演出过程中还要控制观众大规模流动，以防激起人们的不安情绪。在进行烟花燃放表演时，需要将烟花附近的座位空开，以防发生意外。燃放烟花时，要安排足够的、经过培训的工作人员在附近区域进行监控，以便处理紧急突发事件。除此之外，在现场还要准备好人群疏导指示，指明出入口、卫生间等位置。

### 三、节事活动举办场地区域划分

节事活动在选择活动场所时,要考虑使活动的场所和活动的主题相匹配,使活动场所的大小和活动的规模相适应,使活动场所周边的配套和活动的性质相匹配。主题鲜明、个性突出、氛围浓厚的活动举办现场,加上井然有序、灵活、即时、专业的活动现场管理,能给游客和观众留下深刻而美好的印象,并赢得他们的赞誉,从而有效提升节事活动的美誉度。

**1. 舞台、表演或演示区域**

节事活动可以选择在固定的建筑物内举办,如各类会议中心、大小会议室、展览中心或展览馆、体育中心、电影院、音乐厅等,也可以选择在临时搭建的凉棚式场地或露天场地上举行,不管哪种场地都有必要划分出专门的舞台、表演或演示区域(以下称为主席台),以区分表演者和观众的界线。在主席台的设置上既要满足所有舞台表演或演示者的表演需要,又要便于观众观赏和参与。观众和参与者不管处于哪个方位,都希望视线不被阻挡,能够与场上表演者有近距离接触。

不管是露天的还是室内的节事活动,主席台是必不可少的。主席台的应用极为广泛,其用途包括开闭幕式、表演、颁奖和演示等。主席台规模、形状、形式的设置首先要考虑的因素是观众的需求,特别是视线的问题,其次还要考虑表演、演示和舞台的视觉效果。

(1)主席台或舞台布置原则。在对主席台或者舞台进行布置时,要创造出一种与演出气氛相符合的舞台环境,如色调、图形、文字、旗帜、花木、灯光等。舞台布置一般要考虑以下几个原则。

1)突出主题。这可以通过制作醒目的会标、徽标或摆放明确的标识来实现,利用大小对比和色块差异来强化主题的视觉冲击力。

2)确定色调。这关乎氛围的营造,是选择庄重、热烈、喜庆、童趣还是艺术风格等,需根据活动性质来决定。

3)简洁明了。图片的选择应精而少,以高质量、清晰、大尺寸的图片为佳,避免文字信息过多,确保观众和参与者能从图片中迅速获得深刻印象。

4)强化视觉。在物品布置上,需注重大小对比,通过显著差异形成视觉焦点,增强视觉层次感。

5)营造气氛。对于节日活动,应特别强调热烈氛围的营造和口号的突出,以充分展现节日的喜庆与活力。

(2)主席台布置。主席台前台的大小和形状,可以根据整个场地和活动规模来定。主席台的布置形式,因用途不同而有很大不同。可根据活动需要,决定是否摆放桌椅和其他设施,如大型会议中讲台是必不可少的,是发言人、演讲人发表言论、进行表演的地方,上面可以放置麦克风、鲜花、文件和资料。当作为开幕式场地时,最常见的形式是在舞台中央摆放一条长桌,长桌根据开幕式主席台上的人数来定,长桌上摆放桌签、鲜花、话筒、茶杯等,主持人一般在长桌的一侧,负责整个开幕式的流程掌控,长桌的后面可以摆放椅子,前侧摆放花草。对于文艺表演类的主席台,主席台就是表演台,是展示区域,不能摆放桌椅和讲台,舞台布置要强调视觉效果。对于有些颁授仪式的舞台,需要有一个供主持人使用的讲台。

总之,主席台的布置要既实用又能突出活动的主题,吸引到场观众的眼球。

**2. 观众和参与者区域**

观众和参与者区域分为两种类型：一类为站立区，观众环绕活动场地、广场及街道两侧站立，无固定座位，依靠现场装饰营造氛围；另一类为座席区，配备固定或移动座位，布置相对复杂，但管理更为便捷，特别是实行凭票入座制度，对于维护现场秩序至关重要。在观众区域，出入口管理至关重要。

（1）贵宾或嘉宾席。贵宾或嘉宾席一般安排在前几排，有些活动会设置专门的贵宾座席，摆上桌椅，放上桌签和茶水，排上座次，甚至有些活动还会把贵宾区和普通观众区划分开来，显示对贵宾的尊重。在观众区域，应明确标示贵宾或者嘉宾席，并竖立指示牌，国际活动用中英文两种文字写上"贵宾席"字样。高规格节事活动贵宾众多，可以设置不同的贵宾室，按不同规格来接待。贵宾室的位置应该距离主舞台较近，且有专门的通道。

（2）观众席。观众席的布置要突出以人为本的设计理念，充分考虑到观众的空间和视觉感受，使观众都能获得亲临舞台现场的最佳体验。观众席视线的设计要与舞台的距离适中，使观众的视角、视距绝大多数都处于最佳观赏范围内。应确保观众能够通过充足的疏散口快速到达观众休息厅、卫生间及室外平台。

（3）记者席。为了便于记者摄影、摄像、摆放机器、进行现场采访、发送现场新闻报道，应该设置专门的记者席。对于大型节事活动来说，参加活动的记者众多，有时甚至多达上百人。如果有两层会场，一般将记者席设在二楼的前几排，既方便他们摄影和摄像，也便于对他们进行管理。

### 案例 11-6　杭州第 19 届亚运会文明观赛礼仪

**一、入场礼仪**

（1）着装文明得体。穿着应文明、得体，以舒适、休闲、整洁、大方为宜。

（2）提前到达场馆。为确保能够准时入场观看比赛，观众应充分考虑交通与安检排队所需时间，到达比赛场馆应尽快入场，避免场馆入口处人群拥堵。

（3）有序入场。按指引排队入场，礼让老、弱、病、残、孕者，主动配合安检人员的检查。进入场馆后应迅速入座，不在过道上停留。

**二、观赛礼仪**

（1）尊重各国家（地区）。尊重各参赛国家（地区），在升国旗、奏国歌环节，请肃立并行注目礼，不要在场内随意走动。

（2）向运动员表示敬意。赛前介绍运动员时，观众应用掌声表示鼓励。比赛中可为双方运动员鼓励加油，无论胜负，对各国（地区）参赛运动员的精彩表现给予应有的尊重。

（3）掌握喝彩时机。在比赛发球、发令时，保持安静，以免影响运动员。对精彩比赛可报以热烈的掌声，不能喝倒彩或起哄。

（4）文明使用手机。观众入场后，应自觉把手机调整为振动或静音。在接听电话时，应尽量放低音量，以免打扰他人。

（5）配合现场管理。在比赛进行中，观众不得扰乱比赛和干扰裁判员的工作，不得在比赛场馆内起哄、追逐嬉闹，不得翻越护栏。如允许拍照，应避免使用闪光灯，以免影响运动员。

（6）保持赛场文明。观众应守法、有礼、有序、理智、热情。比赛期间不随意走动与站立，不大声喧哗，不随地吐痰，不乱扔垃圾。尊重裁决，不辱骂裁判员、教练员、运动员及对方观众。

（7）爱护公物。严禁乱贴、乱画、攀爬馆内设施，不得随意触动馆内电器和消防设施。

### 三、退场礼仪

（1）文明有序退场。观众应按座位顺序，向最近出口缓行退场，礼让老、弱、病、残、孕者，不推不挤不抢，不在馆内逗留。已退至场外的观众应尽快撤离。

（2）应避免提前退场。比赛过程中，观众尽量不要提前退场，应等比赛结束后再离开；如需提前退场，应选择在中间休息时离开，以免影响其他观众。有颁奖仪式时，请在颁奖仪式结束后有序退场。

（3）维护公共环境。离开时请将垃圾带出场外并分类投放，不要把垃圾随手丢在过道上或放在座位上，以保持环境整洁。

（4）遇到突发事件时，观众应听从工作人员指挥，按照指定路线疏散，迅速有序离开场馆。应尽可能帮助老、弱、病、残、孕者先离开危险区域。

（5）如有其他需要，可向现场工作人员和志愿者寻求帮助。

#### 3．设施设备管理区域

节事活动举办现场应配备音响、投影机、幻灯机、多媒体演示控制系统、彩色多频系统电视机、多频系统放映机、主席发言机、灯光、装饰等设施设备。

（1）灯光设备。节事活动的灯光主要有两个作用，首先是照明作用，其次是艺术效果。灯光的设计和使用往往更注重艺术性、独特性。按照节事活动需要，灯光分为室内、室外实用性灯光和艺术性灯光。节事活动的灯光一般会由专门的灯光师负责完成，需要在与创作小组不断协调后，准确掌握演出剧场和舞台所需灯光的数量、灯光布置的大致位置。舞台灯光不仅能够创造出浓厚的节日氛围，而且有助于形成独特的表演风格。活动的主题、导演的理念、服装的华美、舞蹈的绚丽，诸多只可意会不可言传的音乐和歌舞精神经常依靠灯光来表现。

（2）音响设备。节事活动中使用音响设备主要是为了传达活动的声音，使得参与者可以清楚地听到讲话和音乐，并同时感受不同的听觉效果。一般的节事活动中心、会议中心、体育馆、剧场都已安装固定的音响设备，并经过专业人士的精心调试。但是，在露天场地或观众人数增加或者声音要求质量高等情况下，必须请专业公司来提供服务。在活动现场，特别是对于室外活动来说，考虑音量大小对周围环境造成的影响是十分必要的。

（3）投影仪和屏幕。投影仪和屏幕要有专门的技术人员控制，以确保在活动现场能够运转正常。活动开始前要进行多次调试，做好与播放设备、计算机的连接及屏幕距离的调试，保证放映效果清晰、不变形，色彩符合现场气氛。屏幕的尺寸根据场地的大小设置。

（4）特效。节事活动的特技效果可以为活动现场带来与众不同的感觉，如声、光、电、烟火、气球、干冰等，这些元素不仅可以创造节事活动的主题，还可以为活动营造特定的氛围，最重要的是，它们可以创造非常好的视觉效果和情绪效果，激发现场观众的热情，并留下深刻的印象。但节事活动不要滥用特效技术，否则不但会增加成本，还无法有效烘托节事活动的主题。

（5）装饰性布置。对活动现场进行装饰布置可以起到非常好的烘托和调节作用，装饰性布置通常是指使用花卉、旗帜、灯饰、工艺品陈设等。

主席台的背景一般选用紫红色和深蓝色面料，红色热烈，蓝色则柔和、宁静，应根据节事活动的性质进行选择。

背景板和横幅是活动的标志物，大多数活动都会在主席台上设置背景板并挂有横幅，上面可以展示节事活动的标志、徽章、活动名称、举办时间、举办地点、举办单位、活动主题等。背景板一般设置在主席台和活动入口的显眼位置。横幅是最常见的一种宣传形式，通常由红色布料做成，一般悬挂在主席台顶端、大门上方，或活动场地周边，以及活动宣传推广展示区域。

气球、充气拱门、彩旗也是为了烘托活动效果而设置的，可以印有活动的标志和简短的信息，能够有效地营造出活动的喜庆气氛。

○ **学生活动 11-2**

活动主题：认识现场活动管理。

活动目的：深入了解现场节事活动管理，并能进行实际操作。

活动形式：小组活动。

活动内容：以当地一个大家熟知的节事活动为例，通过图书馆、互联网查找相关资料，收集关于这个节事某个主题活动的相关资料（如开幕式、闭幕式、颁授仪式、文艺表演、赛事安排等）。根据收集的资料，整理这个主题活动的现场管理相关内容。

## 四、节事活动工作实施

### 1. 准备工作

节事活动的组织工作千头万绪，只有提前做好准备，才能收到事半功倍的效果。大型节事活动的组织工作是系统工程，必须做好翔实、完备的工作计划，由专人负责整个项目的运营，才能促使活动朝着有序的方向进展。随着节事活动的不断发展，专门化的服务机构逐渐形成，如节事活动策划公司、场地和舞台搭建公司、演艺公司、广告公司、安保公司等。节事活动的各项任务可以外包给专业公司来运作，效率更高，也更专业化，但节事活动的主办方要做好活动的统筹安排，做好组织工作，使各参与单位充分发挥自己的专业特长和主观能动性。

### 2. 实施步骤及注意事项

节事活动的规模、性质不同，节事活动的现场管理也不同，但不管是哪种类型的节事活动，都需要周密的前期准备和系统的专业操控，这里只简单介绍节事活动现场管理的实施步骤和注意事项。

（1）节事活动开始前，确定所有的参与单位正常运作，如灯光、音响设备、投影仪、特效装置、供电系统等。开始前，要进行数次调试，未经允许除操作人员外的其他人员不得随意乱动任一设备，并且一旦设备发生任何故障，要有负责维护设备的人员第一时间到达现场解决问题。

（2）按照制订的节事活动流程安排活动，确保活动有条不紊地进行。为了确保活动流程的正常进行，如无必要，不得随意更改活动流程，以免发生各参与部门因不熟悉流程而操作不熟练的情况。

（3）制定应对突发事件的预案。为确保活动顺利进行，需预先制定应对突发事件的详细预案。例如，在现场表演活动中，应考虑到各种可能的突发情况，如重要嘉宾临时无法出席、某个节目无法按时上演等，并针对这些情况制定相应的解决方案。同时，对于活动现场可能出现的干扰噪声和麦克风杂音等问题，也应提前规划应对措施，确保活动现场的秩序和效果。

（4）组建专门负责小组。为了有效执行预案并应对突发事件，需要组建一个专门负责的工作小组。该小组将负责在活动现场进行实时沟通和处理各种问题。例如，确保主持人能够准确获取现场信息，并及时传达给相关人员；在出现嘉宾缺席或节目变动时，迅速调整活动流程；对于现场干扰噪声和麦克风杂音等问题，能够迅速定位并解决。通过这样的小组设置，可以确保活动在面临突发情况时能够迅速、有效地应对。

## 单元三　现场后勤管理

节事活动后勤服务管理涉及活动现场的各种后勤保障和接待服务。节事活动是融经济活动、文化活动、交流活动和旅游活动等于一身的大型活动，后勤保障系统涉及交通运输部门、文化部门、环境卫生部门、公安部门、金融部门以及其他服务部门，较为复杂。节事活动的对象除了当地的居民外，很重要的一个组成部分是旅游者。旅游者十分重视经历和体验，这就要求各类从业人员树立"服务至上"的观念，提供高质量的服务。对后勤保障体系的组织，不仅仅是落实人员、物资，还要落实到整个活动的流程中。良好的后勤管理能够保证活动的如期和正常运营，有助于现场活动的顺利进行。

### 一、后勤管理与供应商和服务商的协作

节事活动主办方可以将活动的某些服务外包给专业的供应商和服务商，因此作为活动的组织者，选择好的供应商和服务商是非常重要的。首先，确定需要的产品和服务种类，如一场足球赛需要几十个供应商和服务商来协作，包括足球场馆、广告公司、礼仪接待、安保服务、餐饮服务、证件制作与管理、交通部门、票务公司、志愿者服务、赞助公司、保险服务、现场直播技术支持等。其次，可以培养与供应商和服务商之间密切的协作关系，可以选择优秀的供应商和服务商签订长期协议，这样有利于稳定合作、培养默契、提高效率。最后，要保证商品和服务能够保质保量，满足观众、游客，甚至工作人员的需求。

### 二、交通管理

交通管理是节事活动期间最普遍的难题，为了有效地疏导活动举办期间的大量人流、车流，需要制订周密的计划，并确保当地警察、交通部门、活动组织方和志愿者的通力配合。

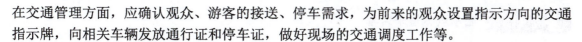

在交通管理方面，应确认观众、游客的接送、停车需求，为前来的观众设置指示方向的交通指示牌，向相关车辆发放通行证和停车证，做好现场的交通调度工作等。

**1. 举办节事活动时的交通问题**

举办节事活动期间，往往会在较短的时间、较小的空间内聚集大量车流和人流，如果交通组织不当，会造成交通安全、交通拥堵、环境污染等一系列问题。

（1）交通安全。在节事活动中，由于车流和人流分布集中，数量庞大，更需要做好交通安全管理工作。

（2）交通拥堵。观众和游客为了参加某项节事活动，交通需求往往在时间和空间上具有很大的集中性。观众和游客要到同一个地方去，并且到达和离开的时间也相近，因此产生的交通高峰效应十分明显。无论是步行、开私家车还是乘公交车前往活动地点，现有的交通设施（如道路、停车场、公交线路等）往往不能满足短时间内迅速增加的车流和人流的需要，于是产生了交通堵塞。

（3）环境污染。对于进出节事活动地点的机动车辆而言，其产生的环境污染主要有两个方面：噪声污染与大气污染。一方面，汽车行驶振动、使用喇叭等都会产生噪声。节事活动现场的机动车往往数量多，加上在交通堵塞时频繁使用喇叭，常常造成较为严重的噪声污染。另一方面，汽车行驶时会排放一氧化碳、氮氧化物和挥发性有机化合物等有害气体。也就是说，节事活动现场如果发生交通拥堵，机动车低速行驶，会排放更多的一氧化碳和碳氢化合物，加剧大气污染。

**2. 举办节事活动时的交通管理策略**

节事活动开始于交通行为又结束于交通行为。举办节事活动期间，往往会在较短的时间、较小的空间里汇集大量的车流与人流，即时空效应显著。为了保证节事活动的顺利举办，避免或减少交通事故、交通拥堵、环境污染等问题，旅游地举办节事活动时的交通管理应得到足够的重视。

（1）预测交通需求，制定交通预案。在策划节事活动时，预测可能出现的各种交通状况，有针对性地制定合理可行的预案十分重要。应当根据节事活动的类型、规模、时间、地点等因素，制定相应的交通预案。预案的内容通常包括划定临时停车场、设置专用车道、设置单行线、分车号禁行、分车种禁行、实行外围分流、实时播报路况等。例如，某年"中国南京国际梅花节"期间曾经出现过车辆大量积压、停车场拥挤不堪、人车混行等问题。针对这些问题，"梅花节"期间交管部门制定了更为详细和有针对性的交通预案，如部分路段实行机动车单向交通、分别划定机动车和非机动车停车场、外围分流等措施。这些预案的制定，为保证"梅花节"期间钟山风景区的交通安全与畅通发挥了重要作用。

（2）科学选择举办活动的时间和地点。

1）科学选择举办节事活动的时间。科学选择举办节事活动的时间主要是指在时间上分流游客。旅游业具有季节性强的特点，节事活动适宜安排在旅游淡季，不但可以分散交通需求，避开交通高峰，还可以平衡淡旺季之间的差异，增加旅游收入。此外，节事活动的时间不宜过短，在考虑经济效益的基础上应适当延长活动的时间，以免旅游交通流过于集中。

# 节事活动管理实务

> **案例 11-7　哈尔滨冰雪季启幕**
>
> 2023 年 11 月 20 日，2023～2024 年哈尔滨冰雪季启幕仪式在亚布力阳光度假村举行。
>
> 哈尔滨抢抓举办 2025 年第九届亚冬会重大机遇，以"龙年游冰城·一起迎亚冬"为主线，"约会哈尔滨·冰雪暖世界"为主题，推出"相约在冰城""冰雪共欢歌""龙年合家欢""春雪迎春晖"四大活动篇章，全面拉升冰城热度，打造全方位、宽领域、多层次冰雪主题盛宴；以冰雪节庆、冰雪文化、冰雪艺术、冰雪体育、冰雪经贸、冰雪时尚、群众冰雪七大活动板块为载体，打造 100 余项重点活动，推出三大冰雪主题公园，十个冰雪体验产品，十条冰雪特色旅游线路。

2）科学选择举办节事活动的地点。一般说来，主城区道路网密度较高，可进入性良好，有利于节事活动期间车流和人流的集散。此外，把举办活动的地点放在主城区，可以使游客感到不用跑很远就能来参加活动，有利于拉近活动与游客的心理距离，吸引更多的游客参与。但在主城区内举办大型节事活动常常会导致交通拥堵、停车困难等一系列问题。因此，主城边缘的新区就成了举办大型活动的新选择。还有一些节事活动要与特定的旅游资源相结合，因此常常在位于郊区的旅游景区里举办，如南京的江心洲葡萄节、溧水采摘节等均属此类。由于这些景区距离主城较远且交通配套设施有时还不完善，因此一方面要加强与主城的交通联系，另一方面要做好景区出入线路、停车场地等方面的规划与建设。

总的来说，节事活动选择在主城区、主城边缘的新区还是位于郊区的旅游景区举办，要根据活动的类型具体问题具体分析。

不同类型的节事活动合适的举办地点及其策略见表 11-1。

表 11-1　不同类型的节事活动合适的举办地点及策略

| 活动类型 | 合适的举办地点 | 该地点具备的优势 | 该地点存在的问题 | 应对策略 |
| --- | --- | --- | --- | --- |
| 中小型活动 | 主城区 | 距离近、交通便利 | 空间狭小 | 科学疏导、控制活动规模 |
| 大型活动 | 主城边缘的新区 | 设施现代、活动空间大 | 路途遥远 | 增加公交车、轨道交通班次 |
| 与特定旅游资源相结合的活动 | 位于郊区的旅游景区 | 旅游资源独具特色和吸引力 | 路途遥远，交通配套设施有时还不完善 | 加强与主城的交通联系，如开辟专线车等；科学规划和建设配套道路、指示牌、停车场等 |

节事活动的地点不宜过于狭小和集中，对于常常发生旅游超载和交通拥堵的节事活动，应考虑扩大活动范围、设立分会场等，以免旅游交通流过于集中。

（3）节事活动地点对外与内部交通管理。节事活动地点对外交通管理，应提倡采用公共交通方式。在节事活动中，除了少数特殊人员（如奥运会中的政府官员、运动员、裁判员等）需要采用专门的交通方式（如专门安排的小汽车、大巴等）以外，占参加人员大多数的观众一般可以自由选择进出活动地点的交通方式。在自驾车个体出行不断增加的今天，不应鼓励数量庞大的观众乘坐小汽车前往，而应倡导观众乘坐速度快、运量大、污染少、安全系数高的公共交通工具，如轨道交通、公交车等，从而实现旅游交通频率和强度的提高。相对于小汽车，公共交通更节能、更环保、效率更高。要充分发挥大众媒体的宣传作用，事先向游客宣传公共交通的优势，并通过经济、行政等手段进行调节，在旅游地举办节事活动时提倡减少私家车的使用,鼓励游客采用公共交通方式前往活动地点。

节事活动地点内部交通管理,应提倡慢行交通优先,在活动地点内部建立松散、漫游式的"游+旅"慢行路线。旅游交通应智能化、人性化,提供舒适、特色、安全的交通方式,保证观众和游客的旅游质量,提高节事活动的享受度、美誉度和知名度。可以运用现代化技术,建立旅游交通流实时监测与调控系统。建立车流量和人流量监控系统,在节事活动地点的各个出入口安装识别装置,严格控制车流和人流的数量,当数量饱和时立即采取限制进入措施;还可以建立一个在 GIS 技术支持下的调控系统,在活动地点内部设立多处电子显示牌,及时告知人流数量、游客密度、游览建议等信息,引导人流合理流动。

#### 案例 11-8 节事活动的停车场管理

大型场馆举办节事活动的一般都配备大型停车场,以方便观众的停车需求。除了与场馆配套的固定停车场之外,活动主办方或场馆管理部门在大型活动之前还会与交通部门沟通,在场馆附近设置临时停车场。要做好节事举办期间停车场的管理工作,须从以下几方面着手。

(1)明确划分车辆停放的区域,对不同的车辆进行分区管理。可以将场馆内部及周边的停车场划分为小轿车停放区、非机动车停靠区、公共交通车停靠区等。对于有政府官员或其他贵宾参加的活动,要安排特别的停车区域,以保证这些车辆的无障碍出入。

(2)在停车场做好明显的交通指示标志,保证停车场内的标志指示清晰、明了,以合理地引导车辆进出停车场。这些标志包括停车场进出标志、限速标志、方向标志、停车线和禁停标志、停车车位标志、严禁烟火标志、车流导向标志等。

(3)若活动期间停车场车位紧张,须预先通知进入馆内停车场的车辆办理有关手续,如车辆通行证或停车证,对于无停车证或通行证的车辆不予通行或停放。

(4)进入停车场的车辆须按规定读卡交费。车场管理人员对车辆的停放进行指挥。对进入场馆内停车场的车辆要实行安全检查,以防止放置有易燃、易爆、剧毒等危险物品的车辆进入停车场。

(5)对机动车进行登记,该项登记工作可以通过智能化的停车场管理系统完成,也可以通过人工完成,当有需要时能及时与车主联系。

(6)停车场内应安排有车管员对进出车辆指挥。维护场内车辆停放秩序和行驶秩序,制止车辆跨车位停泊或超出停车线,杜绝事故隐患,防止车辆丢失、损坏。

(7)室外停车场要用临时胶带划分出停车车位,大型客车要抓紧时间上下乘客,并及时驶离,以便增加车辆的流转速度。

(8)在馆内的停车场内应配备必要的安全防范设备,如监控系统、防爆设备、防火设备等,以保证场馆的安全。

(9)制订馆内的管理规定,馆内的地下停车场应禁止吸烟,不得逆行,不得乱丢垃圾、杂物等。

### 三、安保管理

安保管理不只是现场保安和保安部门的责任,而应该是所有参与者的责任,只有开展全员安全管理才能保证活动平安、有序。无论是哪种类型的节事活动，都应采取措施保证演出者和观众的安全，在安全管理方面，应加强现场保安力量，维护现场秩序，防止伤亡事故发生；应在活动现场设立紧急医疗系统，配备必要的医护人员；应接受消防部门的安全检查，物品存放、装饰性搭建设施须遵循消防部门的规定；加强人员出入管理及重要区域的安全保卫，建立紧急疏散系统；对于可能发生危险的活动应在现场设置防护设施，并提醒游客注意安全等。现场管理中，安全防范措施有很多，这里列出几点。

（1）现场的安全管理利用颜色刺激视觉，实现警示作用并作为行为判断的标准，以达到危险预知的目的。例如，张贴颜色鲜艳的"禁止翻越""绿色通道""禁止吸烟"标志，起到一定的提醒和警示作用。

（2）如果现场参与者的情绪过于激动或者吵闹声很大，需要主持人灵活应对，必要时通过安保人员对部分参与者的不适当行为进行制止。

（3）为应对有人受伤或突发疾病，节事活动举办方需要准备紧急医疗救护措施，成立现场医疗救护小组，准备必要的救助用品。

（4）为工作人员、媒体记者、嘉宾、演艺人员、VIP客人、志愿者制作出入证，如有条件，还可划分出专门的出入通道，并通过不同的佩戴物或着装来区分人员类型。

（5）考虑到节事现场的安全问题，大多数节事活动排队入场时应采取限制措施。如果为自由入场的节事活动，也要保证观众能够有序地进入现场。现场设置防护围栏，避免观众在场内随意跑动。

（6）参加活动过程中，观众和游客不要在标有紧急疏散标志的地段、通道坐卧停留，对于标有行进顺序的道路，要按方向行走，不要逆向行走。

（7）当活动出现入场人数超员或其他一些情况时，管理人员可采取暂时控制入场或分时段入场等措施。

### 案例 11-9　杭州亚运会安保升级

第19届杭州亚运会于2023年9月23日至10月8日举办，规模历届最大。组委会经过长达一年的准备，安保等级精确明晰，涵盖了保卫重要场所和人员、为普通观众提供安全保护和便利、为安保人员提供后勤保障等各个方面。在多部门协作安排和每一位警务人员的共同努力下，亚运会安保工作有条不紊地规划和执行。

本届亚运会的安保等级精确明晰，1～4级安保响应全面覆盖。最高为一级响应，最低为四级响应。一级响应时，将启动突发事件应急预案，采取最严格的安全措施，调动全市公安、武警、消防、卫生、交通等相关力量，全面加强巡逻守卫、道路封闭、安保检查等方面的工作。四级响应时，安保措施相对宽松，但仍需加强场馆和周边地区的安全管控。

**1. 一级安保**

一级安保是亚运会安保的最高级别，主要负责亚运会的重要安保任务。这包括保卫亚运村、比赛场馆和嘉宾接待中心等重要场所的安全，以及为亚运会的主要人员提供安保保护。其对应的战术装备也是最为齐全的。防暴头盔、战术护甲、模块化腰封配备防暴8件套，荷枪实弹的武器装备，可谓顶级配置。

#### 2. 二级安保

二级安保主要负责亚运会的普通安保任务。这包括维持亚运会的秩序和安全，协助处理突发事件，提供紧急救援和医疗服务等。警务人员所配备的装备也差不了多少，只是减少了杀伤性武器，战甲换成轻量化装备，也是帅气十足。

#### 3. 三级安保

三级安保主要负责亚运会的辅助安保任务。这包括为媒体、志愿者和其他非主要人员提供安保保护，协助管理和维护亚运会的公共设施和场馆等。他们配备的装备没有那么耀眼，但实用性很强。作训服以及护身装备、防割手套自然必不可少，因为服务人群相对不多，所以基本用不到"重装备"。

#### 4. 四级安保

四级安保主要负责亚运会的后勤保障任务。这包括为安保人员提供食品、住宿和交通等保障，以确保他们能够有效地执行各项任务。此类安保的性质更偏向于服务类，所以，警务人员一般都是轻装上阵，标配护身便携装备基本就可以满足任务的需要，因此比较亲民，颜值上一般也稍微高一些，不用头套遮挡，自然英气十足。

总的来说，这四个等级的安保工作涵盖了亚运会的各个方面，从保卫重要场所和人员的安全到为普通观众提供安全保护和便利，再到为安保人员提供后勤保障等。这些等级的安保任务能够有条不紊地规划和执行，得益于多部门协作安排，更得益于每一位身在其位的警务人员共同努力，才能够确保亚运会的安全和顺利进行。

### 四、餐饮管理

一般节事活动举办现场都配有食品和酒水的服务，餐饮供应要保证能提供参与者足够的酒水和食物。大型节事活动食品安全风险较高，为防止由其导致的食品安全事件，一定要选择质量过硬的餐饮服务供应商。在选择承办餐饮单位或举办方自己提供餐饮服务时，要了解大型节事活动食品安全的注意事项。

（1）慎重选择餐饮服务单位，应选择持有"餐饮服务许可证"、信誉好的餐饮单位承办，且在选择餐饮单位时，加工经营场所要与接待观众数量相匹配，防止因加工经营场所超负荷运转导致食品安全得不到保证。

（2）与餐饮单位签订包含食品安全权利和义务的承办协议，督促餐饮单位注意食品安全卫生，确保节事活动食品安全。

（3）菜谱定制要慎重，尽量避免选择高风险的品种，菜肴品种要适量、菜肴工艺要简单、熟食卤味要控制、生食菜肴要限制。

（4）餐台的设置要合理，确保参与者的可达性，并保证添加食品的便利性，同时要时刻保持地面的清洁和通道的畅通。

（5）节事活动举办方要为餐饮服务商提供充足的配餐工作空间和服务通道，并提供公用帐篷和与之相邻的服务区。此外，还需负责餐饮工作区的安全保卫工作，并安排赞助商提供的食品和饮料，以满足运动员、演员和志愿者的需求。

### ○ 学生活动 11-3

活动主题：认识节事活动的后勤管理。
活动目的：深入了解节事活动后勤管理，并能制订相应服务方案。
活动形式：小组活动。
活动内容：以一个当地或全国知名品牌节事活动为例，通过图书馆或互联网收集这个节事活动的后勤管理相关资料，形成本次节事活动的服务方案，最终集合成作业并上交考核。

## 五、接待服务管理

在接待服务管理方面，应安排迎宾员、引座员接待游客，尽快使游客融入活动的欢快气氛当中；适当地为游客提供饮料和点心，向游客赠送有保留价值的纪念品，为游客营造积极、值得回味的印象；还要做好游客的入场和退场安排，快捷、高效地疏导客流等。现场接待服务不仅要程序化、规范化，而且要尽量提供游客所需要的个性化服务。

事先对活动内容及贵宾人数、国别及爱好等做好充分的调查研究，了解国际惯例及传统习俗。根据调研结果，制订接待服务实施方案，拟订接待经费。

### 案例 11-10　全面做好第 33 届北京国际燕京啤酒文化节服务保障工作

一是加强演出节目审核把关。啤酒节期间，加强对全部演出内容及参演人员的把关管理，杜绝违规内容，抵制低俗倾向，坚决制止违背社会主义核心价值观、危害社会公德或者民族优秀文化传统、违反公序良俗、畸形审美等内容，共审核演出节目 159 个，全面筑牢演出意识形态安全底线。

二是深入开展安全专项检查。启动活动服务保障机制，按照责任分工，细化任务分解，组成 3 个检查组，对场馆周边文旅企业深入开展督导检查，深入细致排查消防、用火用电、燃气、食品安全、反恐防暴等领域风险隐患，督促指导企业落实责任，共出动检查人员 62 人，检查企业 139 家。

三是多方宣传，提升活动传播效能。以顺义文旅公众号、微博、视频号为核心阵地，推送"嗨啤之余游顺义，这些线路等您来！"等 8 条专题旅游线路，发布相关宣传图文、视频信息 24 篇，为啤酒节活动持续预热，吸引了大量粉丝关注与转发，浏览量近 5 万人次。

四是"顺意好礼"展示非遗文化。现场搭建"顺意好礼"展台，通过市集形式展示区域文化底蕴，构建文化体验场景。活动期间，共展示传统手工艺品、地方特色商品、纪念衍生品、文化科技创意商品四大类别 100 余款产品，同时开展火绘葫芦 DIY 绘制互动活动增强体验，累计接待游客 8 000 余人次。

## 单元四　结束管理与现场清理

节事活动结束后，现场的清理工作也尤为重要。有条不紊的现场结束和清理工作，可以体现节事活动举办方的操控能力。在节事活动现场结束后，及时听取员工和参观者的反馈和感受，不仅有利于工作经验的总结和积累，对于妥善处理活动的后续工作也是颇为有益的。

节事活动现场结束管理指的是在现场活动结束后，节事活动项目负责人对活动现场的妥善处理；而现场清理是指节事活动工作人员对现场物品、环境的清洁和整理，清理是改进现场的源头。节事活动现场结束管理和现场清理是节事活动的最后一个环节，快速、有效的现场管理是良好团队精神的体现。活动结束后及时清理现场，可以为节事活动的真正完结画上圆满的句号。

## 一、闭幕安排

节事活动是否举办闭幕式，主要取决于节事活动的性质、规模以及举办方的选择。通常情况下，很多节事活动都不举办闭幕式。但这并不意味着可以不重视闭幕阶段的服务管理。事实上，闭幕阶段的服务管理也是现场管理的有机组成部分。

相对而言，闭幕的安排比较简单。如果不举办闭幕式及相关活动，那么关键就是时间与程序，举办方须通过参会须知、现场公告、现场广播等方式，把准确的闭幕时间和具体程序告知观众和工作人员，使他们能够提前做好相应的准备。场地提供商应该配合举办方，做好退场、清场、清理等服务管理工作。

如果要举行闭幕式或其他诸如重点客户联谊活动、答谢宴会、颁奖活动等相关活动，则务必注意应在切实做好上述服务管理的同时，把闭幕式及相关活动的筹备和实施工作做得细致些，关键环节必须落到实处，否则容易出现差错以致事与愿违。

◯ **学生活动 11-4**

活动主题：认识结束管理和现场清理。
活动目的：了解节事活动结束管理和现场清理的重要性与工作步骤。
活动形式：小组活动。
活动内容：以本地区举办的一项知名节事活动为例，通过网络查找相关资料，了解本节事活动举办的背景、性质、规模、参加人数、时间、地点等信息，据此制订这个节事活动结束管理和现场清理的运营方案。

节事现场清理工作

## 二、工作实施

### 1. 准备工作

（1）在现场活动结束前，针对观众的退场管理要提前做好准备。要制定相应的预案并安排专人负责此项工作。同时，需安排引导员帮助观众迅速找到出口，确保观众有秩序地退场。

（2）在现场活动结束前，针对现场的清理工作要提前做好准备。要制定相应的方案并安排专人负责此项工作。此外，要再次提醒所有工作人员积极配合场地管理方、服务商进行现场清理工作。

（3）保证活动需要回收的设施设备、物料清单准确无误，以免遗漏。

### 2. 实施步骤

（1）快速、有序、安全地完成退场和清理工作。节事活动参与者离开活动现场后，所有工作人员马上回到自己的工作岗位，整理现场物品。

（2）依据物品清理记录表，逐一查实物品回收工作是否落实到位。如果是贵重物品，要求物品清理记录表填写准确、完整、规范，还应实行专门的出门管理与交接制度。

（3）出门管理制度。如有必要，可以实行出门条管理制度，对所有的设施设备、器材、装饰用品、装修材料，都实行严格的出门条制度。若是已经投保的贵重物品，还必须配合财险公司实施相应的监管交接。

（4）巡场制度。在进行现场结束和清理期间，举办方和场地管理方须增派现场管理人员，对撤场情况和重点部位进行巡察，防止出现如物品磕碰、违章施工、车辆拥挤堵塞、废料垃圾乱扔等现象，以确保现场秩序正常、整体环境安全。

### 3. 注意事项

（1）活动结束后，现场垃圾的处理可以联系附近的垃圾回收站，以减少对周围环境的影响。

（2）对物品进行分类，可回收再利用的物品要收集整理好，以保证再次利用；不能回收再利用的物品也要清理好，以减少对环境的影响。

（3）活动结束后，撰写活动报告，分析现场成功、失败的原因，以此提高员工的专业素质，积累现场工作经验。

## 实训项目十三　节事活动现场志愿者服务实训

| 工作任务 | 联系即将举办的节事活动项目主办方，提供现场志愿者服务 | |
|---|---|---|
| 实训提示 | 组织分工：教师根据主办方的要求，将学生以小组为单位，为节事活动项目提供志愿者服务<br>任务研究：教学关键在于让学生体验节事活动现场管理服务与管理系统，重点在于提供节事活动开幕式、接待与观众登记，以及参展商服务等相关现场服务与管理工作<br>注意事项：实训前与相关节事活动主办方联系好志愿者服务工作，是实训教学开展的前提；同时注意学生现场管理与安全保护 | |
| 实训建议 | | |
| 三维度 | 方法能力 | 沟通能力、服务能力、现场解决问题能力 |
| | 专业能力 | 节事活动现场服务能力 |
| | 社会能力 | 服务能力、沟通交流能力、解决问题能力 |
| 工作6要素 | 工作环境 | 正在实施的节事活动项目现场 |
| | 工作对象 | 节事活动现场参展商、观众 |
| | 工作内容 | 提供志愿者现场服务与管理 |
| | 工作手段 | 志愿者现场服务 |
| | 工作组织 | 节事活动职位招聘工作小组 |
| | 工作结果 | 形成实训工作报告 |
| 工作6步骤 | 第一步：信息 | 节事活动项目现场服务信息、志愿者工作职责信息 |
| | 第二步：决策 | 现场解决问题的策划 |
| | 第三步：计划 | 志愿者职责、志愿者培训、现场实训、报告总结 |
| | 第四步：实施 | 现场服务与管理 |
| | 第五步：检查 | 教师在现场对学生充当志愿者服务过程进行指导 |
| | 第六步：评估 | 现场志愿者服务结束后，教师根据学生工作报告评估学生服务过程 |

## 思考与练习

### 一、填空题

1. 观众是节事活动中人数最多的群体,他们的服务需求主要集中在_____、_____和_____3个方面。
2. 节事活动在举办期间,短时间内积聚了大量的人员,这些人员可以分为3类:_____;_____;邀请来的嘉宾、媒体记者和其他来宾。
3. 节事活动项目的制作、举办涉及许多专业人员,包括技术人员、管理和服务人员,以及_____。
4. 明确参与节事活动的嘉宾、媒体记者及其他来宾,事先发放_____、_____和_____。
5. 排队入场,即按照一定的排列进入指定现场。按照票券有无,排队入场可分为_____和无票入场;按照现场秩序,排队入场可分为_____和限制入场。
6. 节事活动举办场地可以划分为_____、_____、_____3个区域。
7. 慎重选择餐饮服务单位,应选择持有_____、信誉好的餐饮单位承办,且选择餐饮单位时,加工经营场所要与接待观众数量相匹配,防止因加工经营场所超负荷运转导致食品安全得不到保证。
8. 节事活动后勤服务管理涉及活动现场的各种_____和_____。
9. 节事活动地点对外交通管理,应提倡采用_____。
10. 节事活动在选择活动场所时,要考虑使活动的场所和活动的_____相匹配,使活动场所的_____和活动的规模相适应,使活动场所周边的配套和活动的性质相匹配。

### 二、简答题

1. 简述现场工作人员管理的内容。
2. 简述节事活动交通管理的策略。
3. 简述现场餐饮管理的注意事项。
4. 简述节事活动现场布置的特点。
5. 简述节事活动结束管理和现场清理的含义。
6. 简述节事活动结束管理和现场清理的准备工作与实施步骤。

### 三、论述题

1. 以某一实际节事活动为例,论述现场观众管理的重要性。
2. 谈谈你对现场活动管理的内容及其重要性的认识。
3. 谈谈你对节事活动后勤管理的内容和重要性的认识。

### 四、设计方案

1. 针对一场大型活动(如开幕式、闭幕式、颁授仪式、文艺表演等),设计一份活动管理方案。

2. 针对一场大型活动，设计一份贵宾接待服务方案此次活动的贵宾由两方面人员构成：一方面是来自亚洲其他国家的人员，共计 50 人；另一方面是来自欧美的贵宾，人数较少。

3. 围绕某节事活动结束管理和现场清理两项重要工作内容，制作方案计划书。

### 五、案例分析

#### 安全准时、集散有序 杭州亚运会开幕式 7.1 万人交通服务彰显杭州模式

杭州第 19 届亚运会开幕式取得圆满成功。亚运史上参与人数最多、规模最大、集结时间最短、组织效率最高的开幕式交通服务保障，受到各方高度关注。

开幕式共涉及 12 个远端集结点、7 个近端落客点、1 214 余辆保障车辆、14 列专列，为演职人员、志愿者、国内外贵宾、大家庭成员、运动员及随队官员、技术官员、注册媒体、持票观众等九类群体共计 7.1 万人提供交通服务保障工作。

安全、准时、便捷、绿色、温馨，是杭州亚运交通服务保障的初心和使命。自杭州亚运交通指挥中心成立以来，始终立足这一目标定位，全面完成亚运赛事交通组织各项筹备工作。万人运输，千车组织，秒级调度，如何实现安全准时、集散有序？杭州模式给出了答案。

1. 集成化计划，"最强大脑"统筹指挥

建设亚运专用交通指挥调度平台，全面实现交通服务保障动态资源管控、运行监测、编组排班、应急处置、数据统计等指挥调度功能。特别是通过开发抵离、开闭幕式、赛事、跨赛区等特色场景，为各类群体提供交通出行服务保障的技术支持。

2. 扁平化组织，"一长三员"保障有力

为最大限度提升开幕式人员进场效率，探索建立"一长三员"保障机制。"一长"即点长，在开幕式的远端集结点设置一名点长，负责集结点所有事务的协调工作；"三员"即网格员、联络员、安全员。每 25 名观众配备一名网格员，负责从集结到散场全过程的组织引导；所有车辆都配备随车联络员和安全员，协助解决行车途中的服务需求和突发事件的应急联络等。

3. 一体化指挥，省市两级协同作战

执行指挥长由省交通运输厅、省公安厅和杭州市相关负责人担任，省级层面负责全省统筹和市域之间赛事交通保障，市级层面负责市域范围内赛事交通保障工作，于 3 月初率先进驻总指挥部集中办公，实现省市两级协同作战。

由交通指挥中心全面统筹，交通安保调度指挥中心负责具体实操，对外与各相关专项中心、团队衔接顺畅，对内交通运输部门与公安交警部门高效协同、运转有序，全面推进各项交通保障工作落地落实。

4. 系统化协调，部门联动深度融合

在赛事保障中，由交通运输和公安部门抽调骨干力量组建需求计划、现场调度、指挥协调、公共交通四个工作组，入驻交通安保指挥调度中心，通过系统化、专班化作战，打通边界壁垒、实现深度融合。

5. 实战化控制，全要素演练见行见效

交通指挥中心先后开展 3 次开幕式全量、全要素交通保障演练，对编组列队行进、运

动员集结发车、开幕式结束等环节交通组织的科学性、合理性进行反复测试。同时，开展复盘分析，查缺补漏，进一步提升突发事件响应处置能力。

开幕式当天，遵循"远端集结、团进团出、专线专列、错时错位"原则，在地铁6号线枫桦西路站和昙花庵路站，分别开设8趟和6趟专列，将安检端口前移至地铁口，点对点直线运输观众；在市民中心、市职工文化中心、滨江海创基地，开通直达奥体中心的公交亚运专线，分批次错时抵达。而在亚运村运动员村发车区，运动员及随队官员则通过集中乘坐大巴到达。

据统计，开幕式结束当晚，3.2万余名观众通过地铁专列在40分钟集中疏散完毕，近4 000名运动员仅用半小时就完成散场。

【问题】请分析杭州第19届亚运会在现场管理准备工作方面的成功之处。

# 模块十二　节事活动后续工作管理

## 知识目标

了解节事活动后续工作的内容；了解节事活动后续工作要求；掌握节事活动后续评估工作的内容和流程；了解节事活动评估的方法；了解节事活动工作总结的作用；掌握节事活动工作总结的内容和结构。

## 技能目标

具备节事活动后续工作实施的能力；具备节事活动评估的能力；具备节事活动项目总结的能力。

## 素养目标

培养做事有始有终的习惯，增强管理服务意识。

## 案例导入

### 建立重大节事评估指标体系的意义

近年来，随着重大节事经济的持续快速发展，重大节事对城市而言，不只是具有旅游价值，更具有城市品牌提升的价值。我们不妨把重大节事的成功举办，比拟为城市形象的再造工程，北京奥运、上海世博等国际性重大节事的举办，不仅扩大了举办城市在国际的影响，还在城市基础设施建设、市政改造、社区文化、城市文明等诸多方面带来实质性的改变；重大节事不仅带来当时的经济收益，也不只造就当时的辉煌庆典，其对城市经济、产业、环保，对城市居民的心理自豪等，均具有累积性效果；它使城市重新审视自身，在凝练传统、展望未来中重新设计、放飞城市的梦想；它通过重大节事的举办，唤起受众对城市的记忆、与城市的亲和、对城市的怀想，以及对城市的眷恋。

然而，许多城市还仅仅将重大节事定位在拉动旅游经济层面，低估了重大节事的影响度和辐射力，使大多数重大节事的关注视角仅停留在门票收入、吸引游客到达率等具体指标层面，忽略了其对城市整体发展和城市品牌提升的意义。为此，我们提出要重新评估重大节事与城市形象，研究两者之间的互动及引发互动的关联要素，引发政府和全社会从城市整体发展的角度重新定位重大节事，从城市发展战略角度选择、规划与城市形象相吻合的重大节事，放大重大节事对城市品牌提升的贡献值。

在管理学领域，评估是推动品牌价值提升的重要手段。品牌衡量自身的竞争力，首先面对的问题是：所拥有品牌的资产价值多少？在国内同行中排名第几？地位如何？与国家级、世界级的品牌相比，差距在哪里？由此我们看出，品牌评估是一面旗帜，具有导向、激励、评判等多方面的社会功效。

对重大节事与城市形象进行评估的意义在于：

（1）作为简洁有力的信息，指标体系可以明示重大节事与城市品牌提升的关联及其要素，有利于政府制订有效的城市发展战略，提高管理决策效率，为城市建设与发展决策提供比较客观的、量化的、科学的分析与测评依据。

（2）从城市形象传播角度揭示重大节事活动的价值要素，强化重大节事活动的策划者和受众对城市的多重感知，不仅将城市形象设定为重大节事的传播主体，更自觉采用先进传播技术和组合传播策略塑造城市品牌。

（3）通过评估指标体系的建立，为不同城市的重大节事定位提供差异化选择依据，从而避免重大节事活动在诸多领域中的同质现象；同时，不同城市通过对照指标体系中的不同层面指标要素，检核自身在重大节事运作中的缺憾，提出改进方向，从而提升城市竞争力。

城市的发展离不开评估指标。评估指标让人必须正视问题，不断反思与寻求进取方向，激发创意性的解决方案。

【思考】节事活动评估指标有哪些，对节事活动项目和城市的发展有什么意义？

## 单元一　节事活动后续工作

在节事活动总结会议结束时，活动组织者一般还会布置节事活动闭幕以后需要继续完成的一些后续工作。节事活动的后续工作既是本届节事活动的收尾工作，也是为下届节事活动的开始做准备。所以，节事活动闭幕后的后续工作是不能忽略的。

### 一、节事活动后续工作的主要内容

节事活动闭幕以后的后续工作有以下几项。

#### 1. 向客户发送节事活动总结并致谢

节事活动闭幕后，要及时给所有参加节事活动的参展商和观众发送节事活动总结，并对他们参加节事活动表示真诚的感谢。节事活动总结不仅要发送给节事活动现有的参展商和观众，对于那些暂时还没有来参加本节事活动的目标参展商和目标观众也要发送，这样就可以为节事活动下一届的招展和招商做准备；同时对于那些曾经帮助过节事活动筹办的机构和个人如各协办单位、支持单位、消防保安部门等也要致谢，对于一些重要的客户和机构，节事活动组织者还可以派人或亲自登门致谢。至于节事活动总结和感谢函，可以采用信函、电子邮件和电话传真等方式发送。

致谢应作为节事活动后例行工作之一。致谢不仅是一种礼节，而且对建立良好的关系有促进作用。此外，对参观节事活动展台的客户，不论是现有客户还是潜在客户，都要发函致谢，感谢客户参观展台。这是一项比较繁重的工作，可以在节事活动未结束之前就开始做。如果在感谢信上就接待的一些问题发挥一下，感谢效果会更好，因为这已不是一般的交流，而是比较近、比较深的交流方式，表示出对参观者的重视。

### 2. 更新客户数据库

一届节事活动完毕，节事活动举办机构的客户数据库可能会发生很大的变化，包括新客户的加入、老客户的流失、有些客户发生变更等。举办机构要根据客户信息的变化，及时调整客户工作的方式和方向。成功的节事活动往往是那些客户工作做得出色的节事活动。更新节事活动客户数据库既包括对参展商数据的更新、对观众数据的更新，也包括对各种节事活动服务商及业务代理资料的更新。

### 3. 进行节事活动总结性宣传

节事活动闭幕以后，可以就节事活动总体情况进行一次总结性宣传，办展机构可以就节事活动的情况准备一份总结性的新闻稿，提供给各新闻媒体，让节事活动有始有终。很多举办机构都不注意节事活动后的总结性宣传，其实，节事活动后总结性宣传不仅是将本届节事活动的举办成果对社会和客户做一个交代，更是为下一届节事活动做舆论准备。进行节事活动后总结性宣传，往往会获得较好的效果。

### 4. 发展和巩固客户关系

节事活动期间，尽管举办机构有机会和客户面对面地进行交流，但由于举办机构和客户的时间都很紧，业务也很多，双方很多时候都未能进行很好的交流和沟通。节事活动闭幕以后，举办机构要继续保持与客户的关系，继续加强与客户的交流和沟通，发展与巩固客户关系。对于一些重要的客户，举办机构还可以亲自登门拜访。

### 5. 处理节事活动遗留的一些问题

节事活动期间，由于时间有限，业务又较多，可能会遗留一些问题，如有的客户款项还没有完全付清，有些客户展品还没有处理完毕，有些客户还需要进行商务考察等。节事活动闭幕后，举办机构要组织力量，及时处理节事活动遗留问题，不要将这些问题拖到下一届节事活动，更不能让这些问题影响到下一届节事活动。

### 6. 准备下一届节事活动

节事活动闭幕后，举办机构即着手下一届节事活动的各项筹备工作。例如，准备下一届节事活动的策划方案，推广下一届节事活动的招展和招商办法，策划下一届节事活动的宣传推广方案，编印下一届节事活动的招展书、观众邀请函，制订展区的展位划分方法等。

和其他行业不同（其他行业的从业人员一般是按年来计划和筹备业务事项的），节事活动举办机构一般都是根据节事活动的规模、按节事活动的届别来计划和筹备其业务事项的。其他行业的从业人员每过一年，业务就出现一个轮回，而节事活动从业人员是每举办一届节事活动，业务就出现一个轮回。尽管业务不断轮回，但是让每届节事活动都进步一点，是每一个节事活动从业人员的追求和梦想。从这个意义上来讲，不仅是新创立的节事活动需要有精心的策划和营销，已经举办了多届的节事活动也需要有创新、策划和营销。只有这样，节事活动才不会由于因循守旧而走向衰落。

### 7. 促进贸易成效

推销产品和服务、洽谈签订贸易合同是节事活动的最终目的。在节事活动期间，向现有客户推销老产品和服务可能比较迅速，可能在节事活动期间就签约了。但是，向现有客户推销新产品和服务，向潜在客户推销任意产品和服务，并进行贸易洽谈都可能比较费时，都可能需要在节事活动之后继续努力。节事活动后续工作的主要内容之一就是将已开始的贸易谈判继续下去并争取签约成功，或者继续对已显示出购买兴趣的客户做工作，引发其购买意向，并争取洽谈成交。

## 二、节事活动后续工作要求

### 1. 节事活动后续工作要注意时效性

调查表明，如果在节事活动闭幕后继续与新建立关系的客户联系，参展企业的销售额可以提高2/3。因此，专家建议参展者将预算的15%～20%用于后续宣传和后续工作，并在节事活动准备时就计划后续工作，而不是在节事活动闭幕后才考虑这项工作。后续工作可以安排长至12个月。要明确负责后续工作的部门和人员。一般情况下，后续工作由销售、技术部门负责。另外，还要分清代理、子公司和总公司之间的责任。调查显示，由参与节事活动导致的实际成交中，有20%是在节事活动之后11～24个月内达成的。由此可见，节事活动后续工作以及后续寄发资料工作的频率对成交有着相当大的作用。

### 2. 后续工作应以展台记录为依据和起点

在节事活动期间建立完善的记录非常重要，参观者接待记录是后续工作的基础。展台人员会接触很多客户：只留下名片的客户，交谈过的客户，表现出兴趣并索取报价的客户，表示要订货并开始谈判的客户等。这些客户的信息应当按要求详细记录。客户有些信息很重要，诸如公司成立年份、雇员人数、年营业额、开户银行名称和地址、财务状况及信用等级、供应商和最终用户名称等。但是，在展台接待中往往很难收集到。因为展台人员及参观者都非常繁忙，没有足够的时间询问和记录，或者参观者本身可能并不掌握这些情况，尤其是大公司的雇员。另外，如果问得太细，可能引起参观者的不快而不愿意继续接触交谈。因此，这些信息能收集到最好，如果不能，就在后续工作时进一步收集。这些信息是判断客户的依据。

# 单元二　节事活动评估工作

节事活动评估是指对某一节事活动进行分析和评估，即对一个节事活动的目的、执行流程、质量、服务，直接和间接的经济效益与社会效益，作用和影响所进行的系统、客观的分析和评估，判断该节事活动项目是否成功，并分析其原因，总结经验教训，为以后的活动工作提高效率和效益提供建议，提供更完善的管理体系和提高管理水平服务。

## 一、节事活动评估内容

从节事活动项目评估的作用看，节事活动评估就是把活动实施的结果与前期策划和当初决策时的目标进行比较，检查活动的过程，评估其财务效益、经济效益，总结经验教训，以便迅速、有效地应用到新的决策活动中去。

**1. 基本内容**

节事活动评估包括对节事活动本身的评估和效果评估，一般要分析以下基本内容。

（1）节事活动策划评估。节事活动策划评估包括评估节事活动的举办时间、地点、规模、主承办机构组成、活动定位、活动价格、人员分工、品牌形象策划、市场营销策划等方面，找出他们的优缺点，作为举办机构的备案资料保存，以备下次使用，保证今后筹办类似活动越来越顺利。

（2）目标评估。评估节事活动立项时，原计划中预定的目的和目标的实现程度，是节事活动评估需要完成的重要任务之一。一般来说，节事活动的目标在立项时就确定了，其评估指标包括宏观指标和直接目的。宏观指标即对地区和国家经济、社会发展的整体影响和作用；直接目的即向社会提供某种产品和服务，指标一般是量化的。节事活动评估首先要对照原定目标的主要指标，检查活动结束以后的实现情况，确定实际变化之处并分析变化产生的原因，判断目标的实现程度。另外，要在实践中检验原定目标的正确性、合理性，通过评估找出原定目标的问题，如目标不明确、过于理想化及不切实际，为下次活动目标的修订提供经验和依据。

**2. 节事活动工作评估**

节事活动筹备和实施工作的内容比较广泛，涉及时间进度、宣传推广、现场服务、服务实施等情况。对节事活动工作进行评估，需对照立项或可行性研究报告的原定情况进行比较和分析，找出差距，分析原因。节事活动工作评估一般包括以下几个方面。

（1）筹备工作评估。这是指对节事活动工作的统筹、准备、协调及各项筹备工作的安排和调整等进行评估。

（2）服务代理工作评估。这是指对通过公开招标的服务商、代理商、指定赞助商、旅游代理商、清洁公司、保安公司等进行评估。

（3）宣传推广工作评估。这是指对媒体宣传与公关、推广进度安排、宣传渠道的建立、宣传资料的影印与发放、宣传效果、新闻媒体的反应（刊载、播放的次数、版面大小、时间长短）等进行评估。

（4）组织结构与人员评估。这是指对构建的组织结构形式、人员组成、工作态度、团队精神、工作效果等进行评估，评估工作人员组成安排是否合理、是否高效、工作时间是否适中等。

（5）现场管理工作评估。这是指对场地选择、舞台音响、后勤管理、物流配送、清洁、保安、志愿者管理、现场工作人员管理、突发事情应急措施和各环节的服务，以及对这些服务的质量、提供方式等进行评估。

（6）时间管理评估。这是指对节事活动的招商、宣传推广、服务及整体时间进度安排等进行评估。

（7）服务管理工作评估。这是指对筹备管理工作的质量和效率，接待服务的各环节质量，以及培训效果、后续工作等进行评估。

（8）财务实施评估。这是指对节事活动的预算制订与执行情况，成本、费用支出时间安排，收益、收款情况，超支原因及其他财务管理问题进行评估。

### 3. 效益与影响评估

（1）效益评估。效益评估主要关注项目的财务和经济效益两个维度，即财务评估和经济评估，主要分析指标有内部收益率、净现值和贷款偿还期等盈利能力和偿还能力指标。

（2）影响评估。影响评估包括经济影响评估、环境影响评估和社会影响评估。

1）经济影响评估。经济影响评估是指评估节事活动对所在地区、所属行业和国家所产生的经济方面的影响，评估的内容包括分配、就业、换汇成本、技术进步等。由于经济影响评估的部分因素难以量化，一般只能做定性分析或并入社会影响评估范围。

2）环境影响评估。环境影响评估的内容一般包括节事活动的地区环境质量、自然资源利用和保护、区域生态平衡和环境管理等几方面。

3）社会影响评估。社会影响评估是对节事活动在社会经济方面有形或无形的效益和结果进行分析，重点评估活动对举办国、举办地和社区的政治、文化、经济、生活的影响。

4）持续性评估。持续性评估是节事活动影响评估的一个组成部分，它是指评估节事活动的既定目标是否还能持续；是否可以持续地举办下去；是否具有重复性，即是否可在未来以同样的方式建设同类活动。节事活动持续性的影响因素包括：本国政府的政策与管理因素、组织与地方的参与、财务因素、社会文化因素、环境和生态因素，外部因素等。

## 二、节事活动评估的程序

节事活动评估的程序是指按照节事活动评估规律设计并具体组织、实施评估工作的步骤。不同类型的节事活动，其评估的程序也有所不同，但一般而言，节事活动评估的程序通常包括以下步骤。

### 1. 确定评估的具体目的和任务

确定评估的具体目的和任务就是明确为什么评估和评估什么的问题，是做好节事活动评估工作的前提。不同的评估主体、类型和项目，其评估的具体目的和任务可能有所相同，但以下几点是应当考虑的。

（1）评估对象的类型。节事活动项目按照不同的标准可以分为很多种类，由于不同种类的节事活动项目具有不同的性质和特点，很难用统一的标准去评估，因此在开展节事活动评估之前要确定本次评估的项目类型。

（2）评估对象的数量。节事活动评估对象的数量要根据评估的需要来确定。在涉及评比性质的相对评估中，需要有足够数量的评估对象才能进行横向比较，判断优劣。而对于主办者和参展商的内部评估而言，则应当做到逐一评估。

（3）评估对象的时间和地域范围。明确节事活动评估项目的举办时间和地域范围。一般情况下，主办者和参展商仅对本单位主办、参展的节事活动开展评估；而节事活动主管机构按年度评估的做法较为普遍，即对发生在当年的节事活动项目进行评估，或者仅对其中某个区域的节事活动进行评估。

（4）评估结果的等级。评估结果的等级用于反映节事活动项目的优劣，是节事活动评估目的和任务的重要体现。

节事活动评估的具体目的和任务应当在选定评估对象之后、活动举办之前就确定下来，以便在节事活动举办期间就可以根据评估的目的和任务有针对性地搜集相关材料和数据。

**2. 选择评估方法**

节事活动评估应采用宏观分析和微观分析相结合、定量分析和定性分析相结合的方法，通过综合分析，总结经验和教训，提出问题和建议。目前，常用的节事活动评估方法有以下3种。

（1）调查法。调查法是节事活动评估最常用的有效方法之一，它既可用来获得定量的数据，也可以用来获得定性的描述。由于节事活动期间游客流动性大、逗留时间短，一般不可能深入地了解他们。调查法通过调查、访问、谈话、问卷等方式搜集有关资料，进而了解利益相关者的心理和行为。调查法主要有以下两种形式。

1）访谈调查。访谈调查是以谈话为主要方式来了解某人、某事、某种行为或态度的一种调查方法。访谈调查的一般程序是：访谈员探访调查对象，把要调查了解的问题逐一讲给调查对象听，调查对象根据调查者的要求——作答；与此同时，访谈员必须将调查对象的观点、意见及访谈记录进行汇总、分析，从而得出调查结论。

2）问卷调查。问卷调查是一种以书面提出问题的方式搜集资料的研究方法，即调查者就调查项目编制成问卷，分发或邮寄给有关人员，请其填写答案，然后回收整理、统计和研究。问卷调查的最大优点是方法简便、节约时间（对调查者而言）且材料也比较容易整理和统计。有时，采用无记名形式的问卷可以获得面谈或开调查会不容易获得的某种有价值的资料。

（2）对比分析法。对比分析法是节事活动评估的基本方法，它是调研完成以后，在分析调查结果的基础上，将节事活动实施前的目标与结束后的实际情况加以对比，测定该活动的效益和影响。通过对比分析，可以明确活动对地区发展的影响，分清活动本身的作用和活动以外的影响，评价活动的增量效益和社会机会成本。

（3）总结述职会。节事活动结束后，要求每个工作人员对自己在节事活动的整个过程中的工作进行总结，并提交书面材料或进行口头汇报。这些总结都是活动评价的内容。

**3. 确定评估的指标体系**

评估之前要先围绕评估的目的、任务和原则选择适当评估的内容，然后根据评估的内容确定评估的指标体系。节事活动评估的指标体系包括完整指标系统、权重系统和评估标准系统3个方面。

（1）完整指标系统。对于一项具体的节事活动评估而言，其指标系统是根据评估的目的和任务，从各项评估内容中精心挑选出来的，是评估目的的具体化。完整指标系统一般由若干个指标层次组成，如图12-1所示。

（2）权重系统。权重系统包括各层次指标的自重权数和加重权数。自重权数反映指标自身在同层次指标中的重要程度，它的取值范围在0～1之间，各指标的自重权数之

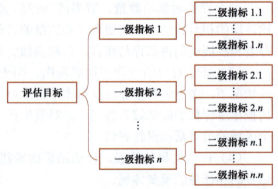

图12-1　节事活动评估完整指标系统结构

和等于 1；加权重数反映某项指标的评估等级，如某项评估指标分为优秀、良好、中等、合格、不合格 5 个等级，一般设优秀等级的标准为 1，其他等级的标准值则依次递减为 0.8、0.6、0.4、0.2。

确定权重系统的方法有专家会议法、德尔菲法（即采用匿名的形式用问卷向专家征询意见，经多次反馈后确定权重系统的方法）等。

（3）评估标准系统。评估标准系统是衡量评估对象达到末级指标程度的尺度，由标度和标号两部分组成。标度的作用在于区分评估对象达到评估指标的程度，有定性标度和定量标度两种表示形式。

定性标度一般用描述性语言来表示，如"满意""较满意""不满意"等区分观众对展览会接待服务总体评估的等级程度。

定量标度一般用分数表示，以区分评估对象达到指标的程度。

标号是表示标度的符号，本身无独立意义，一般用字母（A、B、C、D）、数字（1、2、3、4）或汉字（优秀、良好、合格、不合格）等来表示。

### 4. 实施评估

评估目标及标准确定之后，要根据评估目标及标准确定具体的评估内容和评估方案，对各阶段时间安排、调查对象和调查方法选定、评估人员配置和经费预算做出规划。评估方案应当在展会举办之前就制订完成，以便在展会开始后按计划实施。

（1）制订评估计划。评估计划应当对评估的方法、程序做出相应的规定。评估方法包括搜集材料和数据的方法、进行统计分析的方法。评估程序包括搜集材料和数据的程序、开展评估的程序、发布评估结果的程序。

（2）评估的机构、人员组成及分工。评估机构是指实施评估计划的临时性机构。节事活动评估可以由节事活动主管机构、节事活动项目主办者或参展者自行组织，也可以委托专业评估机构进行。对此，计划中要有明确的规定。目前国外普遍采用委托专业评估机构的方式进行节事活动评估。

节事活动评估机构的设置包括领导小组或评审委员会、专家小组、工作小组等。区域性、大范围的评估，评估机构的设置一般包括领导小组或评审委员会。领导小组由评估实施机构的负责人或领导评估项目的负责人、相关部门的领导或代表、部分评估专家组成，对评估工作实施全面领导并决定最后的评估结果。专家小组或专家委员会由评估专家组成，负责指导数据搜集，对数据进行统计分析，提出评估报告。工作小组则由训练有素的工作人员组成，主要负责搜集、汇总材料和数据。由于搜集材料和数据的工作相当烦琐且十分关键，工作人员必须了解评估的目的、任务和原则，明确各自的分工和要求，熟悉本次评估对象的基本情况。

（3）收集、分析数据。收集和分析数据是节事活动评估的两个关键环节。这两个环节是相互联系、不可分割的。全面搜集评估材料是进行材料和数据统计分析的前提，材料和数据的统计分析是材料和数据收集工作的深化。各项材料和数据统计汇总后，接下来的工作是组织专家和有关人员对这些材料和数据进行审核、归类、比较、分析和整合，初步确定评估对象的等级。

(4) 确定评估结果。一般情况下，经过专家评估确定的评估对象的得分或等级，可以看作是评估结果，但在一些选拔性或评比性节事活动评估中，节事活动评估的结果还需要通过一定的程序加以确定，如由领导小组或专家委员会投票决定。

(5) 编制评估报告。节事活动评估报告是节事活动评估结果的书面载体，以便交流、发布和保存。节事活动评估结束后，评估结果都应当形成节事活动评估报告。节事活动评估报告的写法有两种：一种是文章式评估报告，即按文章的一般结构来写，有一定的文字描述和分析，而且提出结论和建议；另一种是表格式评估报告，即通篇以表格形式出现，各项评估结果均以数据表或曲线图来表示。

### ○ 学生活动 12-1

活动主题：节事活动评估工作。
活动目的：能够对节事活动进行评估。
活动形式：分组讨论。
活动内容：以当地某一节事活动项目为例，对节事活动项目进行评估并撰写评估报告。

## 单元三　节事活动工作总结

节事活动工作总结是指节事活动工作告一段落后，进行回顾、分析和评估而形成的文书。

节事活动工作总结和节事活动评估既有联系又有区别。两者都有回顾、分析的性质，都是实施节事活动管理的必要手段，这是它们的共同点。两者的主要区别在于，节事活动工作总结偏重于节事活动管理和组织者实施的具体做法、体会、经验和教训，提出改进的具体措施和下一步的工作方向，属于自我总结，在方法上较多地运用定性描述和定性分析；节事活动评估则偏重于对节事活动的各项要素及其社会经济效益进行质和量的评估，既可以自我评估，也可以评估他人，较多地采用定性分析。

### 一、节事活动工作总结的作用

#### 1. 总结经验教训

节事活动工作的成功经验以及失败的教训对于进一步做好节事活动工作具有十分重要的意义。通过回顾总结，将获得的节事活动工作经验和体会，遇到的困难和问题，以书面的形式记载下来，能够为今后的节事活动工作提供借鉴，少走弯路，提高效率。

#### 2. 相互学习交流

节事活动工作总结可以作为节事活动工作总结表彰大会的交流材料，能够起到相互学习、取长补短、促进共同发展的作用。

#### 3. 汇报工作情况

向上级机关汇报工作可通过报告、简报和总结等书面形式。报告属于法定公文，如果需要向上级汇报重要工作，或者汇报上级规定必须报告的工作，就可以对节事活动工作总结进行适当调整,以正式报告的形式呈报给上级机关。平时工作完成后,需要向上级汇报,可以用简报的形式转载节事活动工作总结,也就是将本单位的节事活动工作总结作为简报的正文上报。定期性工作总结,如年度工作总结,也可以直接提交给上级机关。

**4. 激励活动项目团队成员**

人们希望知道自己做得如何,尤其是当项目投入了大量人力、物力时。在活动启动之际,就应规定好活动总结,内容包括活动评价的标准、宣传推广策略及实施效果、参加人员(如部门经理或舞台总监等),以及个人的绩效评价等。对于成功者而言,活动项目总结会成为建立个人形象的机会。同时,失败的经历也会被记录下来进行研究。只要评价是公正的,活动项目总结就能激励人们积极努力地工作。

## 二、节事活动工作总结的种类

### 1. 按内容性质分

(1)宏观节事活动管理工作总结。此类工作总结主要适用于主管节事活动的行政机关对节事活动管理的各方面工作进行自我总结。

(2)节事活动项目组织工作总结。此类工作总结主要供节事活动主办单位以及有关组织机构使用,对总结节事活动的策划、申办、组织、招展、举办以及善后等方面的工作进行总结。

(3)参展工作总结。参展工作总结有两类:一类是政府机构、各行业协会或节事活动主办机构组团参加国内外节事活动后所做的总结;另一类是参展单位自身进行的参展工作总结。

### 2. 按总结内容的范围分

(1)综合性总结。综合性总结又称全面性总结,是对各项工作的全面回顾。这类总结虽然涉及面广,但力求突出重点。

(2)专题性总结。这是围绕某项具体的节事活动工作进行的单项总结,内容集中,富有针对性。

### 3. 按时间分

(1)阶段性总结。在一些大型节事活动项目的实施过程中,由于时间跨度长,往往需要进行阶段性总结,如年度总结、季度总结、月度总结等。

(2)完成性总结。在节事活动项目全部完成后所进行的最后总结。

## 三、节事活动工作总结的内容

节事活动的总结是对整个活动过程的全面回顾与反思,旨在提炼成功经验、分析不足之处,并为未来的活动提供指导与借鉴。以下是节事活动总结的主要内容,具体包括:活动概述与背景、筹备工作回顾、活动执行亮点、参与者反馈汇总、宣传推广效果、成本控制与收益、遇到的问题与解决、经验教训总结以及后续改进建议九个方面。

**1. 活动概述与背景**

（1）活动概述。简要介绍活动的名称、时间、地点、主题及目的等基本信息。同时，阐述活动的整体规模和影响力，包括参与人数、合作单位、媒体曝光等。

（2）活动背景。深入剖析活动举办的背景，包括社会环境、行业需求、政策导向等因素。阐述活动对于推动相关领域发展、满足公众需求、提升城市形象等方面的意义和价值。

**2. 筹备工作回顾**

回顾活动筹备阶段的各项工作，包括团队组建、方案策划、预算制定、资源调配、场地布置、物资准备、安全保障等。总结筹备工作的经验教训，如哪些环节进展顺利、哪些环节存在不足及改进建议。

**3. 活动执行亮点**

突出展示活动执行过程中的亮点和特色，如创意策划、精彩瞬间、高效组织、技术创新等方面。这些亮点不仅体现了活动的独特魅力，也是提升活动品质和影响力的重要因素。

**4. 参与者反馈汇总**

通过问卷调查、现场访谈、社交媒体评论等方式收集参与者的反馈意见，进行汇总和分析。重点关注参与者对活动内容、服务质量、体验感受等方面的评价，了解他们的需求和期望，为未来活动提供改进方向。

**5. 宣传推广效果**

评估活动的宣传推广效果，包括媒体曝光度、社交媒体互动量、网络搜索热度等指标。分析宣传策略的有效性，总结成功的经验和不足之处，为未来活动的宣传推广提供参考。

**6. 成本控制与收益**

对活动的成本进行详细核算，包括直接成本和间接成本。同时，评估活动的收益情况，如门票收入、赞助收入、广告收入等。通过成本与收益的对比分析，评估活动的经济效益和投入产出比。

**7. 遇到的问题与解决**

在活动筹备和执行过程中难免会遇到各种问题，如场地协调、设备故障、人员短缺等。总结这些问题及其解决方案，分析问题的成因和解决的过程，为未来活动提供应对策略和预案。

**8. 经验教训总结**

总结本次活动的成功经验和失败教训，提炼出可复制、可推广的经验做法。同时，深刻反思活动中存在的问题和不足，明确改进的方向和目标。

**9. 后续改进建议**

基于以上总结和分析，提出后续活动的改进建议，包括完善活动方案、优化筹备流程、提高服务质量、加强宣传推广、降低成本等方面。这些建议将为未来的活动提供更加科学、高效的指导。

## 四、节事活动工作总结的结构和写法

**1. 标题**

节事活动工作总结的标题有 4 种写法。

（1）由单位名称、时间、主题、文种组成。这类标题主要用于总结单位内部定期性的节事活动工作，如"重庆市 2024 年节事活动工作总结"。

（2）由总结对象的名称和"总结"组成。这类标题通常用于某项具体节事活动工作的专题总结，如"上海第七届服装节总结"。

（3）采用普通文章标题的写法。以一句或两句短语概括总结的主要内容或基本观点，不出现"总结"字样，如"我们是怎样在上海办节事活动的"。这类标题主要用于在报纸、杂志上发表的总结。

（4）由正副标题组成。正标题揭示总结的主题，副标题说明总结的单位、时间、文种等。这类标题主要用于报刊发表、简报转发或会议上交流的总结，如"找准定位，加强规划，创建品牌——2024 年重庆市节事活动工作总结"。

**2. 署名**

节事活动工作总结一般以单位名义进行撰写，因此应当标注单位的名称并置于标题之下。

**3. 正文**

（1）开头。开头一般概括说明举办节事活动的背景、依据、指导思想以及基本概况（活动名称、届次、主办单位、时间、地点、出席人数及规格、参展商情况、观众数量和质量、总成交额等）。

（2）主体。主体部分的内容一般有 3 项：一是本届节事活动的特点、组织工作的具体方法、效果和成绩；二是经验和体会；三是存在的问题和教训，或者未来努力的方向。

主体部分的写法主要有 3 种：一是按"具体方法、效果和成绩——经验和体会——问题和教训或努力方向"的逻辑来写。这种写法比较符合人们的阅读和思维习惯，使用较为广泛。具体写作时也可将方法和经验或者问题糅合在一起，夹叙夹议。二是按工作时间顺序安排结构，适合于工作周期长、阶段性较强的节事活动。三是根据工作项目安排结构，对于综合性强、涉及面广的活动可根据不同工作项目进行分类，对各项目的实施情况与特点逐项加以总结。

主体部分写作要求确保材料生动且翔实；评估恰如其分；既突出重点，又兼顾全面；善于概括提炼，语言简练有力。

（3）结尾。结尾应归纳、呼应总结的主题，指出努力方向，提出改进意见和措施，或表达决心与信心等。

○ **学生活动 12-2**

活动主题：节事活动工作总结。

活动目的：能够对节事活动进行总结。

活动形式：小组学习。

活动内容：以当地某一节事活动项目为例，对节事活动项目进行总结并撰写工作总结。

## 实训项目十四  节事活动参展商评估实训

| 工作任务 | 对某个正在进行的节事活动项目现场进行参展商基本情况调查,并根据节事活动评估办法进行参展商评估 |
|---|---|
| 实训提示 | 组织分工——教师按市场调查的工作方法,将学生每 3～5 人分为一组,组成参展商调查小组;制定节事活动参展商评估标准,对节事活动现场参展商进行调查,最终形成"节事活动参展商评估报告"<br>任务研究——评估的成败关键在于评估标准的制定,评估的标准与市场调查方法的运用密切相关<br>注意事项——在对参展商调查前,先组织学生制定节事活动参展商评估标准和参展商调查问卷,教师应给予指导,并把握评估标准与问卷的准确性、适用性 |

| 实训建议 |||
|---|---|---|
| 三维度 | 方法能力 | 沟通能力、市场调查能力、评估能力 |
| | 专业能力 | 现场沟通能力、评估解析能力 |
| | 社会能力 | 沟通能力、观察能力、总结评估能力 |
| 工作6要素 | 工作环境 | 实训室制定方案和写作报告、节事活动现场进行现场调查与评估 |
| | 工作对象 | 节事活动现场参展商状况 |
| | 工作内容 | 进行参展商评估 |
| | 工作手段 | 小组讨论、现场评估、报告写作 |
| | 工作组织 | 参展商评估工作小组 |
| | 工作结果 | 制定参展商评估标准,形成评估报告 |
| 工作6步骤 | 第一步:信息 | 节事活动评估信息、节事活动信息、市场调查信息、参展商信息 |
| | 第二步:决策 | 依据评估标准分析总结 |
| | 第三步:计划 | 团队协商、制定标准、现场走访调查、形成报告 |
| | 第四步:实施 | 团队协商、制定标准、市场调查、报告写作 |
| | 第五步:检查 | 教师对学生制定的参展商评估标准与执行方案进行检查,并在现场对学生进行调查指导,做好评估报告检查 |
| | 第六步:评估 | 针对每组学生评估过程和所形成的评估报告,进行指导和评估 |

## 思考与练习

一、不定项选择题

1. 节事活动评估的方法有(    )。
   A. 调查法           B. 对比分析法        C. 总结述职会        D. 访谈法
2. 节事活动工作总结的作用包括(    )。
   A. 调查法                                B. 分析法
   C. 总结述职会                            D. 激励活动项目团队成员

## 二、填空题

1. 节事活动的后续工作既是本届节事活动的收尾工作，也是为下届节事活动的_____。所以，节事活动闭幕后的后续工作是不能省略的。
2. 节事活动工作总结的种类按总结内容的范围可分为_____、_____。
3. 节事活动工作总结的结构包括_____、_____和_____。

## 三、名词解释

节事活动评估　　节事活动工作总结

## 四、简答题

1. 节事活动后续工作的主要内容有哪些？
2. 节事活动工作总结和节事活动评估的联系和区别有哪些？

# 参 考 文 献

[1] 周笑梅. 都市民俗节庆活动手册 [M]. 上海：文汇出版社，2020.

[2] 韦夷. 广西节庆活动游客满意度调查及影响因素研究 [M]. 长春：吉林大学出版社，2023.

[3] 魏玮. 新时代节庆活动发展与国家管理政策实践 [M]. 北京：光明日报出版社，2022.

[4] 牛杰. 日常与狂欢：北京的传统节庆活动 [M]. 北京：首都经济贸易大学出版社，2021.

[5] 蒋昕. 节事活动运营管理 [M]. 武汉：华中科技大学出版社，2021.

[6] 王尧. 非物质文化遗产学术精粹：社会实践、仪式、节庆活动卷 [M]. 北京：中国社会科学出版社，2022.

[7] 卢晓. 节事活动策划与管理 [M]. 5 版. 上海：上海人民出版社，2022.

[8] 罗伊玲. 节事活动策划与管理 [M]. 2 版. 武汉：华中科技大学出版社，2022.

[9] 许忠伟. 节事活动与旅游研究 [M]. 北京：旅游教育出版社，2019.

[10] 拉杰，沃尔特斯，拉希德. 节事管理：原理与实践：第 2 版 [M]. 王馨欣，陈刚，译. 重庆：重庆大学出版社，2022.

[11] 黄孝纪. 节庆里的故乡 [M]. 南宁：广西人民出版社，2022.